Astrid Lünse

Vogelsberg – Wetterau

mit Kinzigtal, Schlitzerland und Gießener Land

50 ausgewählte Touren

ROTHER
BERGVERLAG

ROTHER WANDERFÜHRER

Aargau
Abruzzen
Achensee
Adlerweg
Ahrsteig
Alb Südrand-Weg HW2
Albanien
Albsteig
Algarve
Allgäu 1, 2, 3, 4
Allgäuer Alpen
AlpeAdriaTrail
Altmühltal
Altmühltal-Panoramaweg
Andalusien Süd
Annapurna Treks
Antholz - Gsies
Aostatal

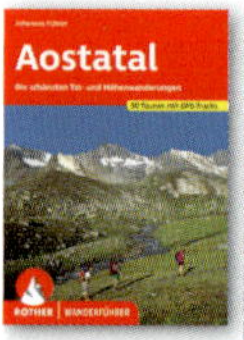

Appenzellerland
Apulien
Ardennen
Arlberg - Paznaun
Arnoweg
Asturien
Augsburg
Außerfern
Australien
Auvergne
Azoren
Baskenland
Bayerische Alpen Trekking
Bayerischer Wald
Berchtesgaden - Lienz
Berchtesgadener Land
Bergisches Land
Berlin
Bern
Berner Oberland Ost
Berner Oberland West
Bodensee Nord, Süd
Bodensee - Rätikon
Böhmerwald
Böhmische Schweiz
Bolivien
Bornholm
Bosnien u. Herzegowina
Bozen - Kaltern
Brandnertal
Bregenzerwald
Bremen - Oldenburg
Brenta
Bretagne
Bulgarien
Burgund
Cevennen
Chalkidiki - Thassos
Champagne - Ardennen
Chiemgau
Chiemsee
Chur - Hinterrhein
Cilento
Cinque Terre
Comer See
Cornwall-Devon
Costa Blanca
Costa Brava
Costa Daurada
Côte d'Azur
Dachstein-Tauern Ost
Dachstein-Tauern West
Dänemark-Jütland
Dalmatien
Dauphiné Ost, West
Davos - Prättigau
Dolomiten 1, 2, 3, 4, 5, 6, 7, 8
Dolomiten-Höhenwege 1-3, 4-7, 8-10
Donausteig
E1 Deutschland Nord
E1 Deutschland Süd
E5 Konstanz - Verona
Ecuador
Eifel
Eifelsteig
El Hierro
Elba
Elbsandsteingebirge
Elsass
Emmental
Ober-, Unterengadin
England Mitte, Nord, Ost, Süd
Fichtelgebirge
Fränkische Schweiz
Fränkischer Gebirgsweg
Frankfurt
Franziskusweg
Freiburg
Friaul-Julisch Venetien
Fuerteventura
Galicien
Gardaseeberge
Garhwal - Ladakh
Garmisch - Brixen
Gasteinertal
Genfer See
Georgien
Gesäuse
Glarnerland
Glockner-Region
Goldsteig
La Gomera
Gotthardweg
Gran Canaria
Grazer Hausberge
Grenzgänger-Weg
Griechenland - Pindosgebirge
Gruyère - Diablerets
GTA
Hamburg
Harz
Haute Route
Hawaii
Hochkönig
Hochschwab
Hohenlohe
Hunsrück
Ibiza
Innsbruck
Irland
Isarwinkel
Island
Israel
Istrien
Italienische Riviera
Jakobsweg - Camino Primitivo
Jakobsweg - Caminho Português
Jakobsweg - Camino del Norte
Französischer Jakobsweg Le Puy - Pyrenäen, Straßburg - Le Puy
Jakobsweg Marburg - Vézelay
Jakobswege Österreich
Jakobswege Schweiz
Spanischer Jakobsweg
Südfranzösischer Jakobsweg - Via Tolosana
Südwestdeutsche Jakobswege
Julische Alpen
Jura, Französischer
Jura, Schweizer
Kärntner Seen
Kalabrien
Kanadische Rocky Mountains
Kapverden Nord
Karawanken
Karnischer Höhenweg
Karwendel
Kaunertal
Kitzbüheler Alpen
Kleinwalsertal
Korfu
Korsika
Korsika - GR 20
Korsika - Mare e Monti
Kraichgau
Kreta
La Palma
La Réunion
Lago Maggiore
Lahnwanderweg
Languedoc-Roussillon
Lanzarote
Lappland
Lechweg
Lesbos - Chios
Limesweg
Lofoten
Lothringen
Lungau
Luxemburg - Saarland
Madeira
Mallorca
Malta - Gozo
Marken - Adriaküste
Marokko
Masuren
Maximiliansweg
Mecklenburgische Seenplatte
Menorca
Meran
Meraner Höhenweg
Mittelsachsen
Mont Blanc
Montafon
Montenegro
Mosel
Moselhöhenweg
Moselsteig
Mühlviertel
München
München - Venedig
Münsterland
Nationalpark Kalkalpen
Neanderlandsteig
Golf von Neapel
Neckarweg
Neuseeland
Neusiedler See
Niedere Tauern Ost
Niederlande
Niederrhein
Nockberge
Nordhessen
Normandie
Norwegen Mitte, Süd, Jotunheimen
Nürnberg
Oberlausitz
Oberpfälzer Wald
Oberschwaben
Odenwald
Odenwald Mehrtagestouren
Öland
Ötscher
Ötztal
Ötztal - Pitztal Trekking
Ossola
Ostfriesland
Ostseeküste
Ost-Steiermark
Osttirol Nord, Süd

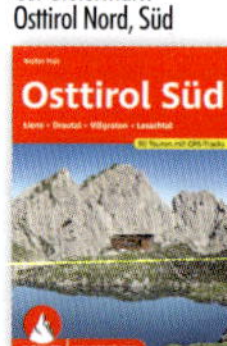

Patagonien
Peaks of the Balkans
Peloponnes
Peru
Pfälzer Weinsteig
Pfälzerwald
Pfaffenwinkel
Picardie
Picos de Europa
Piemont Nord, Süd
Pinzgau
Pitztal
Portugal Nord
Provence
Pyrenäen 1, 2, 3, 4
Pyrenäen - GR 11

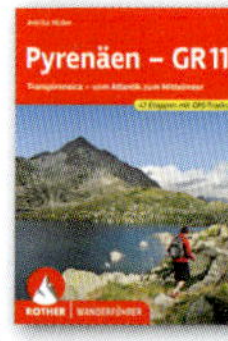

Regensburg
Rhein-Neckar
Rheinhessen
Rheinsteig
Rhodos
Rhön
Riesengebirge
Rom - Latium
Rota Vicentina
Route de Ländle
Rügen
Ruhrgebiet
Rumänien - Ostkarpaten
Rumänien - Südkarpaten
Saar-Hunsrück-Steig
Salzalpensteig
Salzburg
Salzburg - Triest
Salzkammergut Ost, West
Sardinien
Sauerland
Savoyen
Schaffhausen
Schottland
Schwabenkinder-Wege Oberschwaben, Schweiz - Liechtenstein, Vorarlberg
Schwäbische Alb Ost
Schwäbische Alb West
Schwarzwald Fernwanderwege
Schwarzwald Mehrtagestouren Mitte/Nord, Süd/Mitte
Schwarzwald Nord, Süd
Schweden Mitte, Süd
Seealpen
Seefeld - Leutasch
Sentiero della Pace
Sierra de Gredos
Sierra de Guadarrama
Sizilien
Spessart
Steigerwald
Steirisches Weinland
Sterzing
Stubai - Wipptal
Trekking im Stubai
Stuttgart
Südafrika West
Südniedersachsen
Surselva
Sylt, Amrum, Föhr
Tannheimer Tal
Tasmanien
Hohe Tatra
Niedere Tatra
Tauern-Höhenweg
Hohe Tauern Nord
Tauferer Ahrntal
Taunus
Tegernsee - Sterzing
Tegernseer und Schlieseer Berge
Teneriffa
Tessin
Teutoburger Wald
Thüringen Mitte/Nord
Thüringer Wald
Tiroler Höhenweg
Toskana Nord, Süd
Türkische Riviera
Uckermark
Umbrien
Ungarn West
USA Südwesten
Usedom
Vanoise
Veltlin
Vía de la Plata
Via Francigena
Via Gebennensis
Vierwaldstättersee
Vinschgau
Vizentiner Alpen
Vogelsberg
Vogesen
Vogesen Mehrtagestouren
Vogesen-Durchquerung
Vogtland
Vom Gletscher zum Wein
Trekking in Vorarlberg
Wachau
Waldviertel
Wales
Oberwallis
Unterwallis
Walliser Alpen
Weinviertel
Welterbesteig Wachau
Weserbergland
West Highland Way
Westerwald
Wien
Wien - Lago Maggiore
Wiener Alpenbogen
Wiener Hausberge Nord, Süd
Wilder Kaiser
Zillertal
Trekking im Zillertal
Zürichsee
Zugspitze
Zypern Süd & Nord

Vorwort

Im Herzen von Hessen erhebt sich Europas größtes Vulkanmassiv, der Vogelsberg. Im Osten wird das 2500 km^2 große Gebirge von der Fulda und der Rhön begrenzt. Die Kinzig trennt im Süden den Spessart vom Vogelsberg. Im Südwesten schmiegt sich die sanfte Wetterau an die runden Hügel. Ihre Grenzen sind im Süden der Main und im Westen der Taunus. Im Osten und besonders im Norden findet sich die Schwalm, die nicht nur als Fluss, sondern auch als Gebiet direkt anraint. Der Taufstein mit seinen 773 m ist als höchste Erhebung auf dem Hoherodskopf zu finden. Das Gebiet um den Hoherodskopf ist als touristische Attraktion beliebt und bekannt. Der Oberwald ist das Kernstück des 1957 gegründeten Naturparks Hoher Vogelsberg und der zweitälteste in Deutschland. Das Naturschutzgebiet Hoherodskopf mit seinen Wäldern, Quellen und Tälern ist ein wichtiger Bestandteil für Vogelschutzkundler und Geologen. Hier entspringen zahlreiche Bäche, die schon nach wenigen Kilometern zu namhaften Flüssen werden. Die Nidda hat hier ihren Ursprung. Das wasserreiche Gebiet bringt genauso Hochmoore wie auch thermische Quellen hervor.

Buchonien, wie der Vogelsberg früher genannt wurde, trägt die Handschrift unserer Vorfahren, die sich hier verewigt haben. Unzählige vorchristliche Befestigungsanlagen erlauben uns Einblicke in eine bewegte und wilde Vergangenheit. Die sehenswerten Wälle und Anlagen der Keltenwelt am Glauberg erzählen von dieser Zeit. Das dortige Museum bringt uns die keltischen Fürsten näher und macht Geschichte erlebbar. Der Grenzwall Limes, der die Römer vor den anstürmenden Chatten schützen sollte, ist genauso ein Teil Vergangenheit wie die zahlreichen Burgen und Schlösser, die häufig stolz auf den Gipfeln thronen.

Bergsteigerische Kenntnisse sind für die 50 Routen nicht erforderlich. Es empfiehlt sich aber, eine allgemein gute Kondition zu haben. Einige Touren eignen sich auch für Kinder. Hierauf wird entsprechend hingewiesen.

Unterstützt wurde ich von den Zweigvereinen des Vogelsberger Höhen-Clubs, der Vulkan-Touristik, den Tourismus- und Verkehrsämtern sowie freundlichen Mitmenschen, die mir ihre heimische Gegend zeigen wollten. All jenen gilt mein herzlichster Dank. Den Benutzern des Wanderführers wünsche ich schönes Wanderwetter und erlebnisreiche Tage im Vogelsberg, der Wetterau, dem Main-Kinzig-Kreis und dem Schlitzerland.

Ulrichstein, Vogelsbergkreis, Sommer 2021 — Astrid Lünse

Inhaltsverzeichnis

Liebe Leserinnen und Leser,

infolge der Corona-Krise können sich Änderungen ergeben haben, die bei Redaktionsschluss nicht absehbar waren. Soweit möglich werden wir aktuelle Hinweise unter www.rother.de (beim Buch) zur Verfügung stellen. Bitte informieren Sie sich vor der Wanderung zusätzlich über die derzeitigen Gegebenheiten. Sollten Sie geänderte Gegebenheiten vor Ort feststellen, freuen wir uns über Korrekturhinweise per E-Mail an leserzuschrift@rother.de.

Symbole

	mit Bahn/Bus erreichbar		Busanschluss
	Einkehrmöglichkeit unterwegs	†	Gipfel
	für Kinder geeignet	)(	Brücke
	Ort mit Einkehrmöglichkeit		Kirche, Kapelle / Burg, Schloss
	Einkehrmöglichkeit		Hügelgrab / Aussichtsplatz
	Schutzhaus, Unterstand		Picknickplatz
P	eingerichteter Parkplatz		Quelle

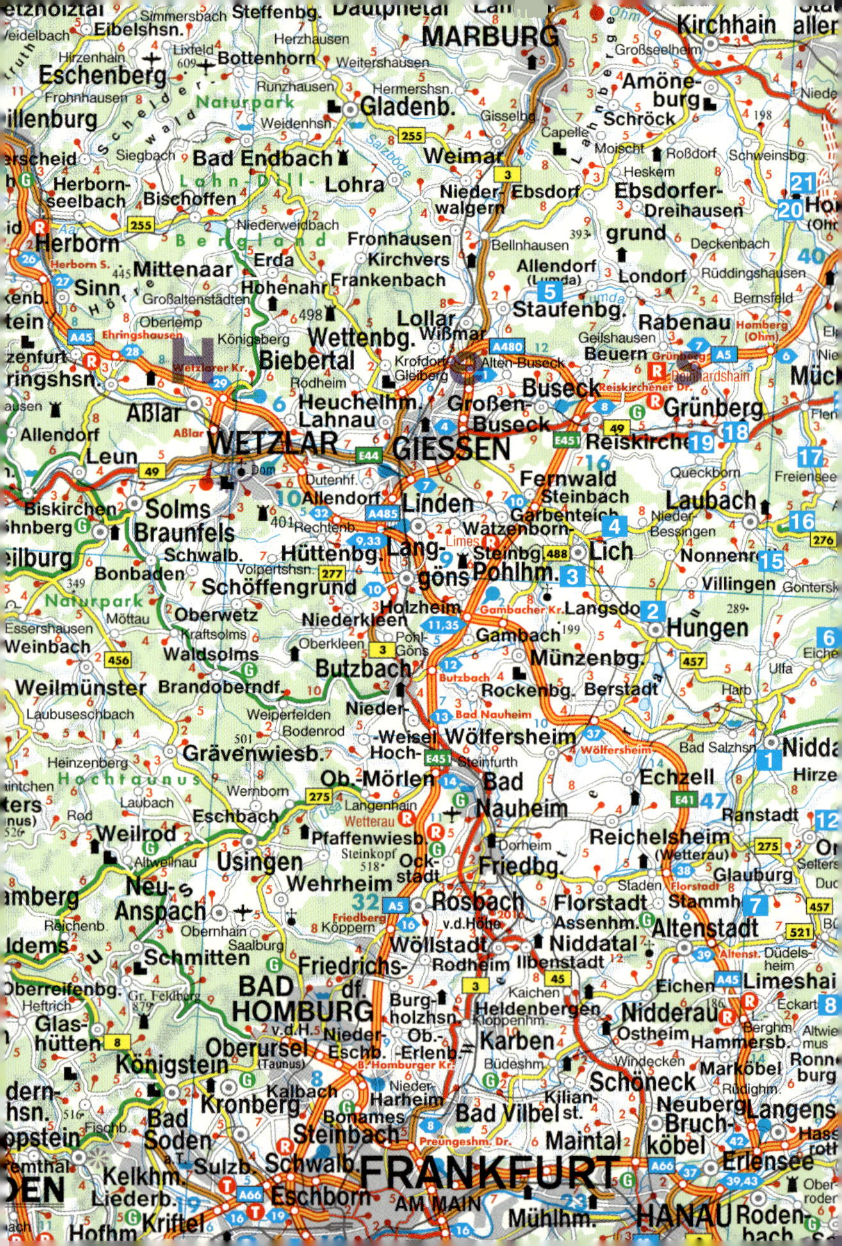
MARBURG
Kirchhain
Eibelshsn.
Steffenbg.
Simmersbach
Herzhausen
Weitershausen
Eschenberg
Bottenhorn
Großseelheim
Amöneburg
Gladenb.
Hermershsn.
Runzhausen
Naturpark
Schröck
Weidenhsn.
Capelle
Moischt
Roßdorf
Schweinsbg.
Bad Endbach
Weimar
Heskem
Ebsdorfergrund
Siegbach
Lohra
Lahn-Dill-Bergland
Herborn-seelbach
Bischoffen
Nieder-walgern
Ebsdorf
Dreihausen
Niederweidbach
Herborn
Fronhausen
Bellnhausen
Deckenbach
Mittenaar
Erda
Kirchvers
Allendorf (Lumda)
Londorf
Rüddingshausen
Sinn
Frankenbach
Hohenahr
Großaltenstädten
Staufenbg.
Bernsfeld
Oberlemp
Lollar
Rabenau
Wettenbg.
Wißmar
Königsberg
Biebertal
Geilshausen
Beuern
Krofdorf-Gleiberg
Alten-Buseck
Grünberg
Rodheim
Heuchelhm.
Buseck
Reinhardshain
Aßlar
Lahnau
Großen-Buseck
Allendorf
WETZLAR
GIESSEN
Reiskirchen
Leun
Dom
Fernwald
Queckborn
Steinbach
Laubach
Dutenhf.
Allendorf
Linden
Garbenteich
Nieder-Bessingen
Biskirchen
Solms
Braunfels
Rechtenb.
Watzenborn-Steinbg.
Lich
Hüttenbg.
Lang-göns
Pohlhm.
Nonnenroth
Schwalb.
Volpertshsn.
Bonbaden
Schöffengrund
Villingen
Holzheim
Langsdorf
Hungen
Naturpark
Möttau
Oberwetz
Niederkleen
Gambach
Essershausen
Weinbach
Kraftsolms
Oberkleen
Pohl-Göns
Münzenbg.
Waldsolms
Butzbach
Rockenbg.
Berstadt
Weilmünster
Brandoberndf.
Nieder-Weisel
Laubuseschbach
Weiperfelden
Bodenrod
Wölfersheim
Bad Salzhsn.
Nidda
Grävenwiesb.
Hoch-Weisel
Steinfurth
Heinzenberg
Hochtaunus
Ob.-Mörlen
Bad Nauheim
Echzell
Wernborn
Langenhain
Laubach
Eschbach
Ranstadt
Weilrod
Pfaffenwiesb.
Dorheim
Reichelsheim (Wetterau)
Altweilnau
Usingen
Steinkopf 518
Ockstadt
Friedbg.
Glauburg
Neu-Anspach
Wehrheim
Staden
Florstadt
Stammheim
Rosbach
Reichenb.
Obernhain
Köppern
v.d.Höhe
Assenhm.
Altenstadt
Saalburg
Wöllstadt
Niddatal
Schmitten
Rodheim
Ilbenstadt
Friedrichsdf.
Gr. Feldberg 879
BAD HOMBURG v.d.H.
Burgholzhsn.
Kaichen
Heldenbergen
Eichen
Limeshain
Oberreifenbg.
Kloppenhm.
Nidderau
Heftrich
Glashütten
Ob.-Erlenb.
Ostheim
Hammersb.
Oberursel (Taunus)
Nieder-Eschb.
Karben
Königstein
Büdeshm.
Windecken
Marköbel
Schöneck
Kalbach
Nieder-Harheim
Kilianst.
Kronberg
Bonames
Bad Vilbel
Neuberg
Bruchköbel
Langens.
Bad Soden a.T.
Steinbach
Maintal
Erlensee
Kelkhm.
Sulzb.
Schwalb.
FRANKFURT AM MAIN
Liederb.
Eschborn
Mühlhm.
HANAU
Rodenbach
Hofhm
Kriftel

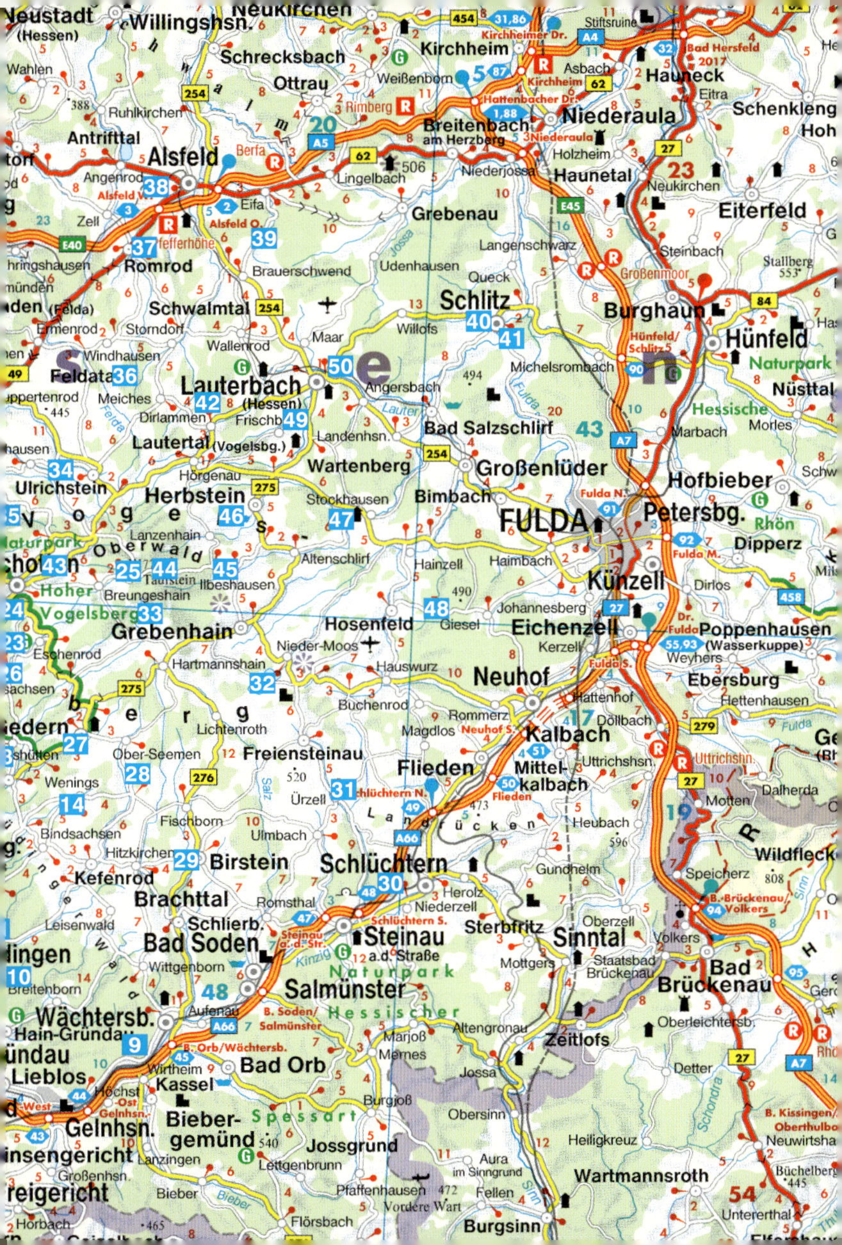
Neustadt (Hessen)
Willingshsn.
Neukirchen
Schrecksbach
Kirchheim
Kirchheimer Dr.
Stiftsruine
Bad Hersfeld
Hauneck
Wahlen
Ottrau
Weißenborn
Asbach
Eitra
Schenklengsfeld
Ruhlkirchen
Rimberg
Hattenbacher Dr.
Niederaula
Antrifttal
Breitenbach am Herzberg
Alsfeld
Berfa
Holzheim
Angenrod
Lingelbach
Niederjossa
Haunetal
Neukirchen
Alsfeld W.
Eifa
Alsfeld O.
Grebenau
Eiterfeld
Zell
Pfefferhöhe
Langenschwarz
Romrod
Brauerschwend
Udenhausen
Queck
Steinbach
Stallberg
Großenmoor
Schwalmtal
Schlitz
Burghaun
Hünfeld
Storndorf
Willofs
Hünfeld/Schlitz
Naturpark
Wallenrod
Maar
Michelsrombach
Windhausen
Feldatal
Lauterbach (Hessen)
Angersbach
Nüsttal
Meiches
Hessische
Morles
Dirlammen
Frischb.
Bad Salzschlirf
Marbach
Lautertal (Vogelsbg.)
Landenhsn.
Ulrichstein
Wartenberg
Großenlüder
Hofbieber
Hörgenau
Herbstein
Stockhausen
Bimbach
Fulda N.
Petersbg.
Rhön
FULDA
Lanzenhain
Oberwald
Altenschlirf
Hainzell
Haimbach
Dipperz
Fulda M.
Taufstein
Ilbeshausen
Hoher Vogelsberg
Breungeshain
Künzell
Dirlos
Johannesberg
Grebenhain
Hosenfeld
Giesel
Eichenzell
Poppenhausen (Wasserkuppe)
Kerzell
Eschenrod
Nieder-Moos
Weyhers
Hartmannshain
Hauswurz
Neuhof
Fulda S.
Ebersburg
Hettenhausen
Buchenrod
Hattenhof
Lichtenroth
Rommerz
Döllbach
Magdlos
Neuhof S.
Kalbach
Ober-Seemen
Freiensteinau
Uttrichshsn.
Flieden
Mittelkalbach
Wenings
Ürzell
Schlüchtern N.
Motten
Dalherda
Heubach
Landrücken
Fischborn
Ulmbach
Bindsachsen
Hitzkirchen
Wildflecken
Birstein
Schlüchtern
Gundhelm
Speicherz
Kefenrod
Herolz
B. Brückenau/Volkers
Brachttal
Romsthal
Niederzell
Oberzell
Leisenwald
Schlierb.
Sterbfritz
Sinntal
Volkers
Schlüchtern S.
Bad Soden
Steinau a.d. Str.
Steinau a.d. Straße
Mottgers
Staatsbad Brückenau
Bad Brückenau
Wittgenborn
Kinzig
Naturpark
Breitenborn
Salmünster
Hessischer
B. Soden/Salmünster
Oberleichtersb.
Wächtersb.
Aufenau
Altengronau
Hain-Gründau
Marjoß
Zeitlofs
Gründau
Mernes
Detter
Lieblos
B. Orb/Wächtersb.
Wirtheim
Bad Orb
Jossa
Höchst
Kassel
Gelnhsn.-West
Gelnhsn.-Ost
Burgjoß
Schondra
Gelnhsn.
Biebergemünd
Spessart
Obersinn
B. Kissingen/Oberthulba
Neuwirtshaus
Linsengericht
Lanzingen
Jossgrund
Heiligkreuz
Aura im Sinngrund
Büchelberg
Großenhsn.
Lettgenbrunn
Wartmannsroth
Freigericht
Bieber
Pfaffenhausen
Fellen
Vordere Wart
Untererthal
Horbach
Flörsbach
Burgsinn
Sinn
Fulda
Jossa
Lauter
Felda
Salz
Bieber

Touristische Hinweise

Zum Wanderführer

Die 50 Wandervorschläge sind von West nach Ost – von Nidda nach Fulda – angeordnet. Als Leitlinien sind die B455, ab Schotten die L3139/40 und ab Lauterbach die B254 gedacht. Jeweils drei Gebiete links und rechts dieser Linie liegen sich gegenüber und sind abwechselnd genannt. Kulturelle Informationen über die Regionen und Gebiete des Vogelsbergs sind in den folgenden Kapiteln zusammengefasst. Im Kapitel über Regen- und Ruhetage finden sich Anregungen und Vorschläge für alternative Unternehmungen. Hier wird auch gezielt auf Wanderungen mit Kindern und kindgerechte Unternehmungen hingewiesen.

Anforderungen

Fast alle Touren folgen dem gut ausgebauten Wegenetz und markierten Wanderwegen. Sobald die Tour es erfordert, durch unmarkiertes Gelände zu laufen, wird darauf hingewiesen bzw. eine gut begehbare Alternative angeboten. Nennenswerte Kenntnisse sind nicht notwendig, festes Schuhwerk und passende Bekleidung vorausgesetzt. Um die Anforderungen besser einschätzen zu können, sind Tourenvorschläge in Rother-Wanderführern farblich markiert (blau – rot – schwarz). In diesem Wanderführer sind ausschließlich Touren der Schwierigkeit Blau (leicht) zu finden.

Leicht Wanderungen auf markierten und unmarkierten gut begehbaren Wegen und Pfaden. Bei nasser Witterung eventuell stellenweise matschig.

Das gibt Gelegenheit, sich auf seine Sinne und die leicht übersehenen kleinen »Schätze« der Umgebung zu konzentrieren, für die im hektischen Alltag oft die Aufmerksamkeit fehlt. Wandern mit allen Sinnen: Wandern ist ein Erlebnis, nicht nur für die unteren Extremitäten. Hören: Vogelgezwitscher, Rascheln des Laubes, Stille auf einem Gipfel, plätscherndes Wasser. Fühlen: Ziehen Sie die Schuhe aus und fühlen Sie Laub, Sand oder Nadeln direkt unter Ihren Füßen. Recken Sie Ihr Gesicht in den Wind und genießen Sie die erfrischende Luft oder die wärmenden Sonnenstrahlen. Schmecken: Am Wegesrand wachsende Beeren oder ein paar Wildkräuter haben ihren ganz eigenen intensiven Geschmack. Frisches Quellwasser direkt aus der hohlen Hand genossen ist ein wahrer Genuss. Aber auch das mitgebrachte Käse- oder Wurstbrot schmecken hier in der freien Natur einfach ganz anders. Riechen: Schnüffeln Sie einfach mal in die Luft. Kurz nach einem erfrischenden Regenguss werden Sie etwas ganz anderes wahrnehmen als noch zuvor den sonnigen Staub. Halten Sie Ihre Nase mal bewusst an Bäume, Sträucher und Blumen. Sehen: Lassen Sie Ihren Blick über Wiesen, durch Bäume hindurch, von Gipfeln herab schweifen. Lassen Sie sich treiben – und genießen Sie die Stunden im Freien!

Adäquate Ausrüstung

Eine aktuelle Karte der Region sollte genauso im Rucksack zu finden sein wie ausreichend Wasser und Verpflegung, ein Erste-Hilfe-Set, ein Kompass (auch wenn ein GPS-Gerät vorhanden ist), ein Handy und ein Taschenmesser. Weitere nützliche Ausrüstungsgegenstände sind eine Taschen-/Stirnlampe, Sonnenschutz und Sonnenbrille, ein Hut oder eine Kappe, Reservebatterien, Zündhölzer, Signalpfeife und Toilettenpapier. Beim Schuhwerk empfiehlt sich in jedem Fall eine griffige Sohle. Zur Tourenvorbereitung sollte der Wetterbericht zu Rate gezogen werden. Eventuell ist es ratsam, jemandem zu Hause über die Tourenroute sowie das Tourenziel zu informieren.

Verhalten unterwegs

Damit das Wandern zu einem schönen Erlebnis wird, sollten Sie die Landschaft in Ruhe genießen. Gehen Sie sorgsam mit sich und der Natur um, dann haben auch andere Freude daran. Bitte schonen Sie unsere Natur, wir haben nur eine …

- Lassen Sie sich Zeit! Beim Wandern gibt es keine Umwege, sondern zusätzliche Teilstrecken, die es zu erforschen gilt.
- Bereiten Sie sich gründlich vor! Entscheiden Sie sich für Wanderstrecken, die vom Tourismus nicht ohnehin stark belastet sind.
- Studieren Sie Fahrpläne! Benutzen Sie öffentliche Verkehrsmittel und wenn es nicht anders geht, fahren Sie gemeinsam mit dem PKW.

Säulenbasalt im Steinbruch.

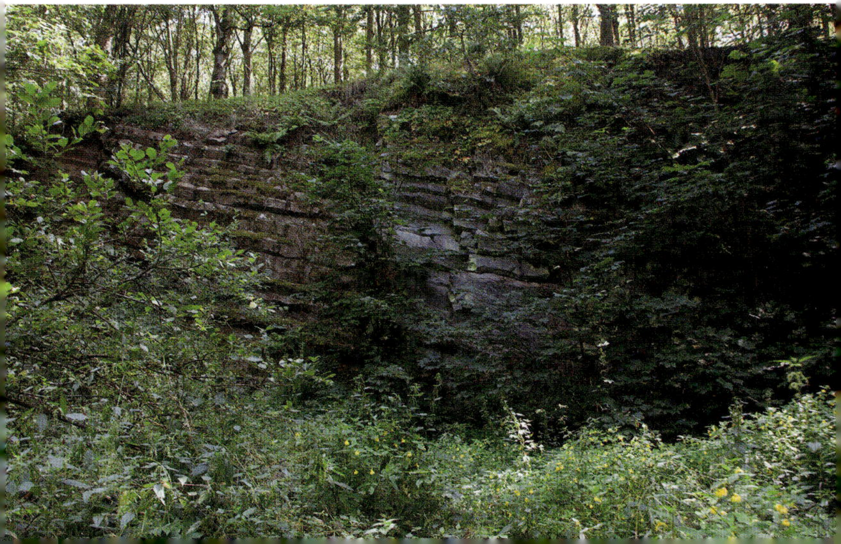

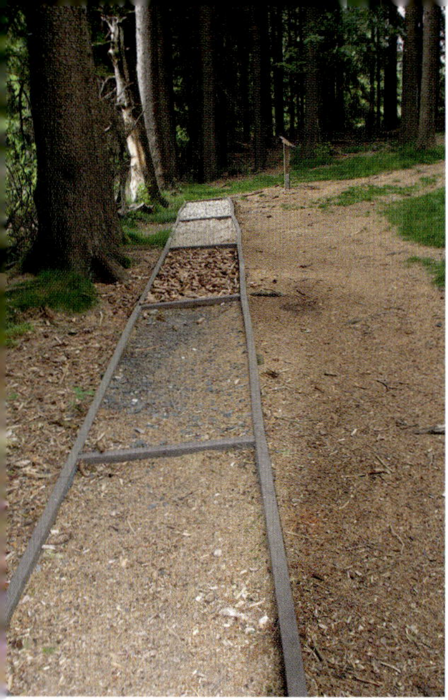

Fühlfüßer auf einem Sinnespfad.

- Rüsten Sie sich zweckmäßig aus! Wählen Sie die Ausrüstung der Wanderung entsprechend und nehmen Sie eher wenig mit, oft packt man zu viel ein.
- Nehmen Sie leicht verdauliche Nahrung mit sich, die in kleinen Portionen verpackt ist. Wasser sollte ausreichend vorhanden sein.
- Beachten Sie die Wegemarkierungen oder die vorgegebene Route! Kontrollieren Sie anhand einer Karte immer wieder Ihren Standort. Wenn Sie den Verdacht haben, dass Sie die Strecke verlassen haben, gehen Sie zur letzten sicheren Markierung zurück und orientieren Sie sich neu.
- Bleiben Sie auf den Wegen! Gerade in Naturschutz- oder Vogelschutzgebieten ist dies eminent wichtig. Brütende oder nistende Tiere können gestört und dadurch im schlimmsten Fall der Nachwuchs verlassen werden.
- Schützen Sie Pflanzen und Tiere! Graben Sie keine Pflanzen aus und berühren Sie keine Jungtiere. Die Pflanze, die in der Natur wunderschön

GPS-Tracks

Zu diesem Wanderführer stehen auf der Internetseite des Bergverlag Rother (www.rother.de) GPS-Daten zum kostenlosen Download bereit – **3. Auflage**, Passwort: **445403zsa**
Sämtliche GPS-Daten wurden von der Autorin im Gelände erfasst. Verlag und Autorin haben die Tracks und Wegpunkte nach bestem Wissen und Gewissen überprüft. Dennoch können wir Fehler oder Abweichungen nicht ausschließen, außerdem können sich die Gegebenheiten vor Ort zwischenzeitlich verändert haben. GPS-Daten sind zwar eine hervorragende Planungs- und Navigationshilfe, erfordern aber nach wie vor sorgfältige Vorbereitung, eigene Orientierungsfähigkeit sowie Sachverstand in der Beurteilung der jeweiligen (Gelände-)Situation. Man sollte sich für die Orientierung auch niemals ausschließlich auf GPS-Gerät und -Daten verlassen.

Top-Touren im Vogelsberg

Leidenhöfer Kopf und Totenberg

Wie von einem Balkon kann man vom Totenberg in den darunterliegenden ehemaligen Steinbruch schauen (Tour 5, 4.00 Std.).

Erzweg-Süd von Lardenbach zur Grube Deutschland

Nicht nur der Blick in die Vergangenheit begeistern auf dieser Tour, sondern auch die stillen kleinen Fleckchen Erde, die mit Ruhe und Beschaulichkeit überzeugen (Tour 17, 3.40 Std.).

Schächerbachtour

Unzählige Male wird Wasser auf der Wanderung eine Rolle spielen – Bachüberquerungen über Trittsteine, Brücken oder durch seichte Stellen. Teiche und Tümpel am Wegesrand zum Träumen und Rasten (Tour 20, 2.20 Std.).

Von Schotten über den Alteburgskopf zum Alteburgpark

Der eindrucksvolle Ringwall auf dem Alteburgskopf und die Felsformation locken jung und alt zum Verweilen (Tour 24, 2.40 Std.).

Sechs-Gipfel-Tour-Hoherodskopf

Der Weg ist das Ziel – eindeutig getragen von diesem Motto ist diese Strecke ein wahrer Gipfelstürmer (Tour 25, 6.10 Std.).

Auf der Spur der Natur in Eichelsachsen

Eine ruhige Tour über ländliche Felder und Wiesen, die ihre Höhepunkte in den begehbaren Hecken hat (Tour 26, 2.40 Std.).

Vom Nieder-Mooser-Teich zum Ober-Mooser-Teich

Um drei Seen herum, die eindrucksvolle, gewässernahe Flora und Fauna genießen; der Erlebnispark am Nieder-Mooser-Teich begeistert jung und alt (Tour 32, 3.00 Std.).

Auf dem Judenpfad nach Storndorf

Für die ganz abenteuerlichen Wanderer lohnt es sich, den Pfad durch die Wildnis zu nehmen. Brusthohe Disteln und Brennnesseln harren der Dinge, die da kommen wollen (Tour 36, 5.10 Std.).

Von Rainrod zur Eifaquelle und zur Hardtmühle

Eine Einladung zum Relaxen ist der ehemalige Basaltsteinbruch Köllenberg. Der Blick von oben in die Schlucht verführt zum Träumen (Tour 39, 4.20 Std.).

Vom Himmelsberg zur Zwickmühle

Waren Sie schon mal in der Zwickmühle? Bei dieser Route können Sie hinterher sagen: Ich habe die Zwickmühle gesehen! (Tour 48, 3.45 Std.).

blüht und gedeiht, wird in Ihrem Garten wahrscheinlich eingehen, da die benötigten Bodenverhältnisse meist nicht vorhanden sind. Ein mit Menschengeruch behaftetes Jungtier kann von der Mutter verstoßen werden.

- Achten Sie auf Ihre Mitmenschen! Wanderer, Reiter und Radfahrer – alle sind Teil unserer Umwelt und sollten aufeinander Rücksicht nehmen.
- Vermeiden Sie Abfall! Nehmen Sie alle mitgebrachten Verpackungen wieder mit nach Hause. »Nimm die Erinnerung mit – und den Abfall!«
- Überfordern Sie sich und Ihre Gruppenmitglieder nicht! Planen Sie ausreichend Pausen und auch langsamere Wegpassagen ein.

- Bieten Sie Kindern Abwechslung! Für Kinder und Jugendliche sollten Spiele und interessante Informationen parat gehalten werden. Im Vorfeld kann man sich schon absprechen, was zur kurzweiligen Unterhaltung mitgenommen werden soll.
- Checken Sie die Wetterlage! Der Deutsche Wetterdienst informiert über Apps unterwegs und kann auch zuhause bei der Planung mit einbezogen werden. Unwetterwarnungen sollten ernst genommen werden.
- Wandern Sie nicht mit neuen Schuhen oder Socken! Wenn der Schuh erstmal drückt, ist es zu spät. Denn dann sind Fuß, Knochen oder Haut schon gereizt und schlimmstenfalls schon entzündet. Ersatzsocken und spezielle Blasenpflaster können hierbei nützlich sein.

Gehzeiten

Die vorgegebenen Zeiten dienen lediglich der groben Orientierung. Hierbei wurde eine Durchschnittsgeschwindigkeit von ca. 4 km/h zugrunde gelegt. Rast und Fotopausen müssen in jedem Fall dazugerechnet werden. Die Witterung wird genauso Einfluss auf das Wanderverhalten haben wie die jeweilige Tagesform. Bei nassen Wegeverhältnissen ist damit zu rechnen, dass man durch das Risiko auszurutschen erheblich langsamer vorankommt, als es bei trockenen Wegen üblich ist.

Wichtige Telefonnummern und Adressen

Öffentliche Verkehrsmittel

VGO (Anmeldung zur Fahrt mit dem Vogelsberger Vulkan-Express), Tel. 06631/963333, service.alsfeld@vgo.de;
Deutsche Bahn, Tel. 01806/996633, www.bahn.de;
RMV (Rhein-Main-Verkehrsverbund), Tel. 01801/7684636, www.rmv.de.

Verkehrsverbände

Region Vogelsberg Touristik GmbH, Tel. 06044/964848, info@vogelsberg-touristik.de, www.vogelsberg-touristik.de;
Naturschutz-Infozentrum auf dem Hoherodskopf, Tel. 06044/9669330, hoherodskopf@tourist-schotten.de, www.naturpark-hoher-vogelsberg.de;
Region Wetterau Tourismus, Tel. 06031/831303, www.wetteraukreis.de;
Region MKK-Tourismus, Tel. 06051/8513716, tourismus@mkk.de

Auskünfte zu Wanderwegen

Vogelsberger Höhen-Club e. V., Jürgen Klein, Beundestraße 26, 63667 Nidda, Tel. 06043/3532, www.vogelsberger-hoehen-club.de

Wetterberichte

Deutscher Wetterdienst, Tel. 0900/1116420, www.dwd.de;
www.meteoblue.com;
www.wetterprognose-wettervorhersage.de;
www.wetter.de

Notruf

110 Polizei
112 Rettungsdienst
Tel. 06044/2777 Bergwacht Schotten

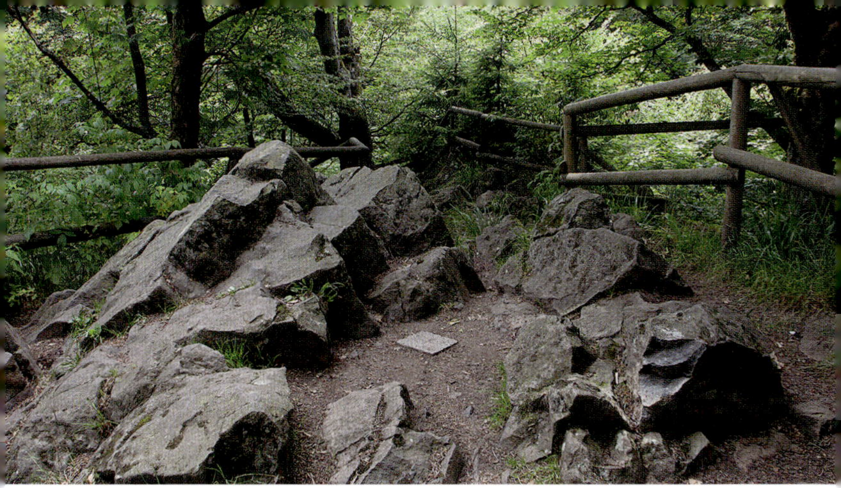

Der Geiselstein, ein typischer Vogelsberg-Gipfel.

Einkehrmöglichkeiten

Angegeben sind die jeweils am Wegesrand liegenden Restaurants oder Ausflugslokalitäten. Wenn vom direkten Wegverlauf abgewichen werden muss, um dorthin zu gelangen, wird darauf hingewiesen. Bei Gruppenwanderungen sollte in jedem Fall vorher Kontakt aufgenommen werden. Überdies können sich die angegebenen Öffnungszeiten natürlich auch ändern.

Karten

Offizielle Topographische Karten im Maßstab 1:50.000 (TK 50) und 1:25.000 (DTK 25) des Amts für Bodenmanagement und Geoinformation:
Vogelsberg Wetterau (1:50.000), Hoher Vogelsberg (1:25.000), Rhön Nord (1:50.000), Spessart Nord (1:50.000), Waldhessen Östlicher Teil (1:50.000).
Daneben existieren zahlreiche spezielle Themenkarten, die es bei den Tourismus- und Informationsbüros gibt. Einige davon sind die »Freizeitkarte Niddaroute – von der Mündung bis zur Quelle«; »Archäologielandschaft Wetterau – Erlebniskarte Kelten – Römer – Mittelalter«; »Wandern – Wanderwelt Vogelsberg«; »Rhein-Main Vergnügen – Bonifatius-Route«; »Rhein-Main Vergnügen – Jakobsweg«.
Es gibt ein großes Angebot an verschiedenen Karten für jeden Zweck und für jedes spezielle Interesse. Jede Karte hat ihre Vor- und Nachteile. Wenn man die vorgegebenen markierten Wege verlassen will, empfiehlt sich in jedem Fall eine Karte der Ämter für Bodenmanagement, da dort auch kleinere Wege erfasst sind. Sie sind im Buchhandel, aber auch in den Tourismusbüros erhältlich.

Wegenetz und Markierungen

Stets werden die häufigsten Wegmarkierungen angegeben. Es geht aus der Tourenbeschreibung eindeutig hervor, welcher Markierung gefolgt wird. Kurzfristig mitlaufende Markierungen werden nur erwähnt, wenn sie für den Verlauf maßgeblich sind.

Tipps für Weitwanderer

Etliche Fernwanderwege führen durch den Vogelsberg und die Wetterau.

- Die Bonifatius-Route, die den Spuren des Trauerzuges folgt, der den Leichnam des Bonifatius zu seiner letzten Ruhestätte von Mainz nach Fulda brachte. Die 172 km lange Pilgerstrecke streift in Vogelsberg und Wetterau romantische Fachwerkdörfer, beschauliche Klöster, alte Feldkapellen, Bildstöcke und Wegekreuze. Vieles davon ist aufwendig wiederhergestellt worden, aber von einigen Stätten sind nur noch – sehr anschauliche – Ruinen erhalten.
- Der Jakobsweg von der Fulda an den Main ist ein Teil der alten Kulturstraße »Via Regia«, die von der Ukraine bis nach Spanien führt. Von Fulda durch das Kinzigtal mit seinen Heilbädern und Erholungsorten schlängelt sich die Pilgerstrecke an Kirchen, Klöstern, Schlössern und Burgen entlang und leitet den Wanderer letztendlich nach Santiago de Compostela.
- Der Limesweg (Limes-Wanderweg Abschnitt Wetterau) und der Europaweg E3 (Europäischer Fernwanderweg Nr. 3) sind die beiden anderen überregionalen Wanderwege, die durch Vogelsberg und/oder Wetterau führen.

Reisezeit

Vogelsberg und Wetterau haben zu jeder Jahreszeit ihren eigenen Reiz. Im Frühjahr begeistern in der Wetterau das milde Klima und ein buntes Blumenkleid. Immerhin ist die Vegetation hier der des Vogelsbergs um zwei bis drei Wochen voraus. Wenn hier schon alles grünt und blüht, kann es durchaus sein, dass ein paar Kilometer weiter noch alles braun und sogar noch weiß ist. »Hessisch Sibirien«, wie der Vogelsberg liebevoll, aber auch gefürchtet genannt wird, überrascht häufig mit Wetterkapriolen. Ab dem Spätsommer kann man hier häufig mit dichtestem Nebel oder tief hängenden Wolken rechnen, die in Deutschland ihresgleichen suchen. Die Skisaison ist intensiv und dauert gegenüber der Wetterau länger an. Aufgrund des milden Klimas, zahlreicher Gewässer und fruchtbarer Böden wird die Wetterau landwirtschaftlich genutzt und ist landschaftlich äußerst ansprechend.

Anreise

Mit der Bahn sind auf jeden Fall die größeren Städte und Ortschaften der Wetterau und des Main-Kinzig-Kreises gut zu erreichen. Im Vogelsberg muss man auf Busse umsteigen, aber auch hier gibt es durchaus adäquate

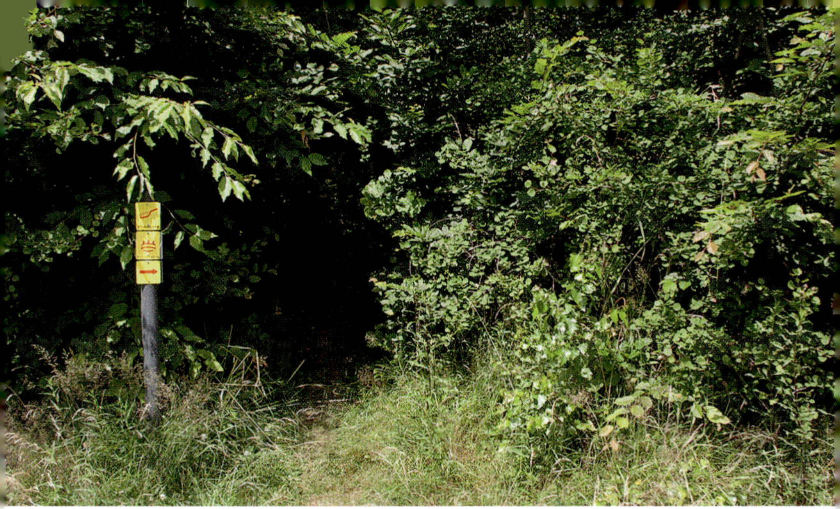

Ein versteckter lauschiger Waldpfad. Markierungen sind gewöhnlich gut sichtbar angebracht.

Bahnverbindungen. In der Sommersaison vom 1. Mai bis Ende Oktober fährt der Vogelsberger Vulkan-Express jeweils an Samstagen, Sonntagen und Feiertagen. Das Ziel ist der Erlebnisberg Hoherodskopf, doch auch der »Kalte Markt« in Ortenberg oder der »Prämienmarkt« in Lauterbach stehen auf dem Linienplan. Diese Freizeitbusse mit Radtransport fahren in der Region zahlreiche Haltestellen an. Dadurch kann eine Rad- oder Wandertour individuell geplant werden. Die Fahrradmitnahme ist kostenfrei. Ausführliche Informationen gibt der Rhein-Main-Verkehrsverbund oder die VGO (s. S. 12). Mit dem PKW kommen Sie in der Region überall hin. Sie sollten im Winter aber Winterausrüstung im Auto haben, denn die Zufahrt zum Hoherodskopf ist nur noch mit dieser gestattet.

Viele Ausgangspunkte der beschriebenen Touren sind mit öffentlichen Verkehrsmitteln erreichbar. Zahlreiche Ortschaften liegen im Rhein-Main-Verkehrsverbund und haben daher einen guten Anschluss an das öffentliche Netz. Die Züge der Deutschen Bahn verkehren regelmäßig, und auf einigen Strecken (z. B. Wächtersbach) werden zeitweise historische Waggons oder Lokomotiven eingesetzt.

Wichtige Fernautobahnen umrahmen das komplette Gebiet: A5, A45, A7 und A66. Daneben führen ausgeschilderte Touristenstraßen durch die Region. Der alte Schottenring dürfte noch vielen ein Begriff sein. Hier finden mehrmals im Jahr rasante Events statt. Die schönen bewaldeten Straßen im Oberwald oder in der Wetterau laden zum Fahren ein.

Parkmöglichkeiten sind in kleinen Orten häufig noch kostenfrei. Die ausgewählten Parkplätze sind zumeist am Wochenende unentgeltlich zu benutzen. Auf dem Hoherodskopf sind mehrere große Parkplätze. Auch an außerhalb gelegenen Stätten, wie z. B. dem Museum in Glauberg, gibt es großzügige Parkmöglichkeiten.

Tipps für Regen- und Ruhetage

Dieser kleine Überblick verweist auf einige sehenswerte Attraktionen der Region – ohne Anspruch auf Vollständigkeit.

Aussichtstürme Diebsturm, Grünberg; Hainigturm und Schneckentürmchen, Lauterbach; Burgturm, Ortenberg-Lißberg; Hinterburgturm, Schlitz; Warthe, Schotten; Bismarckturm, Schotten-Taufstein; Schlossberg, Ulrichstein; Burgturm Wartebach, Wartenberg-Angersbach

Ausstellungen Info-Zentrum Hoherodskopf; Modellbahnhof Glauburg-Stockheim

Baumkronenpfad Hoherodskopf; Laubach

Bibelpark Herbstein

Botanische Gärten Vogelsberggarten, Ulrichstein

Burgen Gedern-Wenings; Grünberg; Hungen-Bellersheim; Münzenberg; Ronneburg; Schlitz

Erlebniswald Grünes Meer, Laubach

Freizeitpark Märchenland, Hirzenhain-Merkenfritz

Golf Minigolf, Büdingen; Minigolf, Freiensteinau-Nieder-Moos; Minigolf, Grebenhain-Hochwaldhausen; Minigolf, Herbstein; Adventure Golf, Hoherodskopf; Minigolf, Lauterbach; Golf-Club, Lauterbach-Sickendorf; Golf-Club, Lich; Minigolf, Nidda-Bad Salzhausen; Minigolf, Ortenberg; Golf-Club, Schotten-Eschenrod

Höhlen Steinau

Kletterwald Hoherodskopf; Hochseilgarten, Schlitz

Kutsch- und Planwagenfahrten Alsfeld-Lingelbach; Birstein-Illnhausen; Büdingen-Vonhausen; Freiensteinau-Nieder-Moos; Gedern; Hungen-Nonnenroth; Laubach; Lauterbach; Lautertal-Engelrod; Schlitz; Schotten; Ulrichstein-Rebgeshain; Wartenberg-Angersbach

Lehrpfade Der Weg des Wassers, Birstein; Walderlebnispfad, Büdingen;

Museen Alsfeld; Büdingen; Florstadt; Freiensteinau; Gedern; Keltenwelt, Glauberg; Grebenhain; Grünberg; Herbstein; Hirzenhain; Homberg; Laubach; Lauterbach; Mücke-Merlau; Nidda; Ortenberg-Lißberg; Ronneburg; Schlitz; Schotten; Modellbahnhof, Stockheim; Ulrichstein

Radeln Hoherodskopfsteig; Südbahnradweg; Vulkanradweg

Ruinen Büdingen-Hardeck; Freiensteinau; Gedern-Wernings; Glauburg; Lich; Mücke-Merlau; Nidda-Kohden; Ortenberg-Lißberg; Schlitz; Ruthardshausen; Schlitz; Ulrichstein; Wartenberg

Schlösser Alsfeld-Altenburg; Birstein; Büdingen; Eisenbach; Freiensteinau;

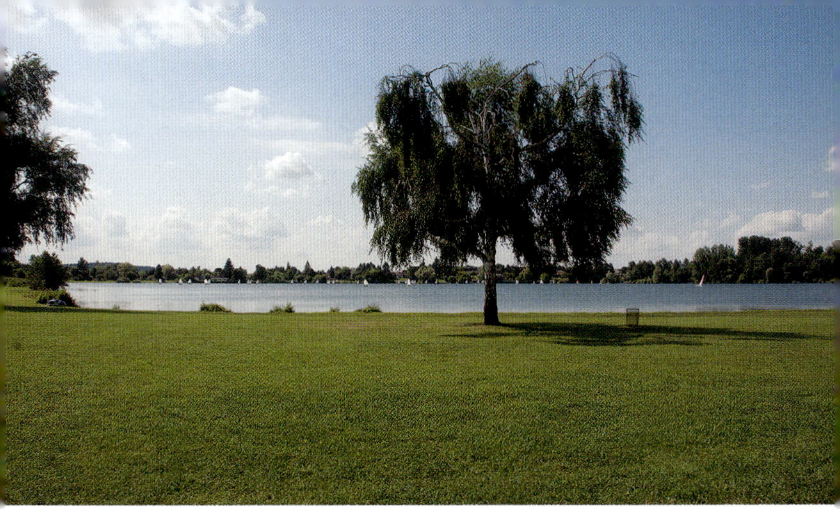

Trais-Horloffer See.

Gedern; Gemünden-Burg-Gemünden; Herbstein-Stockhausen; Homberg; Hungen; Laubach; Lauterbach; Lich; Nidda; Ortenberg; Romrod; Schlitz; Schotten; Sickendorf; Steinau

Seen und Spaßbäder Alsfeld; Birstein; Büdingen; Feldatal-Kestrich; Gederner See; Grebenhain-Hochwaldhausen; Hirzenhain; Homberg; Freizeitareal, Hungen-Trais-Horloff; Laubach; Die Welle, Lauterbach; Erlebniswelt, Nieder Mooser Seen; Nidda; Nidda-Stausee; Ortenberg; Schlitz; Schotten; Schotten-Einartshausen; Ulrichstein; Wartenberg-Landenhausen

Segelflugplätze Alsfeld; Gedern; Hoherodskopf; Homberg; Lauterbach; Lauterbach-Wernges; Nidda; Schotten-Götzen

Skilifte Hoherodskopf

Sommerrodelbahn Hoherodskopf

Steinbrüche Brauerschwend; Büdingen; Gedern; Gonterskirchen; Homberg; Langd; Michelnau; Ober-Widdersheim; Ortenberg

Thermalbäder und Saunen Alsfeld; Herbstein; Lauterbach; Nidda-Bad Salzhausen; Wartenberg-Angersbach

Tiererlebnisse Vogelsberglamas, Alsfeld-Lingelbach; Wanderreitbetrieb, Birstein-Illnhausen; Greifvogelwarte, Feldatal-Ermenrod; Reiterhof, Feldatal-Köddingen; Reiterhof, Feldatal-Stumpertenrod; Isländer, Grebenhain-Herchenhain; Reiten, Herbstein; Sternenhof, Romrod-Strebendorf; Reiterhof, Schotten-Einartshausen; Ulrichstein

Zoos Wildpark, Büdingen; Wildgehege, Laubach; Wildpark, Lich; Vogelpark, Schotten

Vogelsberg, Wetterau, Kinzigtal, Schlitzerland

Vor etwa 18,3–14 Mio. Jahren entsteht der Vogelsberg im Zeitalter des Tertiärs. Nicht als einzelner Vulkan, sondern als Vulkangebirge bildet er sich aus vielen Vulkanschloten. Diese bauen sich aus Schlackekegeln auf und bilden ein riesiges Vulkanfeld ohne einen zentralen Krater. In der Folgezeit überziehen immer wieder neue Ergüsse die vorhergehenden vulkanischen Gesteine. Sie bilden durch die verschiedenen Magmen, Tuffe und Aschen den Gesamtkomplex Vogelsberg, das größte zusammenhängende Basaltmassiv Europas.

Dies ist überaus repräsentativ in über 20 Geotopen und Geotop-Ensembles dargestellt. Mit dem Leitthema »Vulkanismus und Leben« wird darauf aufmerksam gemacht, dass wir eine sehr wilde und bewegte Vergangenheit haben. Schon unsere Vorväter haben angefangen, in Steinbrüchen Rohstoffe abzubauen. Das häufigste Material ist der vielgerühmte Basalt. Buntsandstein, Muschelkalk und Kaolin folgen in deutlichem Abstand. Die verschiedenen Steinbrüche, stillgelegte und auch aktive, geben einen interessanten Einblick in die Zeitgeschichte. Aber nicht nur durch Steinbrüche, sondern auch durch augenfällige Steinformationen bekommen wir eine Vorstellung von diesem alten Schildvulkan. An unzähligen Stellen hat sich dieser aus der Hessischen Senke aufgebaut. Geiselstein, Bilstein, Gackerstein, Wilder Stein, Dicke Steine und Co. sind Nachfahren und Zeitzeugen dieser Entstehung.

Neben dem Element Feuer prägt auch das Wasser unsere Wanderregionen. Unzählige Quellen entspringen dem Oberwald und den umliegenden Gebieten. Nach der Schneeschmelze sind gerade diese im Frühjahr besonders üppig und präsentieren sich mit aller Gewalt. In Bad Salzhausen sind namhafte Salzwiesen und -quellen, in Herbstein befindet sich die Vulkantherme. Beide Orte sind dem gesundheitlichen Aspekt der beiden Elemente verbunden. Im Oberwald ist eines der letzten Hochmoore in diesem Landstrich und in den Naturschutzgebieten des Oberwalds sind viele klare Bächlein, die ihr wertvolles Nass mit sich führen.

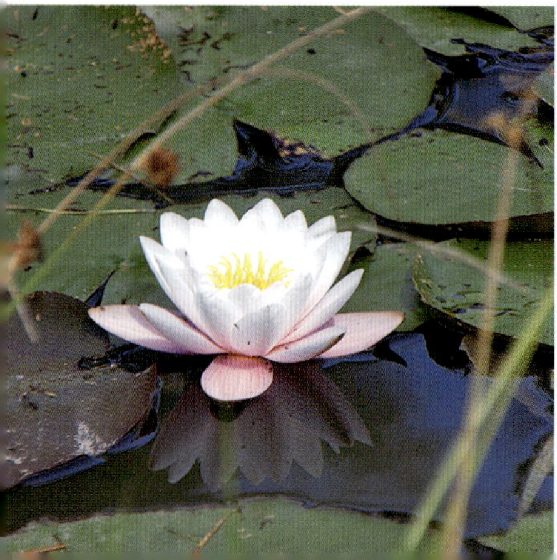

Seerose auf einem Fischteich zwischen Nidder und Mühlbach.

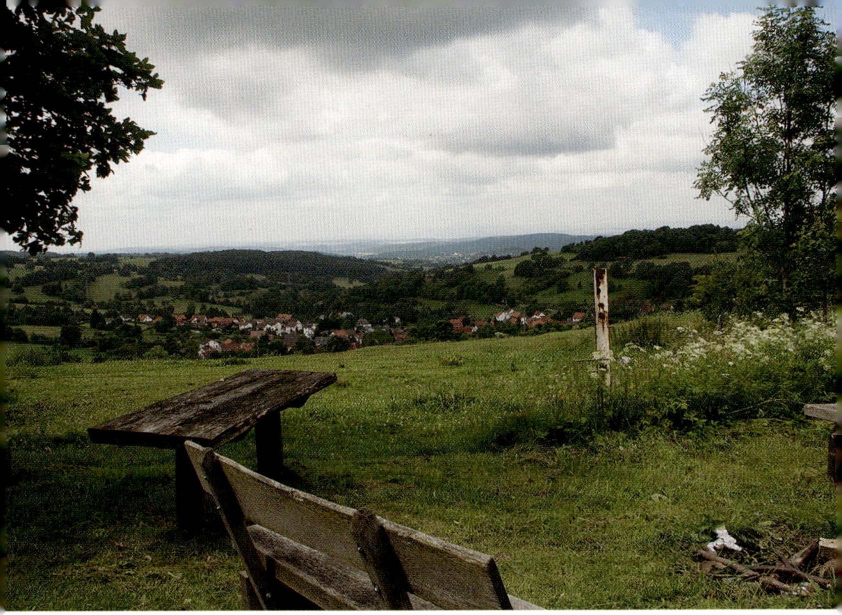

Ausblick von einer Sitzgruppe auf Rudingshain.

Diese Flüsschen prägen das Landschaftsbild von Wetterau und Schlitzerland. Flache Hügelkuppen, breitgefächerte Felder – eine offene Kulturlandschaft. Die idyllische Hügellandschaft Mittelhessens mit ihren behaglichen Dörfern zwischen Wiesen, Buschhecken und Teichen will im ersten frischen Frühlingsgrün gesehen und bewundert sein. Dann, wenn sich der große, raue Bruder Vogelsberg noch in eisiges Weiß hüllt, sprießen in der milden Wetterau tausend bunte Blüten und verkünden den erhofften Frühling. Wenn die Tage länger werden, weicht das frische Hellgrün dem intensiven, saftigen Grasgrün und Ockergelb des Sommers. Leuchtende Flachsfelder lenken den Blick auf sich. Bald schon wandelt sich das Bild, das Zitronengelb verschwindet und weicht dem Goldgelb der Kornfelder, die mit roten und blauen Sprenkeln versehen sind. Harmonisch fügen sich Feld an Feld und Wiese an Wiese. Manches Bächlein ist nun ausgetrocknet und zu sehen ist der glattgeschliffene Stein. Das Korn reift in der Sonnenglut und kein Wölkchen mag die Pracht trüben.
Auch in den Höhenlagen hat der Sommer Einzug gehalten. Durch die besondere Lage des Mittelgebirges im Zentrum von Hessen bilden sich über dem erwärmten Basaltkörper warme Aufwinde. Für die Segelfliegerei ist dies besonders interessant.

Gelnhausen, Wächtersbach, Bad Soden-Salmünster, Steinau und Schlüchtern bilden zusammen mit der A66 eine natürliche Grenzlinie für die Wetterau. Die Kreis- und Barbarossastadt **Gelnhausen** liegt am Südrand des Büdinger Waldes im Kinzigtal. Dieser Spessart-Ausläufer schiebt sich von Süden gegen die Abdachung des Vogelsbergs. Auf den lehmigen Sandböden gedeihen schutzwürdige Edellaubbaumwälder. In einem weiten Muldental fließt die Kinzig von Osten nach Westen am südlichen Stadtrand und prägt die städtischen Anlagen. Das mittelalterliche Gepräge wird durch die Erhaltung der Wehranlagen und -türme gestärkt. Marienkirche, Unter- und Obermarkt zeugen hiervon.

Am Rand des Büdinger Forsts liegt **Wächtersbach**, entstanden aus einer Wasserburg. Durch den Bau der Eisenbahn gewann das Städtchen an Bedeutung. Die Bahnstrecke nach Bad Orb wurde auf 600-mm-Schmalspur umgebaut und wird saisonal sonntags als Museumsbahn genutzt. Der Vogelsberger Südbahnradweg verbindet das Kinzigtal mit dem Vulkanradweg bei Hartmannshain.

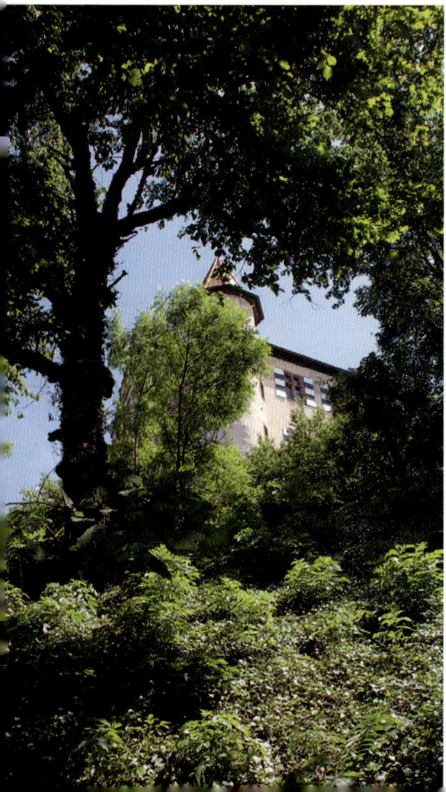

Ein weiteres Kinzigtalstädtchen ist **Schlüchtern**, die Stadt im Bergwinkel. Bergwinkel deshalb, weil hier die Ausläufer der Rhön im Osten, des Spessarts im Süden und des Vogelsbergs im Westen zusammentreffen. Es liegt an der ehedem wichtigen Handelsstraße »Via Regia«, die von Frankfurt nach Leipzig führt. Der Jakobsweg gehört zum Verbindungssystem dieser alten Straße. Eine weitere überregional wichtige Verbindung ist der Hessische Radfernweg R3.

Die romantische Burgenstadt **Schlitz** liegt an dem Flüsschen Schlitz und ist durch den sogenannten Burgenring berühmt. Weltweite Bedeutung gewann die Stadt durch die Erforschung und ausführliche Dokumentation des Breitenbachs.

Je nach Jahreszeit gut versteckt: die Ronneburg.

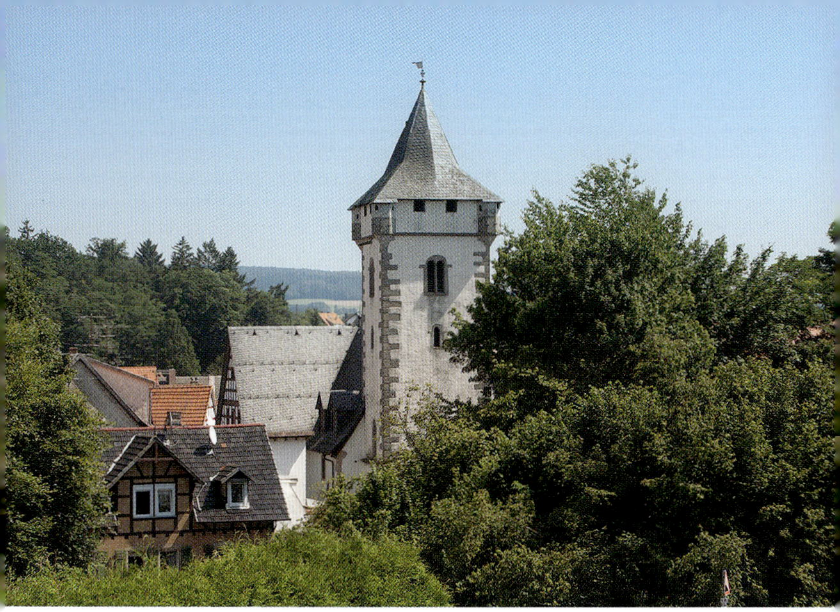

Die Marienkapelle von Wächtersbach.

Das in der Nähe liegende **Lauterbach** ist am Hainig und an dem Bach Lauter angesiedelt. Durch dieses Gewässer führen in der Stadt die Schrittsteine und eines der Wahrzeichen steht wenige Meter entfernt: der Lauterbacher Strolch. Das Strumpfdenkmal ist vor der Stadtmühle, die als Verkehrsbüro dient, zu finden.
Die europäische Modellstadt **Alsfeld** liegt am Westhang des Alsfelder Beckens und im Norden des Vogelsberges. Die Stadt hat eine historische Wasserversorgung zu bieten. Durch das natürliche Gefälle ließ man den Liederbach durch die Obergasse durch die Straßen fließen. Durch das Fulder Tor verließ er die Stadtmauern wieder und floss in die Schwalm. Noch heute kann man in etlichen Häusern den eigenen Hausbrunnen sehen.
Am Südostrand des Amöneburger Beckens liegt **Homberg an der Ohm** im nördlichen Vogelsberg-Vorland. Wie in einigen regionalen Städten findet auch hier im Oktober der Kalte Markt statt. Ebenso wie das Homberger Brunnenfest im Juli lockt es Besucher von nah und fern.
Grünberg, die Stadt auf dem grünen Hügel, liegt an einer bedeutenden Handelsstraße. Heute zeugen gotische Bauwerke, Türme und die Stadtmauer von der wehrhaften Zeit. Das ehemalige Zentrum der Wasserversorgung, das Brunnental, liegt einladend zu Füßen der Stadt.

Schloss und Park dominieren die Stadt **Laubach**. In der verwinkelten Altstadt kann man mannigfaltige Bauwerke entdecken. Das »Grüne Meer« bietet als Gasse einige Sehenswürdigkeiten, aber auch als Wald- und Erlebnispark.
Im Westen liegt **Lich** an der Furt der Wetter, das als Namensgeber der Wetterau Pate stand. Archäologisch bedeutend sind sowohl Ausgrabungen von Werkzeugen aus der Zeit des Neandertalers als auch der Limes, zu dessen Zeit das Kohortenkastell Arnsburg entstand.
Die Schäferstadt **Hungen** liegt an der Grenze zwischen Wetterau und Vogelsberg. Das an der Horloff liegende Städtchen hat ein imposantes Schloss zu bieten, das über einer alten Burganlage errichtet wurde. Das Limes-Informationszentrum ist im »Hof Grass« angesiedelt. Durch Hungen führt der Deutsche Limes-Radweg.
Ein Renaissanceschloss ersetzte im 16. Jahrhundert das kreisrunde Wasserschloss der Stadt **Nidda**. Verkehrstechnisch liegt die Stadt an der Lahn-Kinzig-Bahn. Neben dem Deutschen Limes-Radweg läuft der Hessische Radfernweg R4 durch die Stadt an der Nidda.
Am Übergang zwischen Vogelsberg und Wetterau liegt **Büdingen** an der Seemenbach. Die mittelalterlichen Stadtanlagen zählen zu den besterhaltenen in Europa. Leuchtendrote Sandsteinabbrüche kann man auf dem Stadtgebiet sehen und einen aktiven Steinbruch gibt es in der Nähe der Fürstengräber.

Begehbare alte Mauer in Herbstein.

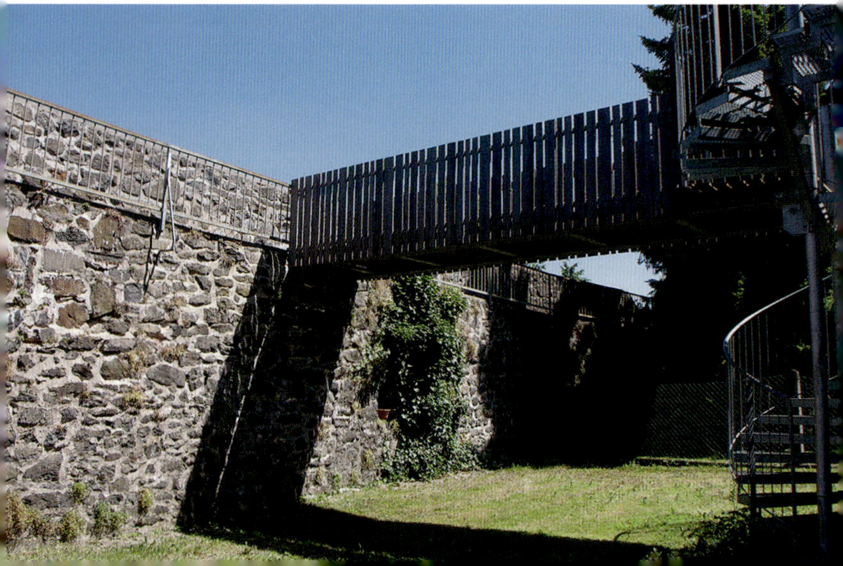

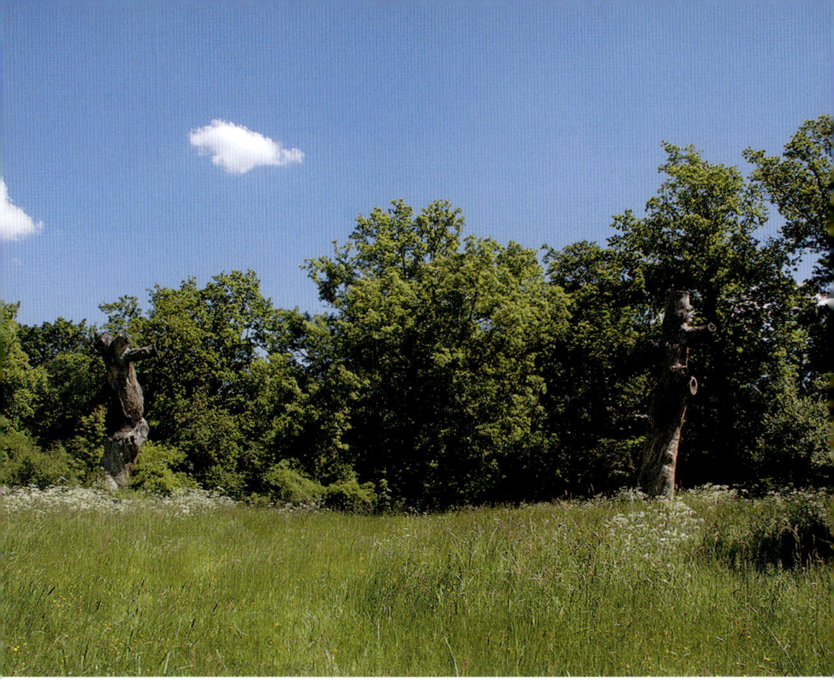

Am Hainigturm.

Die Perle des Vogelsbergs, wie **Birstein** liebevoll von seinen Bewohnern genannt wird, ist am südlichen Fuß des Gebirgsmassivs zu finden. Durch das Stadtgebiet verläuft der Bahnradweg Hessen, der an eindrucksvollen Gebäuden vorbeiführt.
An der Ostabdeckung des Vogelsbergs ist die Stadt **Herbstein** auf einem alten Vulkankegel zu finden. Sie ist Teil der Deutschen Märchenstraße und liegt im Naturpark Hoher Vogelsberg. Eine begehbare Stadtmauer, der Burggewölbekeller und alte Teile der Stadtbefestigung prägen das Stadtbild.
An der Quelle der Ohm liegt **Ulrichstein** auf und an einem Basaltkegel. Die Reste der alten Burganlage befinden sich auf dem höchsten Punkt. Der Vogelsberggarten hat dort sein Zuhause gefunden und überrascht mit vielen seltenen und geschützten Pflanzen.
In der Nähe des Hoherodskopfs liegt die Stadt **Schotten**. Der Name Alteburg dient einer alten Turmburg im heutigen Alteburgpark und dem Ringwall Alteburg als Bezeichnung. Der Nidda-Stausee ist eine der Hauptattraktionen der Region; in der Nähe befinden sich eindrucksvolle Mammutbäume, die

hier ihre Heimat gefunden haben. Der Schottenring als Austragungsort vielfältiger Veranstaltungen ist überörtlich bekannt und beliebt.
Als zweithöchster Gipfel im Vogelsberg ist der **Hoherodskopf** das Naherholungsgebiet der ganzen Region. Weit über die Kreisgrenzen hinaus zieht die beeindruckende Kulisse die Menschen von nah und fern an. Bei Schnee ein absolutes Wintersportgebiet und im Sommer vielfältige Angebote, die Bezug auf das waldreiche Gebiet haben.

Flora, Fauna und Geologie

Die breiten Waldrücken der rundlichen Vogelsberg-Hügel und die wildromantischen Bachtäler zwischen ihnen werden zwar im Sommer am meisten besucht und genossen, aber ihre volle Schönheit offenbaren sie nur dem Kenner im funkelnden Schneeschmuck kalter Wintertage oder gar im Zauberglanze sternenklarer Winternächte. Dann, wenn der Atem vor dem Gesicht zu kleinen Kristallen gefriert, zieht sich der Vogelsberg sein weißes Kleid an und lockt mit seiner reinen Schönheit. Der weiße Schnee, der jedes Geräusch leiser macht, hat nun die Herrschaft über die Region angetreten. Wenn dann noch ein brauner Fleck zwischen dem strahlenden Weiß auftaucht, große, fast schwarze Augen fragend um sich blicken, kann man sich an dem Anblick von Reh- oder Rotwild erfreuen. Diese scheuen Gesellen gehören im Vogelsberg fast zum täglichen Leben. Im Herbst kann man kilometerweit die lauten Brunftschreie der behaarten Gesellen hören. Baummarder und Iltis sind im Vogelsberg seltener geworden. Steinmarder, Dachs, Fuchs und Hermelin jedoch erfreuen sich einer ungefährdeten Population. Genauso wie der eingebürgerte Waschbär sind sie häufig bei ihren possierlichen Spielchen zu beobachten.
Die Buche ist mit knapp 15 % die häufigste Laubbaumart im Vogelsberg und der Wetterau, gefolgt von der Eiche mit etwa 10 %. Buchonien, wie die Region wohl in grauer Vorzeit genannt wurde, verdankt diesen Namen seinen mächtigen Buchenwäldern. In der Waldwirtschaft ist man dazu übergegangen, Buchen zwischen Nadelbaumbeständen anzupflanzen, um naturnahe Mischwälder zu erhalten. Die Buche nennt man »das Wasserwerk im Wald«. Sie sorgt durch ihr Laubwerk deutlich mehr dafür, dass Niederschläge nicht von den Baumkronen aufgehalten werden. Bei Nadelwäldern führt dies zu eindeutig höheren Interzeptionsverlusten.
Wenn es auch in der Wetterau herrliche Wälder gibt, so stand das Flüsschen Wetter namengebend für die Region. Zusammen mit Nidda, Nidder, Horloff und Seemenbach quert es das Gebiet und prägt mit seinen offenen Flussauen das Landschaftsbild. Das gemäßigte Klima bringt noch etwas Besonderes hervor: Streuobstwiesen, die den Wanderer unterwegs begleiten und begeistern. Ein Baum und eine Frucht tun sich hierbei hervor: der Apfel. Über die Jahrhunderte wurde das »Stöffche« kultiviert und wird bis heute gerne als Apfelwein bzw. »Sauergespritzter« genossen.

Landschaftsgeschichte

Die Archäologielandschaft Wetterau ist Kelten, Römern, Alemannen und Franken gewidmet. Bei Grabungen am Glauberg Mitte der 1990er-Jahre legten Archäologen drei Fürstengräber und eine lebensgroße Statue eines Keltenfürsten mit all seinen Machtsymbolen frei. Das Material, aus dem die Fürstenstatue gefertigt ist, könnte aus einem der Sandsteinbrüche um Büdingen stammen. Mittlerweile ist der Glauberg das Zentrum der Erforschung keltischer Besiedelung in Hessen, obwohl die Wetterau am Rande der keltischen Welt lag. In dem Museum vor Ort und dem angegliederten Rundweg werden die Besucher in die Keltenzeit entführt.

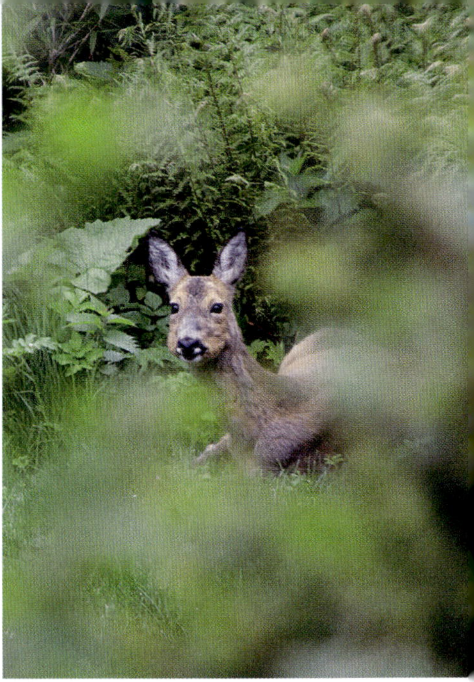

Auf Du und Du.

Das bekannteste Wahrzeichen der Römer, der Limes, wurde zum Schutz der üppigen Felder in der Wetterau errichtet. Vom Taunus kommend macht er einen gewaltigen Bogen, der vor Lich gipfelt, um sich wieder Richtung Süden zu wenden. Kastell Arnsburg, von dem so gut wie keine Überreste vorhanden sind, liegt an einem beschilderten Rundweg und ist in der Nähe von Kloster Arnsburg zu finden. Auf dem Klostergelände sind ein Kriegsopferfriedhof, der besichtigt werden kann, sowie die Kirchenruine und die Klosterräume. Im Museum Echzell wird eines der größten Kastelle am gesamten Obergermanisch-Raetischen Limes dargestellt, das nur noch in dieser Form erfahren werden kann. Beschilderte Rundwege führen in die eindrucksvolle Vergangenheit.

Nachdem sich die Römer über den Rhein zurückzogen, besiedelten und eroberten Alemannen und Franken das Land um die Wetter. Von dieser Zeit künden die zahlreichen Burgen und Schlösser, auf die auch in den Tourenbeschreibungen eingegangen wird.

Bild S. 26/27: Das alte Eisenbahnviadukt im Ohmtal.

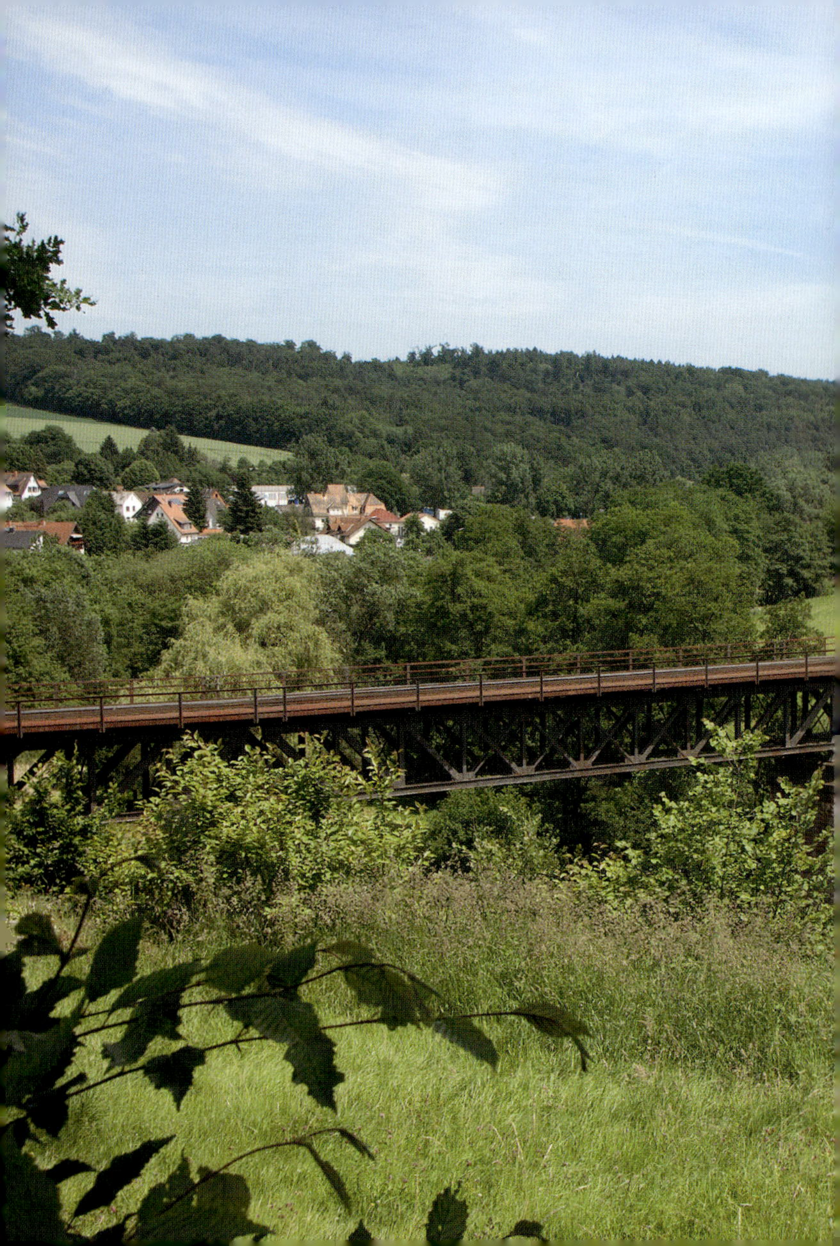

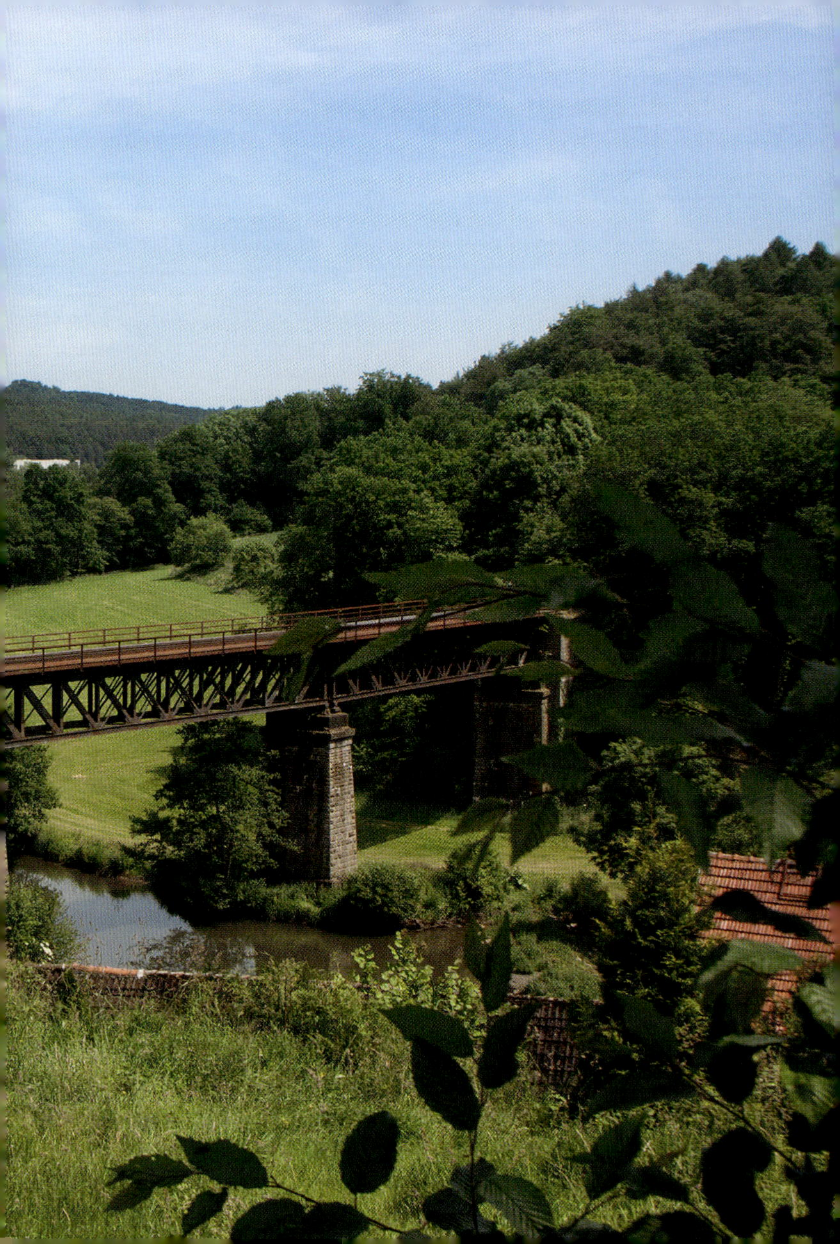

1 Von Nidda über Bad Salzhausen zur Alteburg

3.00 Std.

Auf der Hinkel-Route zu den Harbteichen

Schon in Nidda können wir die historische Altstadt mit unzähligen wunderschönen Fachwerkhäusern genießen. Nach dem Passieren des Viadukts führt der Schlangenweg gewunden in die Höhe über Nidda. Von dort kommen wir über eine Ebene nach Bad Salzhausen und betreten den Kurpark. Sechs Quellen, Lithium-, Södergrund-, Schwefel-, Stahl-, Nibelungen- und Roland-Krug-Quelle, kann man in dem 52 ha großen Park finden, dazu Stangen- und Wasserkunst mit dem Wasserrad am Glockenhaus oder dem Gradierbau, dem Landgrafenteich und Wasserfontänen in lauschigen Eckchen. Seltene Bäume, etwa der Tulpenbaum, wurden angepflanzt. Im oberen Kurpark, hinter dem Kurhaus, findet sich der Park der »Bäume des Jahres« gleich neben dem Skulpturenpark. Auf der Alteburg lohnt eine ausgiebige Erkundung.

Ausgangspunkt: Bürgerhaus Nidda, 133 m (Navi: Hinter dem Brauhaus 15, 63667 Nidda).
Höhenunterschied: 215 m.
Anforderungen: Feld-, Wald- und Teerwege, viele Sitzmöglichkeiten.
Markierung: Grünes Dreieck, rotes Kreuz, blaues Band.
Einkehr: Restaurant Kastanienstube im Bahnhof, Bad Salzhausen (Tel. 06043/1411, Mi Ruhetag); diverse Gastronomie in Bad Salzhausen; Zum weißen Roß, Kohden (Tel. 06043/985040), beide nahe der Radhausstraße in der Hoherodskopfstraße.
Variante: Nach dem Schlangenweg rechts abbiegen, knapp 400 m weiter liegt der Bismarckstein.

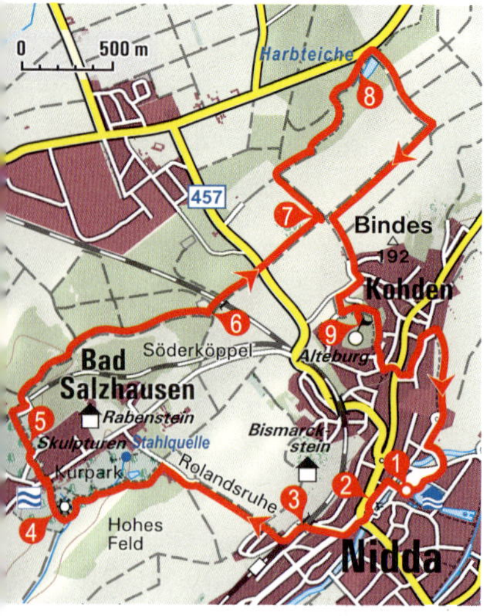

Vom **Bürgerhaus (1)** wenden wir uns der Nidda zu und überqueren diese auf der Fußgängerbrücke. **Am Wehr (2)** entlang, bis wir das Gewässer erneut am Mühlrad überschreiten. Hinter dem ersten Haus in der *Mühlstraße* geht es durch die Hofanlage und erneut an der Nidda über einen Außenweg. Zum dritten Mal wird der Fluss gekreuzt mit Richtung auf die Banken zu. Die *Bahnhofstraße* verlassen wir nach der Sparkasse und finden hier das *grü-*

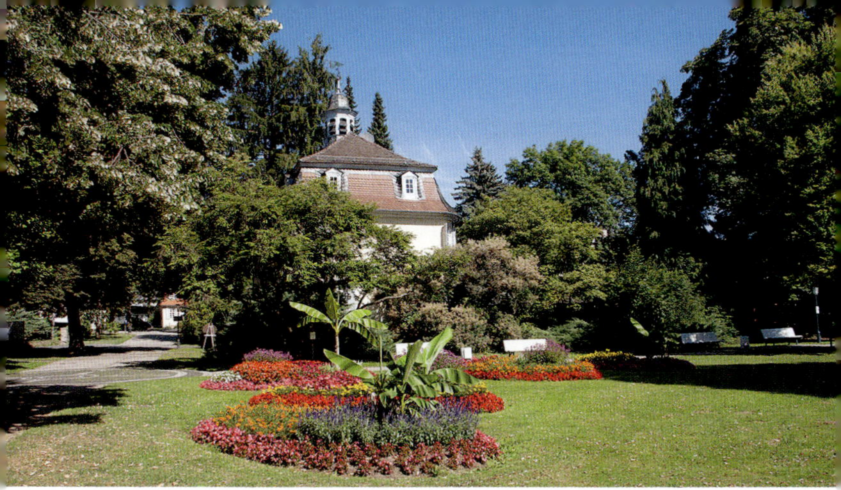

Eingangsbereich des Kurparks in Bad Salzhausen.

ne Dreieck, dem wir nun durch das **Viadukt (3)** bis **Bad Salzhausen** folgen. Am **Wasserrad (4)** wechseln wir die Wandermarkierung und streben zum Eingangsbereich. Von hier aus geht es durch das Kurhaus an Parksaal und **Skulpturen (5)** vorbei Richtung Bahnhof.

Den Park verlassen wir über die Eisenbahnbrücke und halten uns rechts zum Waldfriedhof. Nach **Friedhof (6)** und B457 kommen wir durch Felder, wenden uns an der nächsten **Kreuzung (7)** links und wandern dann am Waldrand entlang. Der Weg schlängelt sich bald zwischen den Bäumen hindurch auf die **Harbteiche (8)** zu. Hinter dem See geht es mit dem *blauen Band* weiter, dem wir an der Stirnseite des Gewässers folgen. Allerdings nur für 500 m, dann geht es rechts auf dem Teerweg weiter. An der **Kreuzung (7)** biegen wir links ab. Die *Steingasse* führt uns an Kohden vorbei. Wir biegen rechts ab auf die Landstraße, die uns zum Ortsausgang führt. Erneut rechts am Anlieger-Schild und an der Sitzbank geht es zur **Alteburg (9)**.

Das Gebiet verlasen wir rechts auf dem ursprünglichen Weg, dann biegen wir rechts ab, gehen geradeaus am Steintisch vorbei. Am Pavillon geht es die Treppe hinunter. Geradeaus um den Spielplatz herum und vor dem Baum scharf rechts. Wir passieren die *Hoherodskopfstraße* und gehen durch die *Radhausstraße* in den Weinfurth. Dort links, bis wir in der Bachgasse wieder auf das *blaue Band* stoßen, dem wir rechts bis zum Niddaer Stadtbad und **Bürgerhaus (1**) folgen.

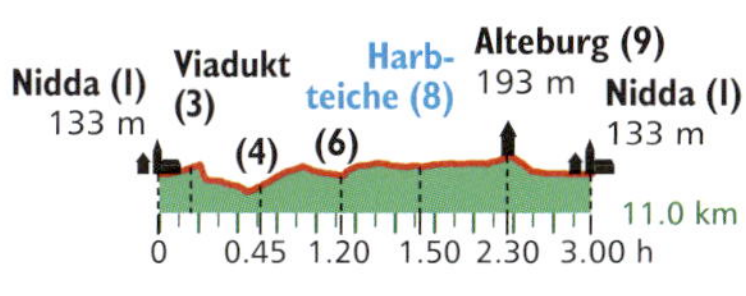

2 Von Hungen nach Hof Grass

2.30 Std.

Über sechs Brücken in die Idylle der Horloff-Aue

Farbenprächtige Blumenfülle empfängt Wanderer an der Horloff. Hinter dem Schutzdamm und dem Zaun des Wasserwerks findet sich Drüsiges Springkraut in Hülle und Fülle. Zum Baden lädt der Trais-Horloffer See ein, der idyllisch in der Horloff-Aue gelegen ist. Hof Grass hat auch Kultur zu bieten. Hier gibt es ein Limes-Informations-Zentrum, ein Restaurant und das Technikum. Am weitläufigen Park ist ein Abenteuerspielplatz zu finden. Da die Strecke teilweise auf dem Limes-Rundweg läuft, sind immer wieder große Hinweis- und Lehrtafeln zu finden, die das Leben der Römer erklären. Eine alte Kirche wird derzeit auf dem Grasser Berg ausgegraben.

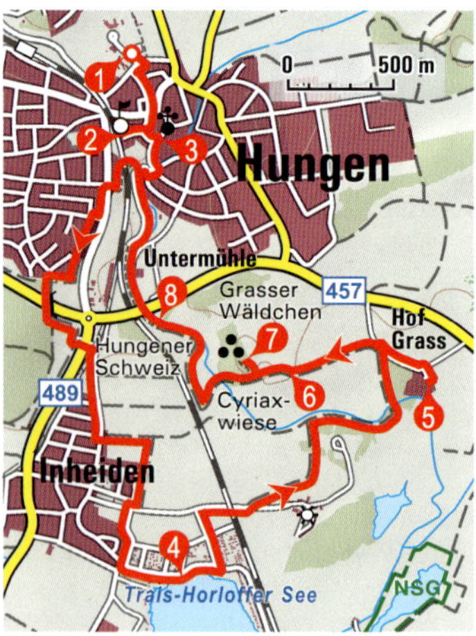

Ausgangspunkt: Parkplatz Stadthalle, 137 m (Navi: Am Grassee, 35410 Hungen).
Höhenunterschied: 125 m.
Anforderungen: Schotter-, Wald- und Wiesenwege, einige Straßen.
Markierung: Blauer Turm auf gelbem Hintergrund.
Einkehr: Hof Grass, Hungen (Tel. 06402/8097585), Mo + Di Ruhetag.
Variante: Nordschleife Hungen-Tour.

Von der **Stadthalle (1)** in Hungen geht es Richtung *Lindenallee*. Dort wenden wir uns nach rechts und finden die erste Markierung des Hungener Schlossturms, unserer Markierung, die uns auf der ganzen Tour geleiten wird. Durch die kleinen Straßen erreichen wir das malerische **Schloss (2)**. Wir machen einen Abstecher in die großzügige Anlage. Dann geht es weiter, an der beeindruckenden evangelischen **Kirche (3)** vorbei. Nach zweimaliger Überquerung der Horloff passieren wir einen jüdischen Friedhof.

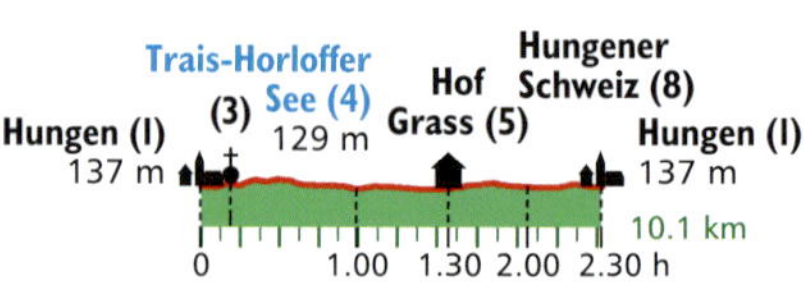

Nach der Überquerung der B457 weisen die Schilder darauf hin, dass sich Süd- und Nordschleife des Rundwegs trennen. Hinter Inheiden kommen wir an den **Trais-Horloffer See (4)**, ein attraktives Kleinod, das

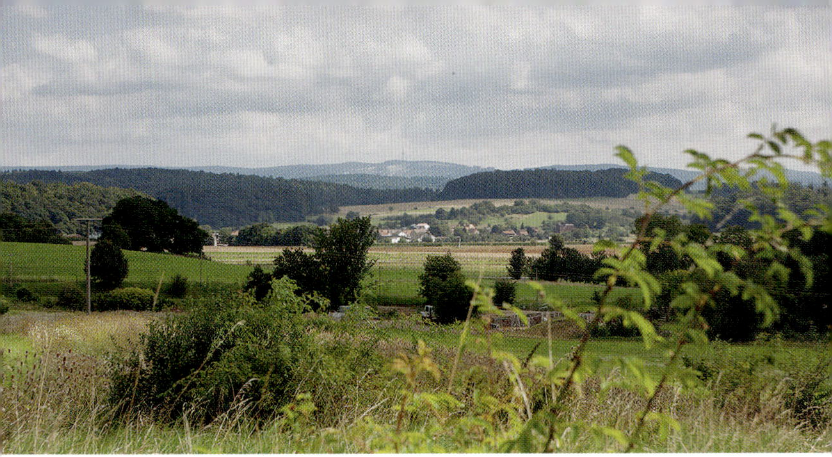

Blick auf Inheiden und Taunus von der Cyriaxwiese.

silberblau vor uns liegt. An einem blühenden Damm gelangen wir über eine Brücke nach **Hof Grass (5)**. Von dort aus kommen wir am Abenteuerspielplatz vorbei und zur **Cyriaxwiese (6)** mit einem Rest des Limes. Am Baum sind Hinweistafeln, und der Ausblick über Inheiden und den Taunus lassen uns verweilen. Entgegengesetzt ist der Hoherodskopf zu erspähen.

Weiter gehen wir in Richtung **Grasser Wäldchen (7)**, wo die Grundmauern einer Kirche ausgegraben wurden. Alte Eichen begleiten unseren Weg hinunter an die Horloff, die wir auf einer kleinen Brücke überqueren.

An den **Bahnschienen** und einer kleinen **Felsformation (8)** beginnt die sogenannte Hungener Schweiz, die wir durchqueren. Mit der Horloff an unserer rechten Seite treffen wir auf den bereits anfangs beschrittenen Pfad, dem wir nun wieder in und durch die Stadt folgen, bis wir mit der **Stadthalle (1)** unseren Ausgangspunkt erreichen.

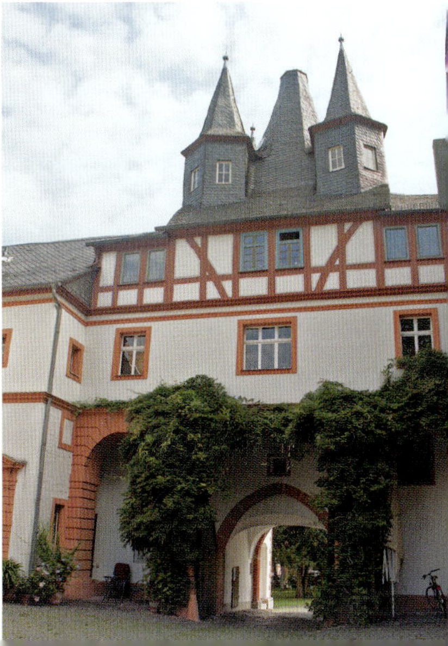

Das Schloss in Hungen.

3 Auf dem Wetterweg zum Kloster Arnsburg

4.00 Std.

An der Wetter entlang zu historischen Landschaften

Das zauberhafte Städtchen Lich hat neben seinen anschaulichen Fachwerkhäusern und alten Gebäuden auch eine namhafte Klosteranlage zu bieten. Im Zisterzienserkloster Arnsburg kann man schnell die Zeit vergessen. Neben dem Kriegsopferfriedhof und einem gemütlichen Klostergarten ziehen auch die teils zerfallenen Ruinen das Interesse auf sich. Das Kastell Arnsburg mit archäologischen Grabungen hat dem interessierten Wanderer ebenfalls viel aus der Vergangenheit zu bieten. Zahlreiche Schautafeln erzählen von einer spannenden Geschichte. Informationen über den Limes dürfen dabei natürlich nicht fehlen. Lohnender Zielpunkt nach einer geschichtsträchtigen Wanderung ist der Limesturm auf dem Kratzert, der mit einem wunderbaren Panoramablick belohnt.

Ausgangspunkt: Lich, Parkplatz am Rathaus, 180 m (Navi: Unterstadt 1, 35423 Lich). Im ganzen Ort Parkmöglichkeiten.
Höhenunterschied: 250 m.
Anforderungen: Größtenteils naturbelassene Pfade, wenige asphaltierte Wege. Viele Sitzgelegenheiten.

Markierung: Wetterweg, Residenzweg, Limeswanderweg, blauer Kreis.
Einkehr: Landhaus Klosterwald (täglich geöffnet); Alte Klostermühle im Kloster Arnsburg (täglich geöffnet); Pizzeria La Dolce Vita in Birklar (Montag Ruhetag); Gasthaus Schneider in Lich.
Tipp: Textorhaus in Lich.

Kloster Arnsburg.

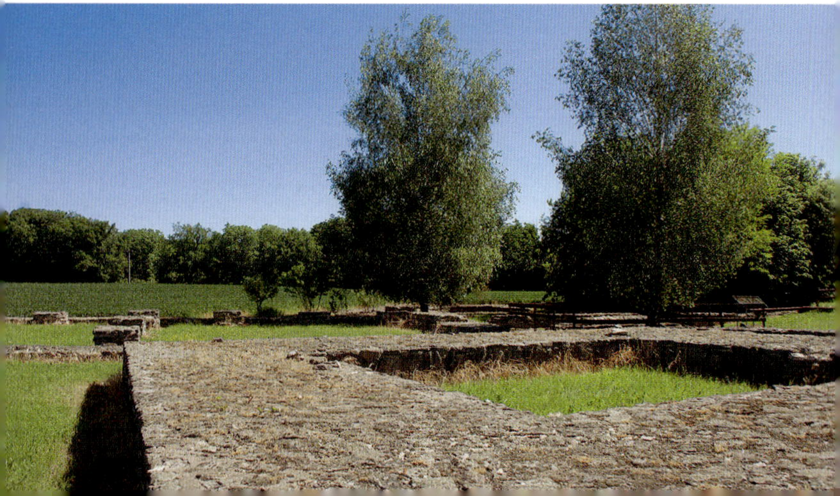

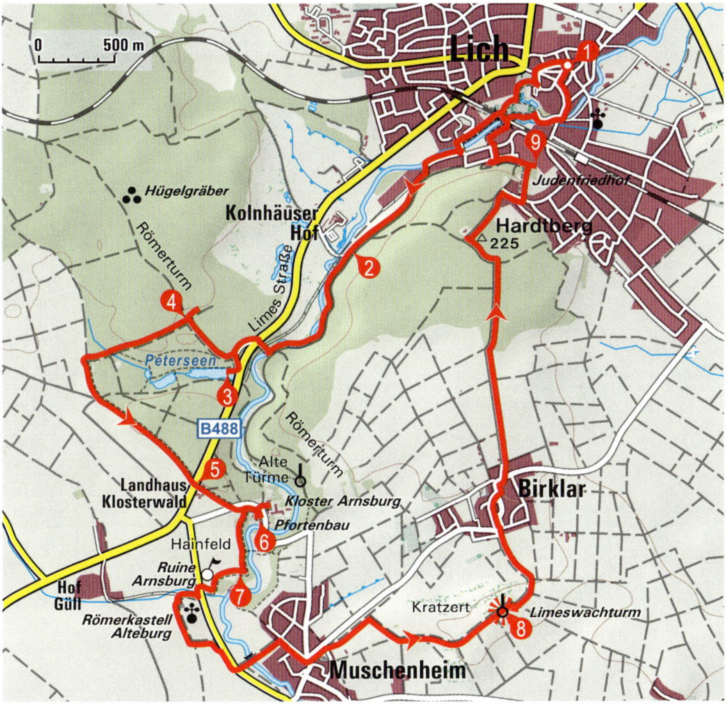

Am **Parkplatz** vor dem historischen **Licher Rathaus (1)** startet unsere Tour. Durch *Kirch-* und *Schlossgasse* erreichen wir über einen Parkplatz die Pforte in einer alten Schlossmauer. Sie führt uns in den Schlosspark. Wir halten uns dort links bis zum Schlossteich und wandern geradeaus bis zum Schlossparkende. Wir passieren eine Bahnunterführung und verfolgen unseren Weg rechts entlang der Wetter bis zur nächsten Brücke, die wir überqueren. An Wiesen und Nebengebäuden entlang gelangen wir auf einen Waldweg. Dort biegen wir rechts ab und finden die Markierungen von *Residenz-*, *Wetter-* und *Licher Rundweg*, die uns durch das Gottesackertal begleiten.

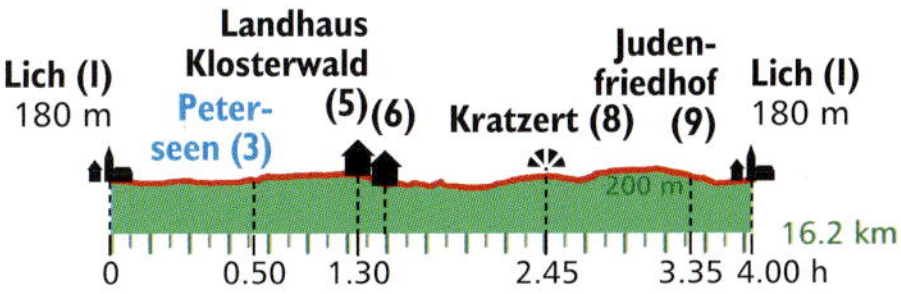

Bei der **Abzweigung (2)** zum Golfplatz gehen wir links wei-

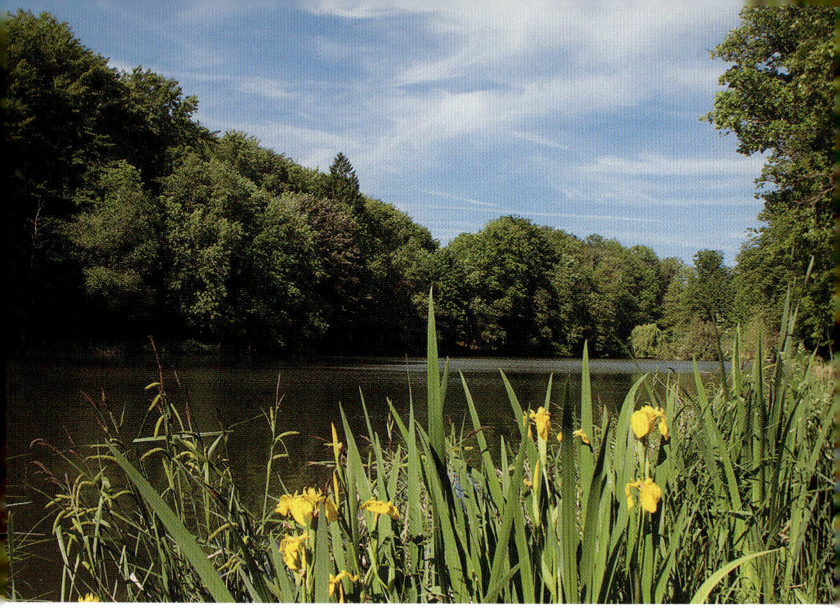

Die Peterseen.

ter durch den Wald. Nach dem Golfgelände führt uns der Pfad rechts über eine Brücke. Wir passieren die »Deutsche-Limes-Straße« und den gegenüberliegenden Parkplatz. Bei der Tafel mit den Wandermarkierungen beginnt ein Pfad zu den **Peterseen (3)**. Alternativ kann man hier den Pfad am Wasser entlang wählen (er führt auf den später genannten Weg vom Limes), oder wir wandern auf dem Limespfad (Markierung *Limesturm*) weiter und folgen ihm bis zur nächsten **Kreuzung (4)**. Wir biegen rechts ab und erreichen nach 130 Metern den Limes, der sich als sichtbarer Erdwall präsentiert.
Wir gehen zurück zur Kreuzung und geradeaus weiter bis an den Waldrand, dort biegen wir links auf den *Jägersteig*. Das **Landhaus Klosterwald (5)** mit seinem Tierpark lassen wir rechts liegen und kommen zum Pfortenbau des **Klosters Arnsburg (6)**. Nach der Besichtigung des Klosters verlassen wir die Anlage wieder durch den Pfortenbau und biegen nach links auf den »historischen Pfad« (auch mit »blauer Kreis« gekennzeichnet) zur **Ruine Arnsburg (7)** am Hainfeld und weiter zum Römerkastell Alteburg.
Unsere Wegemarkierung verlassen wir nach ca. 250 m und biegen nach zwei Feldern an der nächsten Abzweigung links ein. An der Straße halten wir uns rechts. Nach 200 m führt links ein Feldweg über eine Wetterbrücke nach Muschenheim. Hier geht es rechts durch die *Schulstraße* und in der Ortsmit-

te weiter über den Klausenberg bis zum Ortsende. Parallel zur Straße führt hier der *Wetterweg* rechts hoch. Wir folgen ihm und den Hinweistafeln »Limesturm« bis zum **Kratzert (8)**, einem Aussichtsturm mit fantastischem Rundblick und Sitzgelegenheit.

Weiter geht es auf dem Wetterweg. Diesen verlassen wir nach 300 m, um geradeaus nach **Birklar** zu gelangen. An der Birklarer Kirche vorbei gelangen wir zum Dorfgemeinschaftshaus und erreichen einen Wirtschaftsweg, der uns geradeaus bis zum Licher **Hardtberg** leitet. Im Wald geht es an der zweiten Abzweigung links zum Hochbehälter und dort rechts weiter bis zur *Licher Bergstraße*, in die wir einbiegen. Nach dem dritten Haus links folgen wir einem Grasweg zum **Judenfriedhof (9)**. Wir benutzen den Feldweg links und stoßen wieder auf den *Licher Rundweg*. Er leitet uns am Waldrand entlang mit einer wundervollen Aussicht über Lich. Wir biegen in die Straße *Am Hardtberg* ein. Mit Blick auf die Brauerei-Gebäude geht es links in den Riegelpfad und dann immer geradeaus bis ans Ufer der Wetter. Wir halten uns rechts und kommen durch die Unterführung in den Schlosspark zurück. Die Töpferei »Dippemühl« liegt am rechten Pfad, dort verlassen wir den Schlosspark und kommen auf die *Heinrich-Neeb-Straße*. Wir biegen links ab und passieren das fürstliche Schloss. Entlang der Schlossmauer führen uns die Straßen am Hessenbrunnen vorbei zum **Rathaus (1)** zurück.

Der Gedenkfriedhof beim Kloster Arnsburg.

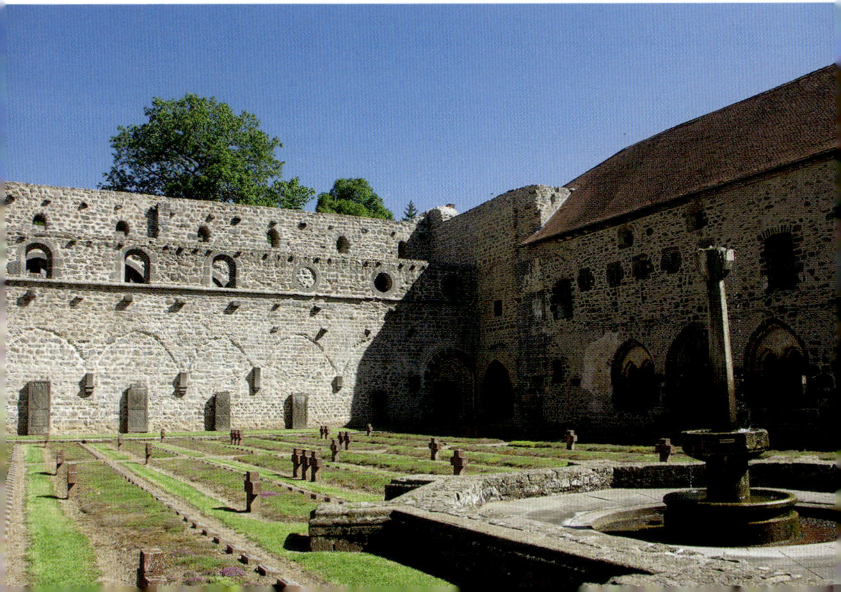

4 Von Ober-Bessingen zu den Bürgerseen

3.00 Std.

Auf dem Wetterweg entlang der Wetter

Das Naturschutzgebiet begleitet uns auf dem ersten Teil der Wanderung rechter Hand. An der Krummwiese informiert eine Tafel über die hier vorkommenden Vogel- und Pflanzenarten. Die Bürgerseen laden zu Rast und Muße ein, ruhig liegen die Gewässer im Wald. Vom ersten Advent bis Heilige Drei Könige lockt der Krippenweg in den Wald. Über 100 Krippen aus Naturmaterialien sind von Sonnenauf- bis -untergang zu sehen. Start ist am Eichbaum (Straße an der Eiche/Waldweg; Führungen möglich).

Ausgangspunkt: Parkplatz am Spielplatz, 188 m (Navi: Nonnenröther Straße, 35423 Ober-Bessingen).
Höhenunterschied: 130 m.
Anforderungen: Feld-, Wald- und Teerwege, viele Sitzmöglichkeiten.
Markierung: Wetterweg, weißer Punkt, Residenzring.
Einkehr: Kaffeehannes, Nieder-Bessingen (Tel. 06404/2464), Mo Ruhetag.
Variante: Vor Lich gibt es den Waldlehrpfad, der 1 km von den Bürgerseen entfernt ist. Wenn man den Wald nach den Seen statt links nach rechts verlässt, stößt man auf diesen 3 km langen Pfad. Schautafeln bieten vielfältige Informationen und ein Wald-Ratespiel.
Tipp: Für Kirchenliebhaber lohnt sich ein Spaziergang zur nahegelegenen evangelischen Kirche mit bemerkenswerten Malereien im Inneren. Wenige Meter die Straße weiter ist der Eichbaum zu finden, der in das kulturelle Leben des Örtchens integriert ist.

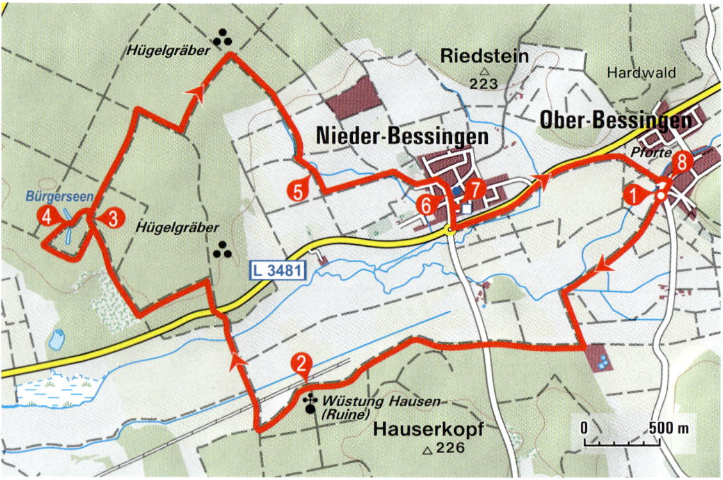

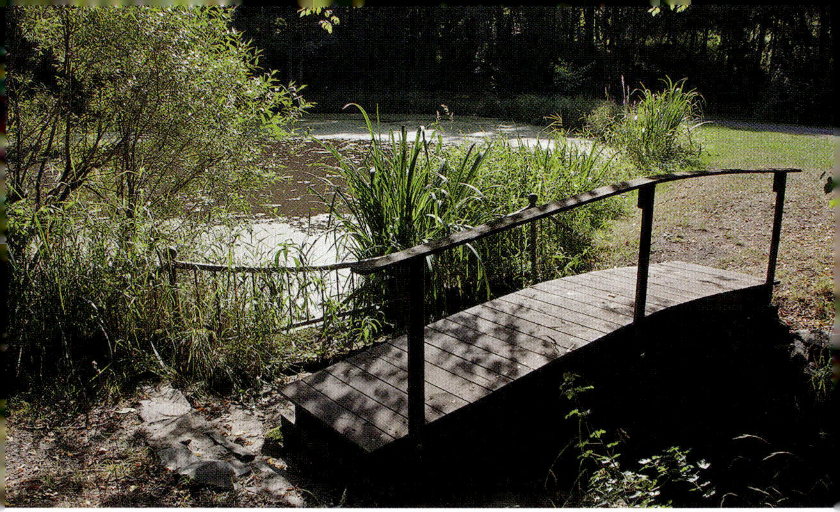

Idyll an den Bürgerseen.

Vom **Parkplatz Spielplatz (1)** in **Ober-Bessingen** führt uns die Route auf dem Teerweg direkt in das Tal der Wetter. Vorbei an einer Sitzgruppe, einer kleinen Brücke und der Krummwiese, erreichen wir den Waldrand. Hier folgen wir dem *Wetterweg* nach rechts. Nach der **Wüstung Hausen (2)** geht es an der nächsten Kreuzung rechts, dem *weißen Punkt* nach. Über Parkplatz und Straße geht es noch ca. 200 m geradeaus, dann biegen wir erst links, danach rechts ab. Die **Kreuzung (3)**, an der der Residenzring dazustößt, überqueren wir. Nach 30 m geht links der Weg zu den **Bürgerseen (4)** ab. Durch den Wald kommen wir auf einen Schotterweg, dem wir links folgen. Wir passieren erneut die **Kreuzung (3)** und gehen geradeaus auf dem *Residenzring* weiter. Er leitet uns rechts, dann wieder links und nach 600 m rechts. Aus dem Wald heraus geht es geradeaus auf dem Wiesenweg bis zu dem kleinen **Tümpel (5)**.

Auf dem Wirtschaftsweg geht es an der Bank vorbei, dann links auf Nieder-Bessingen zu. Rechts geht es in die Vordergasse. Auf dieser an einem alten **Brunnen (6)**, der evangelischen Kirche und dem **Brandweiher (7)** vorbei über den Kreisel. Wir folgen nun dem Radweg *R6* bis **Ober-Bessingen**. Dort auf die kleine Brücke und die Mühlgasse zu. An der **Pforte (8)** kommen wir in Sichtweite des **Spielplatzes (1)** von Ober-Bessingen raus.

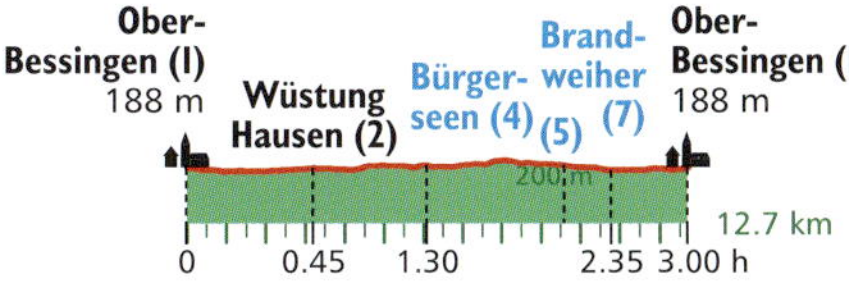

TOP

5 Leidenhöfer Kopf und Totenberg

4.00 Std.

Auf Kyrills Spuren einen sagenhaften Ausblick genießen

Ein wahrhaft atemberaubender Ausblick erwartet Wanderer auf dem Totenberg. Mit pinkfarbenen Pfeilen sind Markierungen auf den Bäumen angebracht, die vom Hauptweg zum Steinbruch führen. Ein Schritt aus dem Wald heraus in eine kleine Nische mit Steinwall, und abrupt öffnen sich unter dem Berg der Steinbruch des Basaltwerks und das Lumdatal. Einen ähnlich fesselnden Ausblick bis Marburg und über das Amöneburger Becken genießt man schon zuvor vom Leidenhöfer Kopf neben dem Gipfelkreuz mit Gipfelbuch von einer Bank aus; der Sturm Kyrill hat dies ermöglicht.

Ausgangspunkt: Parkplatz am Sportplatz, 268 m (Navi: Am Sportplatz 1, 35460 Staufenberg-Treis). Beschilderung: Sportplatz und »Zum guten Born«.
Höhenunterschied: 305 m.
Anforderungen: Größtenteils naturbelassene Pfade, wenige asphaltierte Wege. Viele Sitzgelegenheiten.
Markierung: Schwarzes Kreuz, grünes TR, Ebsdorfer Grund, roter Kreis, schwarzes A, Knochenpfad.
Einkehr: Wilhelmshöhe »Zum schwarzen Mann« (Tel. 06424/1005).
Variante: Verlängerung der Tour bis zur Höhenburg Nordeck.
Tipp: Der Bergfried von Burg Nordeck kann nach Voranmeldung besichtigt werden. Unterhalb des Basaltwerk-Steinbruchs ist eine eindrucksvolle Gesteinsformation zu finden.

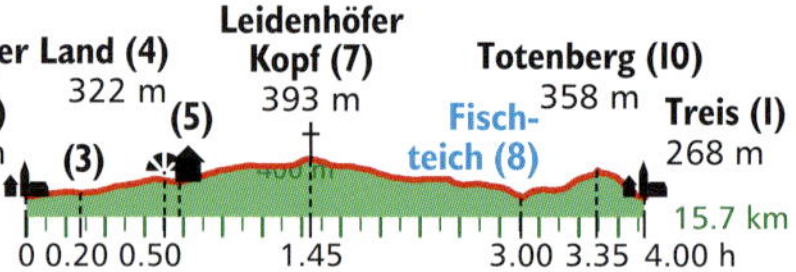

Blick auf die Wilhelmshöhe.

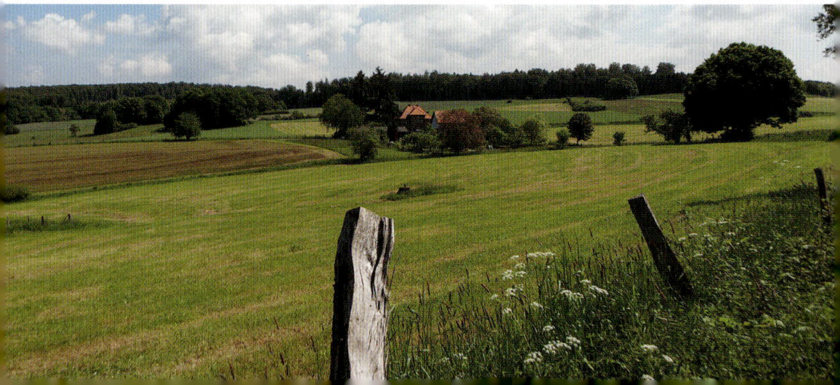

Am **Sportplatz (1)** von **Treis** vorbei geht es gleich zum **Waldrand (2)** hoch. Dort biegen wir links ab. An einem Hochsitz und 2 Bänken vorbei stoßen wir nach rund 700 m auf das *Schwarze Kreuz*, den Planetenweg. Wir biegen links ab und nach 70 m verlassen wir den Rundweg und biegen rechts ab in den Wald hinein. Es geht geradeaus nördlich. Rechter Hand sind beeindruckende **Wälle (3)** zu sehen. Weiter geht es nördlich, bis wir auf den roten Kreis stoßen. Hier rechts abbiegen und ca. 270 m bis zum Planetenweg gehen. Links abbiegen auf den Thüringen-Hessen-Rhein-Wanderweg 06. Diesem folgen wir bis zum **Waldrand (4)**. Vor uns breitet sich das Marburger Land aus. Die Wandermarkierung *Ebsdorfer Grund* mit dem bunten Wappen leitet uns nach **Wilhelmshöhe (5)**. Dort angekommen folgen wir ihr rechts weiter. Auf dem *Ebsdorfer-Grund-Rundwanderweg* erreichen wir wieder den Wald. Hier biegen wir nach rund 270 m links ab und folgen der Markierung bis zum Leidenhöfer Kopf. Wir lassen die Bäume kurz darauf wieder hinter uns und

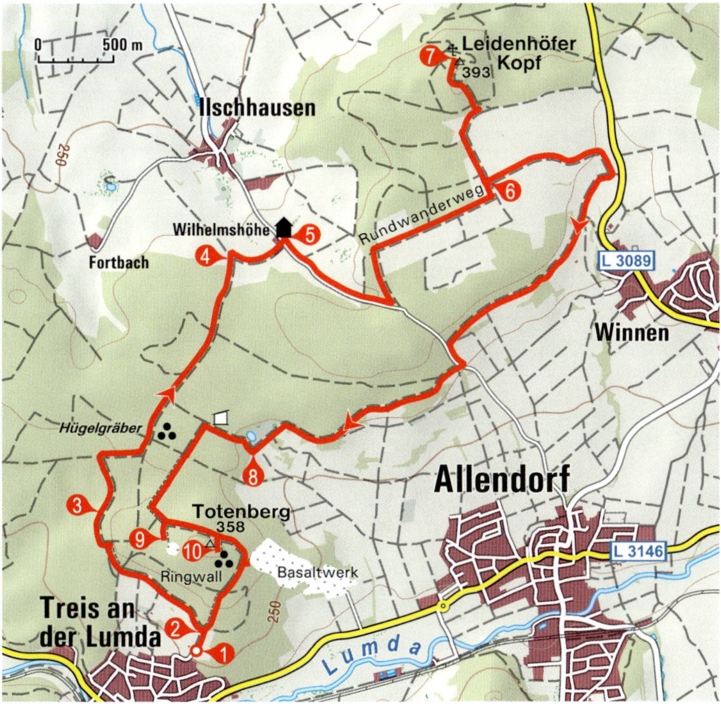

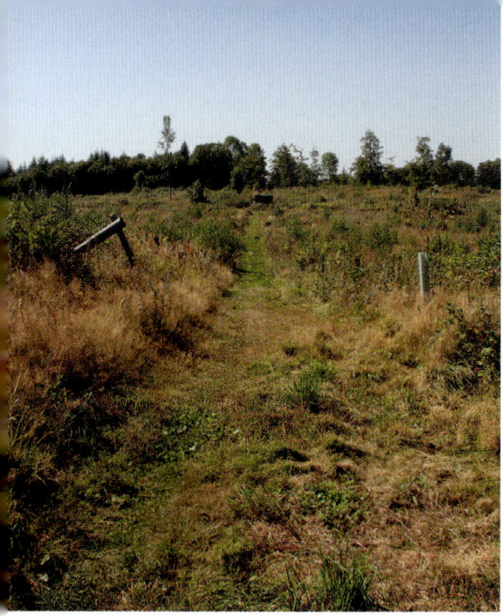

Zauberhafter Weg zum Leidenhöfer Kopf.

laufen über einen Feldweg. Wir befinden uns auf dem Kamm zwischen Lumdatal und Ebsdorfer Grund und dem schwarzen A (Rundwanderweg Allendorf). Nach einer Linkskurve geht rechts der **Rundwanderweg (6)** weiter, dem wir später folgen werden; jetzt wandern wir zunächst geradeaus. Über das Feld laufend ist rechts ein Hochsitz am Waldrand zu sehen. Auf diesen halten wir zu. Über den Pfad gelangen wir bis zum Schild »Leidenhöfer Kopf«. Ein Wiesenpfad bringt uns nun zum **Gipfelkreuz (7)**, 393 m.

Nun geht es zurück zur Abzweigung **Rundwanderweg (6)**. Hier biegen wir nun links ab. Das *schwarze A* bringt uns über einen Wirtschaftsweg bis kurz vor die Straße. Dort biegen wir rechts ab. An der nächsten Abzweigung links verlässt uns das A, dafür haben wir das *grüne TR* wieder. Für einen Besuch der Burg Nordeck müsste man hier den Kurs ändern. An der Landstraße finden wir das schwarze A wieder, das uns nach links und kurz darauf nach rechts führt. An dem roten Bänkchen und dem Baumstumpf wandern wir geradeaus, an der Villa Buntspecht vorbei; mehr oder weniger immer am Waldrand. Hinter dem **Fischteich (8)** biegt unsere Route rechts bis zur Kreuzung ab, dann links. Wir finden die Markierung des *Knochenpfads*. Aus dem Weg wird ein Steinpfad, dem wir über eine abenteuerliche Schneise immer weiter bergan folgen. Auch wenn es schlecht zu erkennen ist, dies ist ein alter Grenzpfad und weiter oben entdecken wir auch schon die ersten Grenzsteine. Nach dem zweiten Grenzstein führt nach ca. 80 m ein Trampelpfad rechts zum **Steinbruch (9)**. Gut sind die Säulenbasaltformationen zu erkennen.

Wir gehen zum Grenzpfad zurück. Bald entdecken wir die ersten Mauersteine auf dem **Totenberg (10)**, 358 m. Den Ausgrabungen dort können wir einen kurzen Besuch abstatten. Zurück auf dem Pfad entdecken wir nach knapp 200 m die *pinkfarbenen Pfeile*, die zur Aussicht führen. Der Waldweg leitet uns nach diesem Besuch immer abwärts. Am Vogelfutterhäuschen geht es auf einem Indianerpfad weiter bergab, sodass wir am **Waldrand (2)** herauskommen. Den **Sportplatz (1)** von **Treis** erreichen wir auf dem bekannten Weg.

5.45 Std.

Die NaturTour von Eichelsdorf über den Eichköppel

6

An drei »Köpfen« vorbei durch verzauberte Wälder

Das Plateau des Eichköppel bietet nach dem steilen Anstieg einen schönen Blick in alle Richtungen. Von hier kann man hinunter ins Drachenloch schauen und am Horizont grüßt der Hoherodskopf. Im Herbst wachsen im Wald vom Röderweg Pilze in Hülle und Fülle. Vor Michelnau gibt es am Waldrand einen Rastplatz, von dem aus man über Nidda einen schönen Blick hat. Im Steinbruch und beim Gipfelstein mit Gipfelbuch laden schöne Bänke zur Rast.

Ausgangspunkt: Wanderportal am Parkplatz in Nidda-Eichelsdorf an der Bushaltestelle Ortsausgang nach Schotten, 154 m (Navi: Frankenstraße, 63667 Nidda-Eichelsdorf). Ein Einstieg in die Tour ist auch ab dem Rastplatz in Michelnau möglich (dort ist ein Parkplatz).
Höhenunterschied: 570 m.

Anforderungen: Schotter-, Wald- und Wiesenwege, nur ganz wenige Asphaltwege.
Markierung: NaturTour Nidda rot-grüner Vulkan, grünes Dreieck, Erweiterungstour grün-grüner Vulkan.
Einkehr: Frankenstube, 63667 Nidda-Eichelsdorf (Tel. 06043/950096).

Brücke über den Eichelsbach bei höherem Wasserstand. Bei Niedrigwasser s. Tour 35.

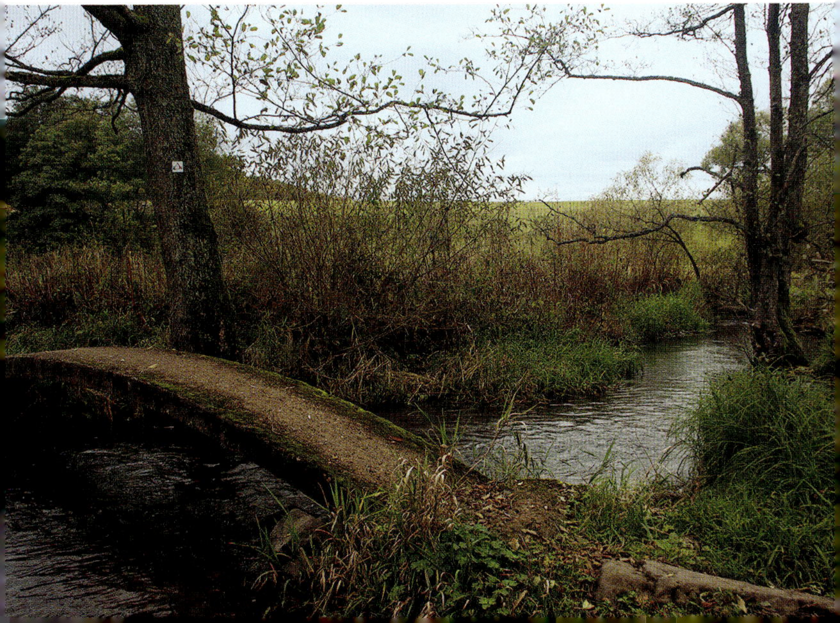

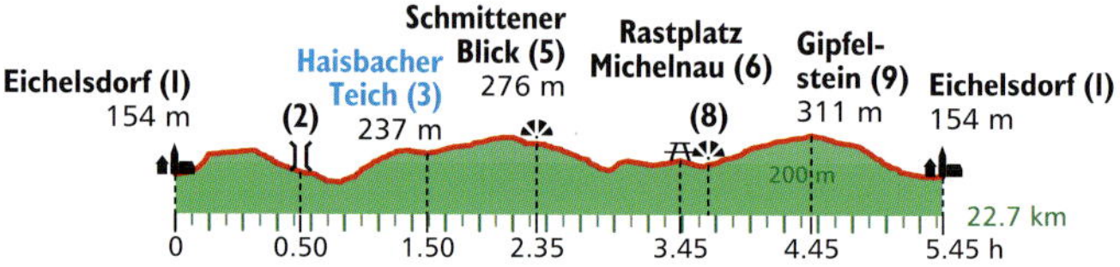

Am **Parkplatz Eichelsdorf (1)** finden wir gleich den Einstieg in die *Natur-Tour*, der wir überwiegend folgen werden. Aus dem Dörfchen heraus geht es gleich steil bergan, auf den Eichköppel. Am Rand einer Wiese kann man hier den schönen Ausblick ins Tal und über das Tal genießen. Über das manchmal recht reißende Gewässer kommt man über die **Eichelsbach-Brücke (2)**. Durch den Hohlpfad erreichen wir einen wie gebückt stehenden Baumstamm; direkt neben ihm führen liebevoll angebrachte Treppenstufen nach oben, um die kleine Steigung zu bewältigen. Auf der *Eichelsdörfer*

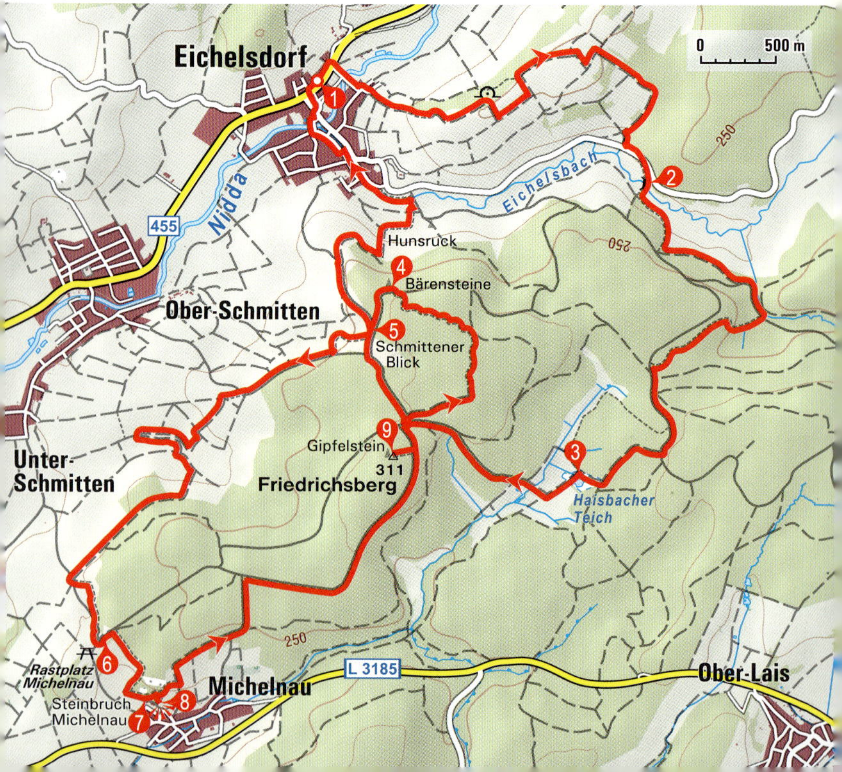

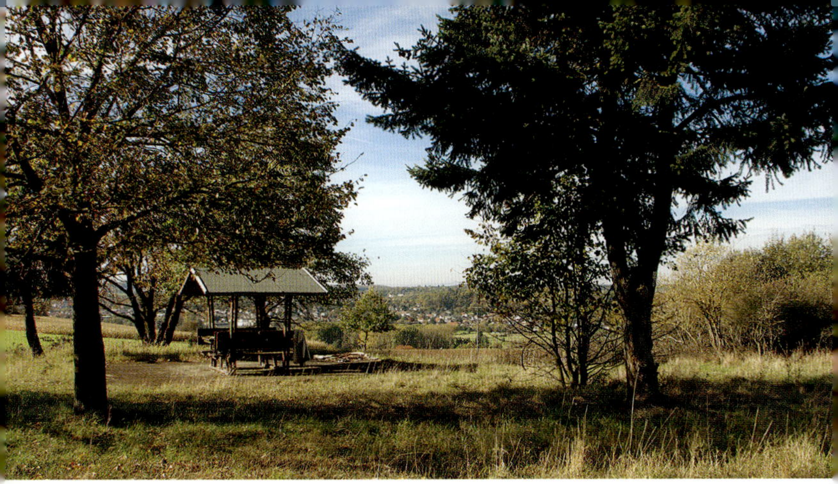

Rastplatz bei Michelnau.

Chaussee geht es mitten durch den Wald, bis uns die Strecke nach rechts zum **Haisbacher Teich (3)** führt. Hier verlassen wir kurz die Wandermarkierung, um an dem Gewässer vorbei auf dem Wiesenweg bis zum Pfahl in der Mitte zu gehen. Hier verweist das *grüne Dreieck* nach rechts zum Wald. Am Waldrand stoßen wir auf eine Sitzgarnitur und wir finden unsere ursprüngliche Markierung wieder. Beim *Röderweg* geht es rechts auf einem überaus romantischen Pfad weiter. Auf dem weichen Waldboden erreichen wir die **Bärensteine (4)** und nach weiteren 300 m den **Schmittener Blick (5)**, 276 m. Unter den ausladenden Ästen kann man rasten und den Ausblick genießen. Von hier wandern wir jetzt links weiter, bis wir rechts die Schilder der Erweiterungstour sehen, die uns auf einen Wiesenpfad führen. Diesem folgen wir, bis es nach links zum Waldrand geht. Dort rechts durch das kleine Wäldchen. Vom **Rastplatz Michelnau (6)** gelangt man in wenigen Minuten zum **Steinbruch Michelnau (7)**. Vom **Aussichtspunkt (8)** hat man einen traumhaften Blick über Michelnau, und wenige Meter den Pfad entlang kann man den Steinbruch, die roten Gesteinsformationen, unter sich liegen sehen. Danach geht es auf der *NaturTour* erneut durch den stillen Wald. Ein Schild weist uns den Weg zum **Gipfelstein (9)**, 311 m. Von hier aus ist es nicht mehr weit bis zu der Weggabelung am Röderweg. Dort kreuzen wir unseren bereits beschrittenen Pfad und gehen geradeaus auf dem Radweg weiter. Wir passieren den **Schmittener Blick (5)**, einen Grillplatz und die Staustufe. Hier führt unser Weg direkt nach der Brücke am Eichelbach entlang bis nach Eichelsdorf hinein, wo wir durch die kleinen Gässchen unseren Ausgangspunkt, den **Parkplatz (1)**, wieder erreichen.

7 Von Glauburg nach Glauberg

3.00 Std.

Geologischer Lehrpfad, archäologische Schätze und ein Märchenschloss

Offene Flussauen prägen das Landschaftsbild um Glauburg mit schönen Ausblicken von jeder Anhöhe. Der Archäologische Park Glauberg mit keltischem Fürstengrab ist eine besondere Attraktion. Hof Leustadt soll Pate gestanden haben für das Dornröschen-Schloss der Brüder Grimm. Mit etwas Glück kann man im Naturschutzgebiet der Nidderwiesen Sumpfbiber und Weißstorch beobachten. Die Maulbeerbäume sollten einst der Seidenraupenzucht dienen, was aber misslang. Landschaftsschutzgebiete und Naturdenkmäler werden durch den engagierten NABU Glauburg betreut.

Ausgangspunkt: Parkplatz bei der Wandertafel am Modellbahnhof in Stockheim, 125 m (Navi: Bahnhofstr. 51, 63695 Glauburg).

Höhenunterschied: 250 m.

Anforderungen: Feldwege, Graswege, wenige asphaltierte Wegstrecken.

Markierung: Weißer Ring, Bonifatiusroute.

Einkehr: Museumsbistro Glauberg (Tel. 06041/8233016), Mo Ruhetag; Zum Dorfbrunnen, Glauberg (Tel. 06041/8924), www.dorfbrunnen-glauberg.de, Mo, Di Ruhetag.

Varianten: Die drei Rundwanderwege G1, G2 und G3.

Tipp: Modellbahnhof in Stockheim, Tel. 06041/9601221 (Freitag bis Sonntag, feiertags und nach Absprache).

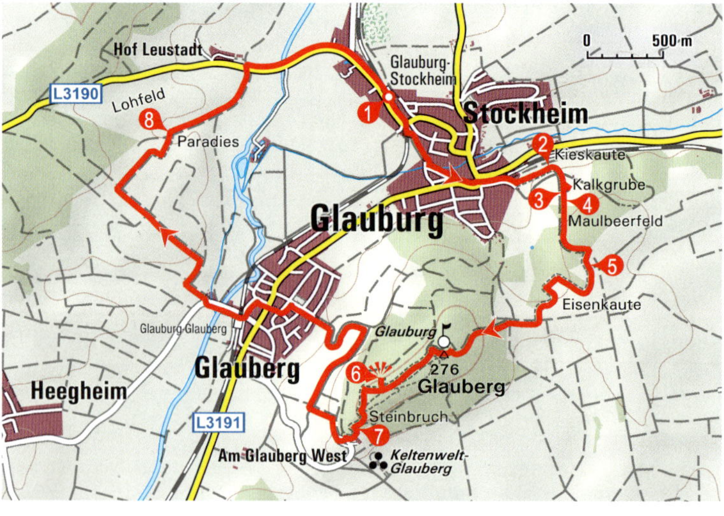

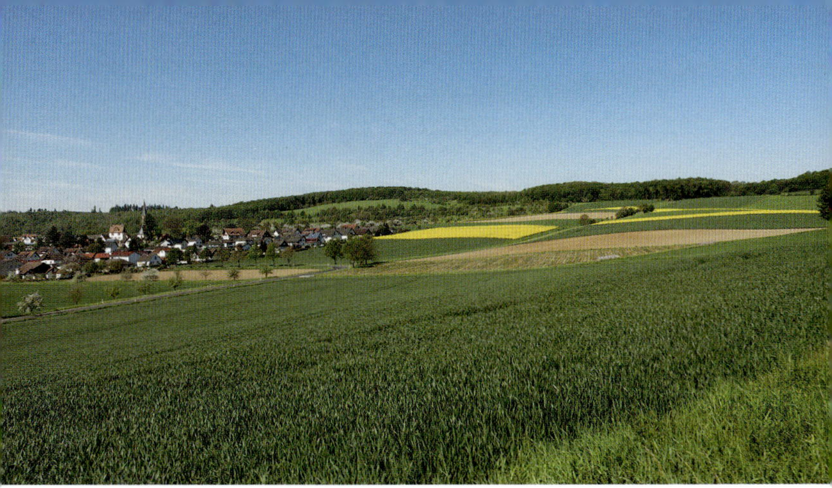

Blick von Konradshof nach Effolderbach.

Mit Blick auf den Stockheimer **Bahnhof (1)** beginnen wir unsere geologische Rundwanderung und halten uns rechts. Der *weiße Ring* wird uns ununterbrochen begleiten. Am Ortsende in einem Waldstück, wenn es langsam bergauf geht, finden wir das **Naturdenkmal** »**Kieskaute**« **(2)** auf der rechten Seite. Deutlich sind in dem Zechstein-Konglomerat die zusammengebackenen Lagen von Sandstein, Kalk und Kupfer zu erkennen. Der Weg führt uns weiter in die »**Kalkgrube**« **(3)** mit gut erkennbaren Algendolomiten. Die Grube finden wir auf der linken Seite versteckt in einem Gebüsch kurz vor dem »**Maulbeerfeld**« **(4)**. Mit diesem im Rücken hat man einen herrlichen Blick auf die »Bonifatius-Route« und das »**Hofgut Leustadt**«.
Wenn wir den Hochwald verlassen, stoßen wir auf die »**Eisenkaute**« **(5)**, einen weiteren Teil des Geologischen Pfades. Auf dem Plateau endet die Markierung jeweils an der Stockheimer und der Enzheimer Pforte. Durch die Erstgenannte betreten wir den **Glauberg**. Man kann hier in aller Ruhe die archäologischen Grabungen, die Ringwälle und die **Aussichtsplattform (6)**, 260 m, erkunden. Zwei Gehminuten nach der Toranlage finden wir links im **Steinbruch (7)** einen Strom der dünnflüssigen Pahoehoe-Lava. Von hier aus folgen wir unserer Markierung weiter. Wir durchqueren den Ortsteil Glauberg und überqueren die Nidder. Auf der Anhöhe verabschiedet sich die »Bonifatiusroute« und wir durchqueren das »**Paradies**« **(8)** und streben Stockheim und dem **Bahnhof (1)** entgegen.

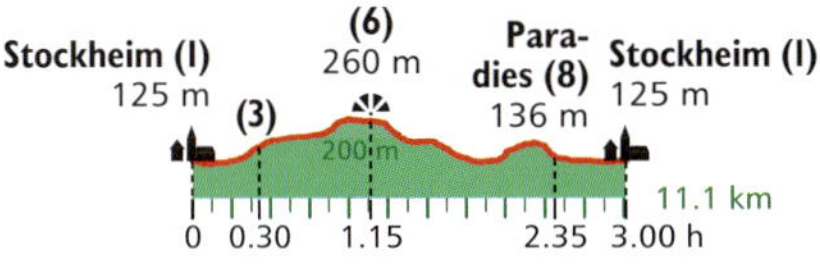

8 Auf dem Fürstenweg zum Weilsrad

2.00 Std.

Hoch über Ronneburg thront die Burg Ronneburg

Die Tour erkundet das Umland der Burg Ronneburg und natürlich lohnt auch ein Besuch der Burg selbst. Die zu Beginn des 13. Jh. angelegte Burganlage ist eine der wenigen im originalen Bauzustand erhaltenen Höhenburgen Deutschlands. Ein 96 m tiefer Brunnen fördert mit einem Tretrad Wasser herauf. Weithin kann man die »Welsche Haube« sehen, den Bergfried mit seiner eigenwilligen Konstruktion. In der Burg lädt das Café Ronneburg zu Speis und Trank und es gibt ein Burgmuseum. Die Falknerei veranstaltet fast täglich Flugvorführungen mit Bussarden, Falken, Geiern und Eulen. Häufig finden Ritterspiele und Mittelaltermärkte statt. Vor der Burg ist ein großes Gelände, das Schaustellern ausreichend Platz bietet, um ein großzügiges Mittelalterflair zu erschaffen. Mehrfach im Jahr finden große Veranstaltungen statt, wie das Pfingstturnier der Ritter, der historische Ostermarkt, mittelalterliche Burgfestspiele und der historische Weihnachtsmarkt.

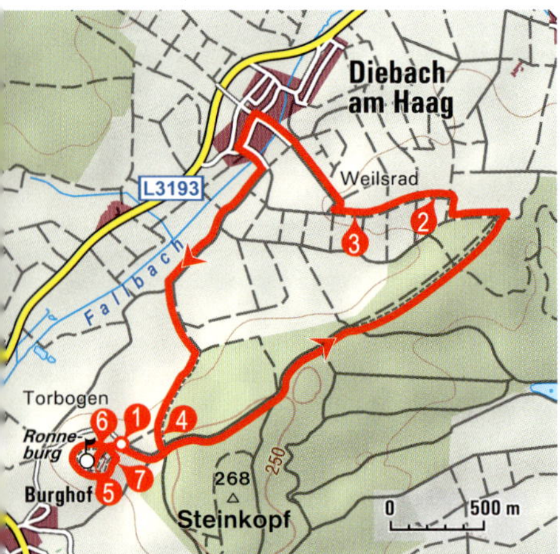

Ausgangspunkt: Parkplatz Ronneburg, 227 m (Navi: Burg Ronneburg, 63549 Ronneburg), einen weiteren Parkplatz gibt es in Neuwiedermuß, direkt an der Straße am Fuß des Bergs.
Höhenunterschied: 165 m.
Anforderungen: Wald-, Wirtschafts- und Teerwege.
Markierung: Grünes Andreaskreuz, weißes Band, gelbes Kreuz.
Einkehr: Burg Ronneburg mit Erlebnisgastronomie (Tel. 06048/7130), Mo + Di Ruhetag.
Tipp: Walpurgisnacht mit tollem Spectaculum und dem Drachen Fangdorn.

Der Burg wenden wir am Anfang unserer Tour erstmal den Rücken zu. Vom **Parkplatz** vor dem **Tor (1)** halten wir uns zu den Wegen und finden alle drei Wandermarkierungen. Wir folgen ihnen bis zum Waldrand, dann geht es links weiter auf dem *gelben Kreuz*. Wir werden bis zum Waldrand immer geradeaus auf diesem Weg wandern. Am Feldrand geht es links weiter bis nach knapp 300 m ein Feldweg rechts abbiegt. Hier geht es für 100 m weiter, dann folgen wir dem Feldweg links. Ab

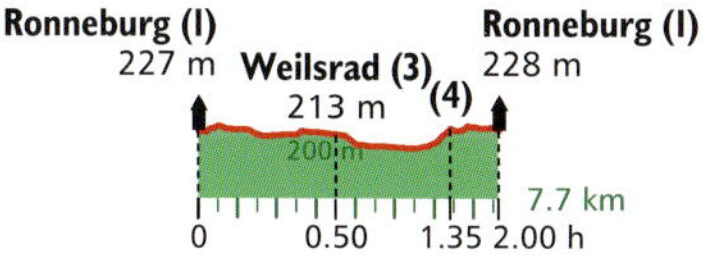

hier genießen wir den **Blick auf die Ronneburg (2)**, die sich majestätisch vor uns erhebt. Aus dem Feldweg wird ein Wirtschaftsweg und wir kommen zum **Weilsrad (3)**, einer kleinen Erhebung. Auf dem Teerweg gehen wir noch ein Stück weiter, bis rechts ein Wiesenweg abzweigt. Dieser führt uns zu einer Bank und ab hier geht es links bergab. Aus dem Teerweg wird der *Herrenwiesenweg*, dem wir bis zur *Altwiedermuser Straße* folgen.

Am *Ronneburger Weg* geht es links erneut über den Fallbach rüber, und wir biegen rechts auf den Teerweg ab. Ab hier folgen wir dem *weißen Band*.

Kurz vor einer leichten Rechtskurve gabelt sich der Weg und links führt ein Schotterweg auf den Wald zu. Die Markierung führt uns am Waldrand entlang. 50 m bevor wir auf den bekannten Wanderweg stoßen, ergibt sich die Gelegenheit, die Burg von einer **Schneise (4)** aus zu betrachten. Unser Weg führt uns nun direkt zur Burg. Wir betreten durch das beeindruckende Tor den **Burghof (5)**. Durch den **Torbogen (6)** betreten wir wieder den Außenbereich.

An der **Außenmauer (7)** entlang umrunden wir die Burg.

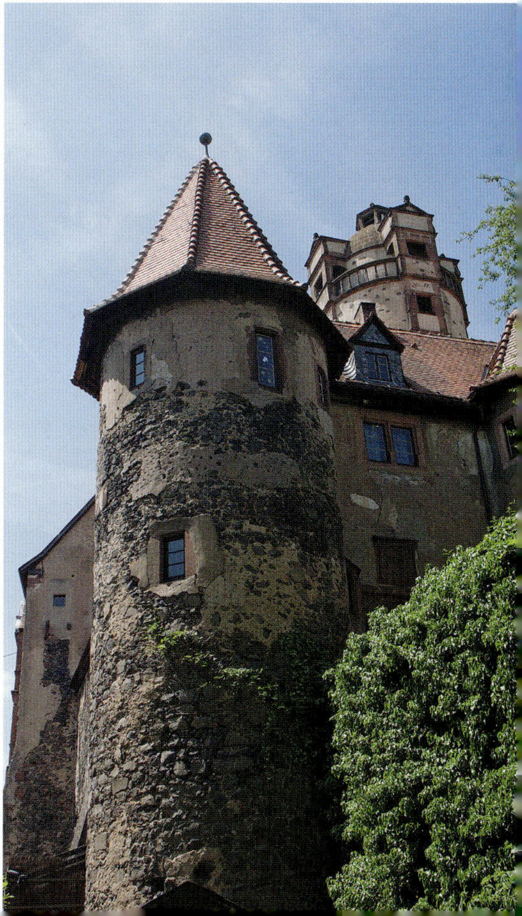

Im Innenhof der Burg Ronneburg.

9 Von Gelnhausen über den Kinzigtal-weg nach Wächtersbach

2 Tage

Zwischen Spessart und Vogelsberg im Kinzigtal

Unser Weg schlängelt sich zum großen Teil durch Privatwald, den alten Ysenburger Forst. Immer wieder werden wir die Gatter hinter uns schließen, die es zum Schutz des Tierbestandes gibt. Beeindruckende Steinbrüche säumen unseren Weg auf der ersten Etappe. Am zweiten Tag werden wir sehr viele Naturdenkmal-Bäume zu sehen bekommen. Der Mai ist der ideale Monat für diese Tour, wenn Kastanie und Eiche blühen. Bemerkenswert sind die über drei Dutzend Ameisenhaufen im Gelnhäuser Stadtwald, die es überwiegend auf der rechten Wegseite zu sehen gibt. Die ersten erreicht man ungefähr nach 2 km, wenn man an der alten Seilbahn vorbei ist.

Ausgangspunkt: Parkplatz vor dem äußeren Holztor, 200 m (Navi: Dürichweg, 63571 Gelnhausen).
Höhenunterschied: 720 m.
Anforderungen: Feldwege, Waldwege, wenige asphaltierte Wegstrecken.
Markierung: Blauer Punkt, weißes Kreuz.
Einkehr: Mo Ruhetag; »Zum Lamm«, Haitz (Tel. 06051/4603), Mo Ruhetag; »Al Villagio«, 63574 Haitz (Tel. 06051/9711470), Di Ruhetag.
Variante: Ab Blockhaus links den Philosophenweg nehmen, der am Stadtrand entlang noch einmal einen traumhaften Blick über Gelnhausen gewährt. Über den Panoramaweg vom ersten Tag kommt man zum Parkplatz (1) zurück.
Tipp: Fahrt mit der Schmalspurdampflok »Emma« von Bahnhof Wächtersbach nach Bad Orb (Ostern bis Oktober).

Alte Abdeckerei, im Volksmund »Gulasch« genannt.

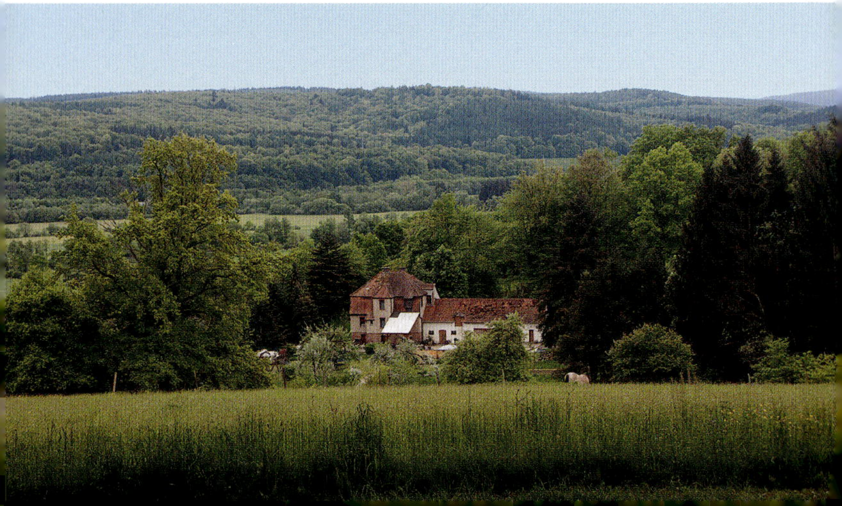

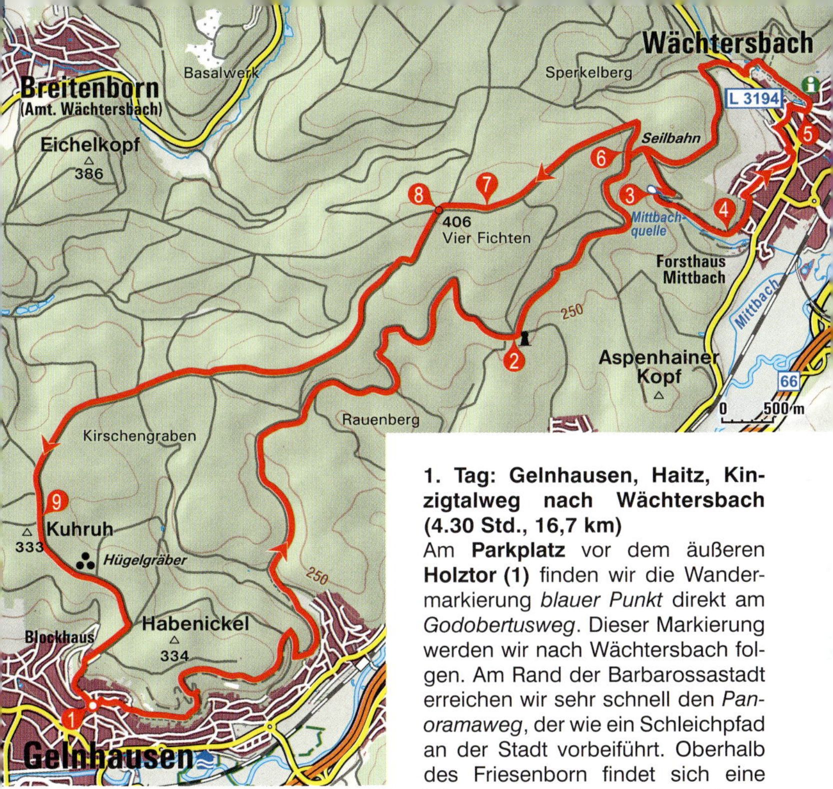

1. Tag: Gelnhausen, Haitz, Kinzigtalweg nach Wächtersbach (4.30 Std., 16,7 km)

Am **Parkplatz** vor dem äußeren **Holztor (1)** finden wir die Wandermarkierung *blauer Punkt* direkt am *Godobertusweg*. Dieser Markierung werden wir nach Wächtersbach folgen. Am Rand der Barbarossastadt erreichen wir sehr schnell den *Panoramaweg*, der wie ein Schleichpfad an der Stadt vorbeiführt. Oberhalb des Friesenborn findet sich eine Sitzgruppe mit wunderschönem Ausblick über die Stadtteile von Gelnhausen. Weiter geht es durch den Wald am **Schnepfenkopf** entlang und an Haitz und Würgebach. Mannshohe Farnwälder wechseln sich mit Steinbrüchen ab. Immer wieder wird unser Blick von Gedenksteinen wie Voit-Stein und **Erinnerungsstein (2)** eingefangen. Weiter führt unser Weg durch den lauschigen **Eschengraben**. Kurz vor unserem ersten Etappenziel erreichen wir die **Mittbachquelle (3)**. Am **Wald-**

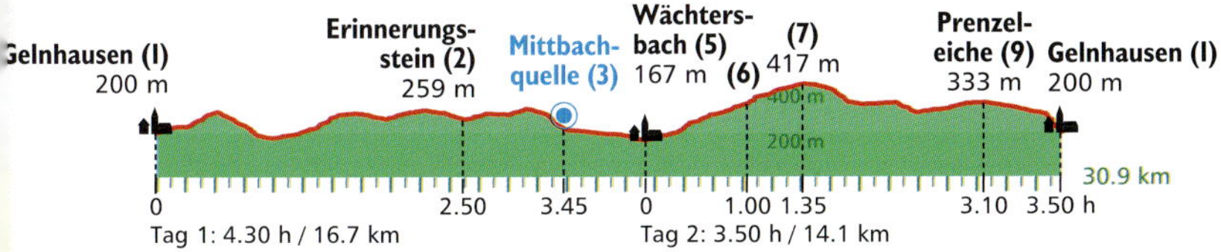

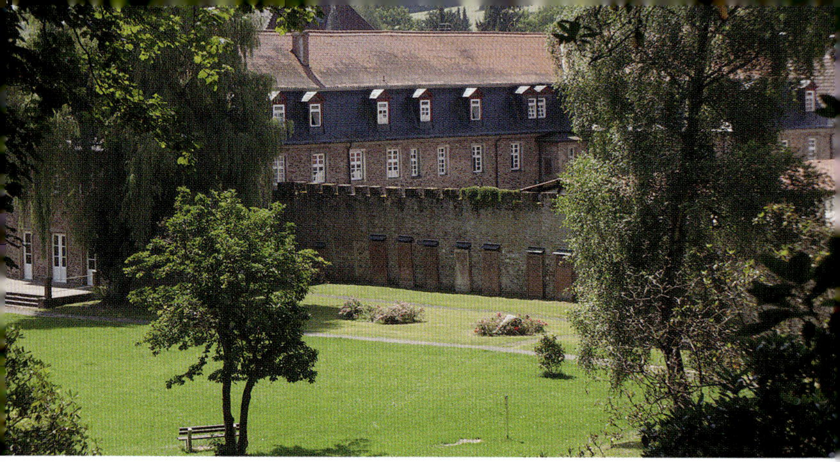

Schlosspark Wächtersbach.

rand wird unser Blick auf eine alte Abdeckerei, im Volksmund **Gulasch (4)**, gelenkt. Durch die Gässchen von **Wächtersbach** kommen wir an Marienkapelle und Friedhof vorbei. Am Schlosspark entlang erreichen wir unser heutiges Etappenziel, die **Touristinformation (5)**.

2. Tag: Wächtersbach, Ameisenhügel, Solitäre und bis nach Gelnhausen (3.50 Std., 14,1 km)
Der zweite Teil steht im Zeichen des *weißen Kreuzes*. Wir beginnen an der **Touristinformation (5)** und durchqueren den Schlosspark. Vom Pfad oberhalb des Parks haben wir einen schönen Blick auf die Fürstengräber an der Schlossmauer. Wir kommen an einem weiteren Parkplatz und kleinen Seen vorbei, müssen jetzt 200 m auf der Landstraße laufen und gelangen dann wieder in den Wald. Wir werden ein 400 m langes Teilstück bewandern, das wir von gestern schon kennen. Dann rechts hoch zu den Resten der **Seilbahn (6)**, die vom Basaltwerk Breitenborn zum Bahnhof Wächtersbach führte. Unser Pfad steigt nun langsam an und wir erreichen einen langen, geraden **Waldweg**, auf dem wir die ersten **Ameisenhaufen (7)**, 417 m, sehen. Bei den **Vier Fichten (8)**, dem höchsten Punkt, finden wir eine Schutzhütte und ein Wildschwein. Wir kommen an einem Denkmal vorbei, Graf Gustav hat dort seinen letzten Hirsch geschossen. Auf dieser Strecke passieren wir die einzigartigen Naturdenkmal-Bäume. Am Gatter verlassen wir den Ysenburger Forst. An der **Prenzeleiche (9)** finden wir auf dem neuen Schulfestplatz viele Sitzmöglichkeiten. Wir passieren den alten Schulfestplatz genauso wie das Zollloch bei der Kreuzung. Nach dem Blockhaus erreichen wir die Ausläufer von **Gelnhausen** und den **Parkplatz (1)**.

3.30 Std.

Von Büdingen zu den Fürstengräbern

10

Wilder Stein und Basaltsteinbruch

Der »Wilde Stein« ist ein sagenumwobener ehemaliger Vulkanschlot. Zwei Brücken führen auf kleine Aussichtsplattformen, von denen man den Blick über die Altstadt Büdingens und die herrliche Schlossanlage genießen kann. Direkt am westlichen Ende der Mauer kann man das Jerusalemer Tor sehen, einen der Zugänge in die historische Altstadt. Die malerische Altstadt ist auf das berühmte Wasserschloss abgestimmt. Wenn wir das Schloss durchquert haben, bietet sich eine ausführliche Stadterkundung an. Es gibt so viele Sehenswürdigkeiten allein auf der Mauer; da sind der Hexenturm, der grüne und der rote Turm, das große Bollwerk. In der Altstadt die Kirchen, das alte Rathaus, das Steinerne Haus und der Luckische Hof.

Ausgangspunkt: Busparkplatz, 140 m (Navi: Mühltorstraße, 63654 Büdingen).
Höhenunterschied: 290 m.
Variante: Büdinger Y-Tour, auf deren Spuren wir hier teilweise laufen.
Anforderungen: Wald-, Wiesen-, und Teerwege.

Markierung: Schwarzes Y, blaues Band, grünes Kreuz.
Einkehr: Gasthof Bleffe, 63654 Büdingen (Tel. 06042/2508); Steinhaus 1718, 63654 Büdingen (Tel. 06042/6791020), Mo, Di Ruhetag; Gasthaus zur Krone, Büdingen (Tel. 06042/2553), Di Ruhetag.

Vom **Busparkplatz (1)** in **Büdingen** geht es durch die *Kellergasse* zum Kirschberg. Von dort führt ein Fußweg zum Vulkanschlot **»Wilder Stein« (2)**, 163 m. Bereits hier finden sich die Wanderzeichen, die uns begleiten werden. Anschließend wandern wir bergauf am Dohlberg vorbei. *Y-Tour* und *grünes Kreuz* verlassen uns alsbald. Wir befinden uns jetzt auf dem Ohm-

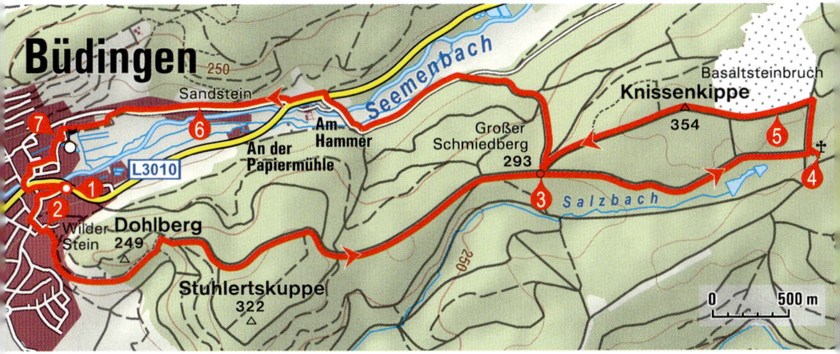

Kinzig-Weg und folgen dem *blauen Band* bis zu den **Fürstengräbern**. Vorher aber erreichen wir auf dem Weg die »**Eiserne Hand**« **(3)**. Aus dem gegenüberliegenden Pfad werden wir später wieder herauskommen. Jetzt aber folgen wir dem Schild Richtung Wächtersbach. Der lustig plätschernde Salzbach zu unserer Rechten begleitet uns ein gutes Stück des Wegs und Fingerhut in lila, rosa und weiß reckt sich immer wieder empor. Der **Geisweiher**, der 500 m vor den **Fürstengräbern (4)**, 345 m, liegt, ist im Sommer durch das Laub der mächtigen Eichen kaum zu erkennen.
Am Ende des Pfads stoßen wir direkt auf die weiträumige **Anlage der Fürsten von Ysenburg**. Ein kolossales Steinkreuz vor einer unter Naturschutz stehenden Eiche kennzeichnet den Platz.
Wir verlassen die Markierungen und wenden uns Richtung Norden, nun auf einem Teerweg weiter. Nach 300 m geht es links auf einen Waldweg und ein phantastischer **Basaltsteinbruch (5)** entfaltet sich vor uns. Über den ausgedehnten Bruch können wir weit nach Norden auf die nächsten Ortschaften blicken. Den Feldweg verlassen wir nicht bis zur **Eisernen Hand (3**) und biegen dort auf den Teerweg nach Büdingen ein. Beständig bergab erreichen wir eine Straße, der wir links folgen. Mühlbach und Seemenbach werden »Am Hammer« überquert, dann geht es auf der Landstraße links bis zur

Steinernes Haus in Büdingen.

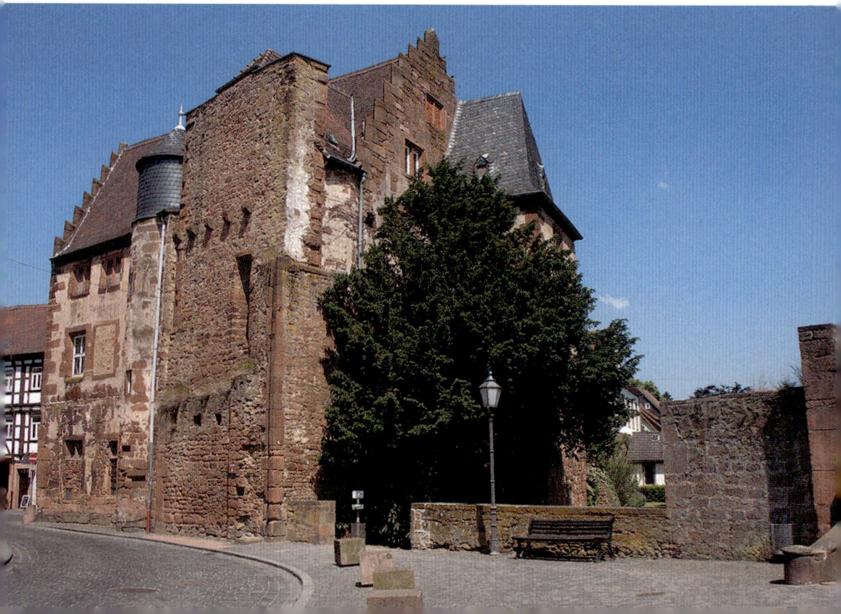

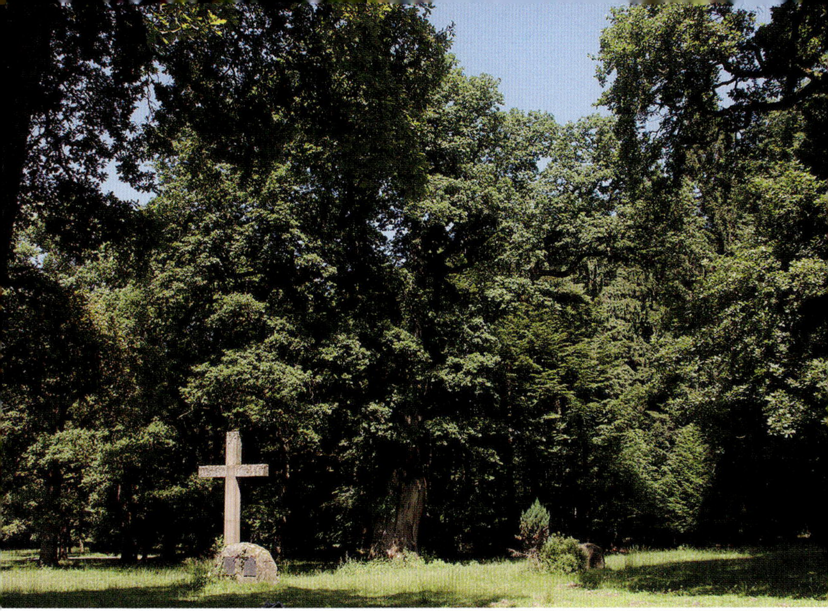

Fürstengräber.

nächsten Abzweigung »Am Hain«. Nach 600 m erreichen wir einen **Sandstein (6)**. Direkt dahinter sind Infotafeln und man kann den Sandsteinbruch hautnah erleben.

Weiter geht es Richtung Stadt. Nach 400 m führen links drei alte, wacklige Stufen in den Schlosspark. Wir laufen geradeaus auf das Wasserschloss zu, am Teerweg wieder links. Nach wenigen Metern stehen wir vor See und **Schloss (7)**. Wieder wenden wir uns nach links und durch die Tore erreichen wir den Innenhof. Nun weiter ein Stück *Schlossgasse* und dann rechts zum *Schlossplatz* mit der evangelischen Marienkirche. Ein kurzes Stück noch rechts, dann links in der *Müllergasse* vor, wieder links und in der Altstadt weiter bis zum **Steinernen Haus**.

Nach Überquerung der Mühltorbrücke halten wir uns links und folgen dem Seemenbach bis zum **Parkplatz (1)** in **Büdingen**.

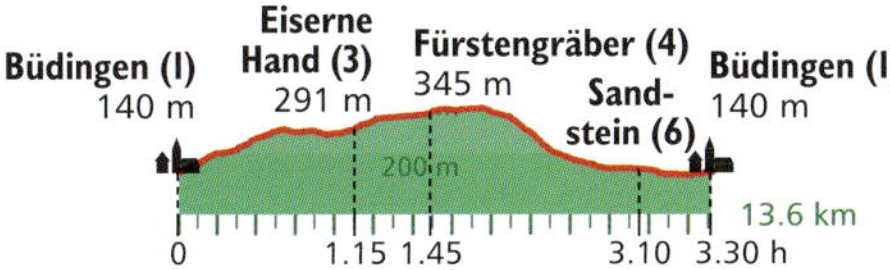

11 Von Sandhof zum Sprudel

2.30 Std.

Durch Kälberbach- und Pferdsbachtal

Ein wunderschönes Tal erschließt sich dem Wanderer. Im »Tal der sieben Bäche« wird der Kälberbach sechsmal überquert, sodass man ihn viermal zur Rechten und dreimal zur Linken hat. Für sehr viel Kurzweil wird diese Tour bei Kindern sorgen. Bis weit hinter den Tierpark regt der Walderlebnispfad mit seinen Attraktionen und Animationen zum Mitmachen an. Da gibt es einen Pirsch-, einen Schweige- (der Schwierigste von allen!) und einen Barfußpfad. Eine Hütte, ein Traumwaldtheater und ein Kneippbecken auf der Spielwiese. In einer zweiten Rast-Zone findet sich der Sprudel; ein artesischer Brunnen. Lehrreiches findet sich immer wieder auf vielen Schautafeln; Damwild, Rot- und Muffelwild in den Gehegen.

Ausgangspunkt: Büdingen-Sandhof, Parkplatz Am Eckardswäldchen, 148 m (Navi: Am Eckardswäldchen, 63654 Büdingen).
Höhenunterschied: 195 m.
Anforderungen: Nur Wald- oder Kieswege. Sehr viele Sitzgelegenheiten.
Markierung: Weißes Andreaskreuz, schwarzes P.
Einkehr: Keine, am Ende der Tour in Büdingen-Sandhof oder in Büdingen.
Variante: Ein Besucherweg führt rund um das Wildgehege.
Tipp: Ein Abstecher zum Wasserschloss Büdingen, sehenswerte historische Fachwerkhäuser.

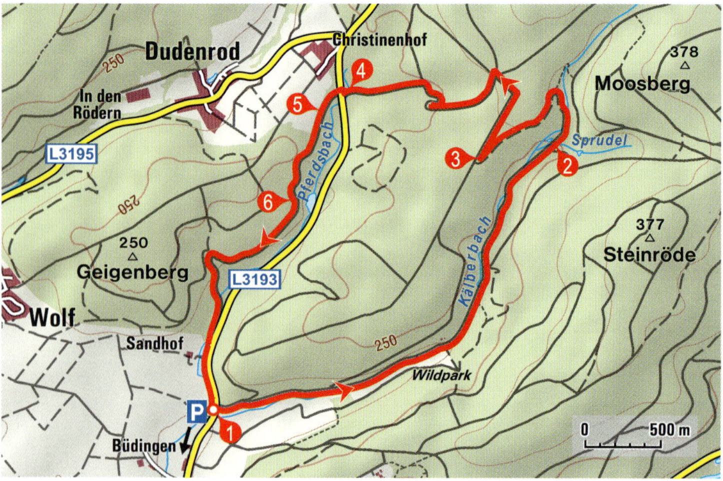

Vom **Parkplatz Am Eckardswäldchen (1)** in Büdingen-Sandhof geht es über die Straße zur Infotafel. Dort ist nicht nur der Hinweis für den Wildpark zu finden, sondern auch die Markierung *weißes Andreaskreuz*, der wir bis zum **Sprudel (2)** folgen.

In Sichtweite des Geländes biegen die Markierungen rechts ab. Wir wandern im Tal geradeaus weiter, um dann ansteigend links abzubiegen. Diesem Waldweg folgen wir bis zur langen **Schneise (3)**, dort geht es rechts, dann wieder links.

Am Wegkreuz folgen wir dem *Heuweg* mit seinen Serpentinen linker Hand talwärts. Kurz vor der Landstraße führt ein **Weg** nach rechts. Dort lag die ehemalige **Gemeinde Pferdsbach (4)**, deren Bewohner einst geschlossen in die USA ausgewandert sind.

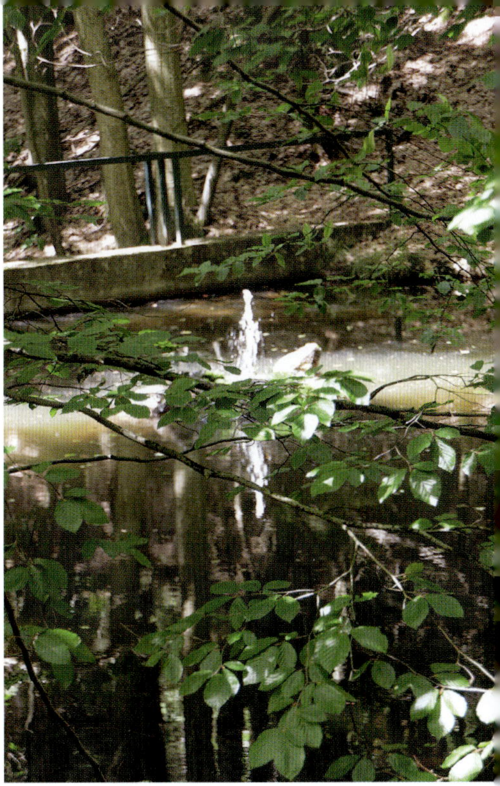

Sprudel im Naturerlebnispark Büdingen.

Wir überqueren den Pferdsbach und laufen rechts auf der Landstraße 60 m in Richtung Gedern. Linker Hand geht ein Kiesweg ab, auf dem wir die Markierung *schwarzes P* entdecken. Im lauschigen Wald kommen wir an dem aus Hainbuchen bestehenden **Friedhof (5)** der Gemeinde **Pferdsbach** vorbei. Weiter vorn passieren wir einen **Teich (6)**, der verträumt unter uns in der Sonne glänzt.

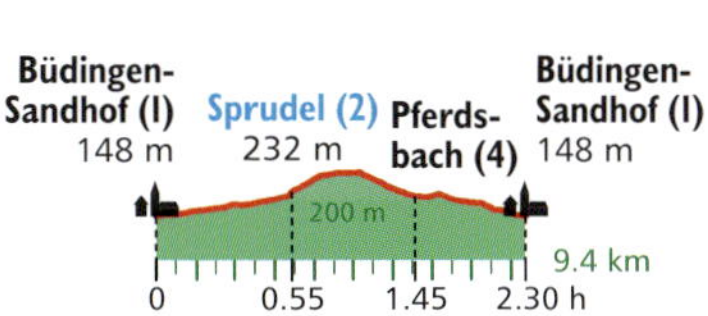

An der Abzweigung gehen wir links. Parallel zur Straße führt der Weg an den Sandhofweihern vorbei zurück zum **Parkplatz (1)**. Zwischen den Weihern liegt der Zugang zum »Sandhof«, der über eine Treppe, den »Promilleweg«, zu erreichen ist.

12 Von Ortenberg stromaufwärts nach Hirzenhain

5.30 Std.

Entlang von Nidder und Hillersbach

Ortenberg hat eine malerische Altstadt u. a. mit Steinbrücke, Marienkirche und Schloss Ortenberg. Außerdem die Schelmenpforte als Teil der alten Stadtbefestigung und das alte Rathaus mit seinem aufgesetzten Glockenturm. Vom Obertor genießt man einen wunderbaren Blick über das schöne Städtchen. Die Tour führt ins Naturschutzgebiet Kaolinbruch an der Sandkaute mit herrlichem Blick. In der »Bergheimer Leberwurst« beeindruckt die zweite Kaolingrube, die plötzlich nach einer Kurve auftaucht. Ein kleiner Tümpel davor rundet das romantische Bild ab.

Ausgangspunkt: Ortenberg, Parkplatz am Ortsausgang Richtung Eckartsborn, 135 m (Navi: Lauterbacher Str., 63683 Ortenberg).
Höhenunterschied: 550 m.
Anforderungen: Größtenteils naturbelassene Pfade, wenige asphaltierte Wege. Viele Sitzgelegenheiten.
Markierung: Weißer Kreis, weiße Doppelbalken, grünes Kreuz, weißes Kreuz, rotes Dreieck, blaues Band.
Einkehr: »Zum Treffpunkt«, Hirzenhain (Tel. 06045/1306); Pizzeria Salerno, Hirzenhain (Tel. 06045/2544), Di Ruhetag; Gaststätte Schupp, Usenborn (Tel. 06046/1368).
Variante: An der Mühlbachbrücke führt ein Radweg zu den Fischteichen zwischen Nidder und Mühlbach. Diese sehenswerte Anlage mit vielen Sitzgelegenheiten liegt gegenüber den Basaltsäulen am Schlossberg.
Tipp: Der Ortenberger Laternenpfad leitet ausführlich durch die bezaubernde Altstadt von Ortenberg. Nachweisbar ist eine Besiedelung seit der Steinzeit.

Landschaftsschutzgebiet Kaolingrube an der Sandkaute.

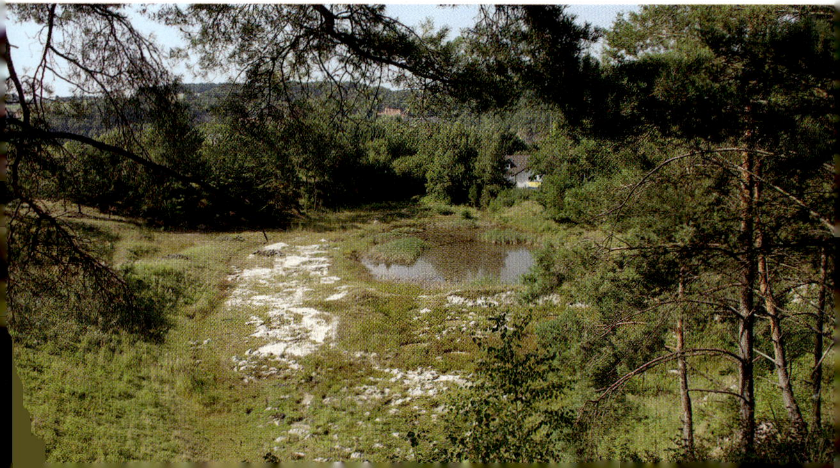

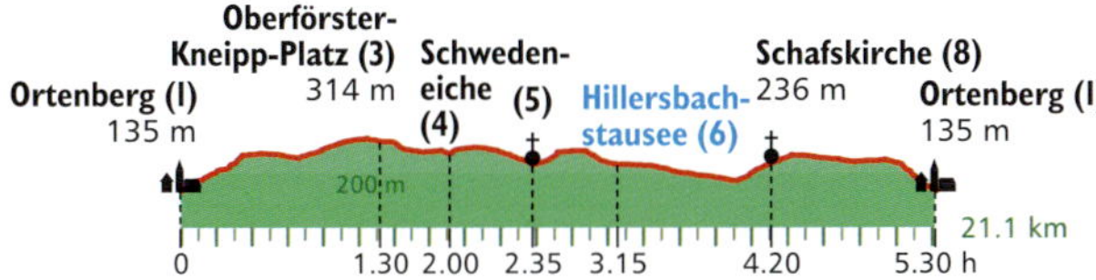

Vom **Parkplatz (1)** mit Türmchen in **Ortenberg** queren wir die Nidder über die schöne Steinbrücke. Beim Mühltor geht es über den Mühlbach. Hier finden wir den *weißen Kreis*, dem wir durch den alten Stadtkern folgen. Über Schlossplatz und Obertor gehen wir ca. 200 m auf der Landstraße. An der Abzweigung nach Usenborn verlassen wir kurzzeitig die Markierung und folgen links einem Wiesenweg hoch, der uns an dem **Kaolinbruch** entlangführt. Wir umrunden ihn halb, biegen dabei einmal links und dann rechts ab und halten auf den Waldrand zu. Dort geht es rechts und nach 50 m links sind wir wieder auf dem *weißen Kreis*. An der Gabelung kommen die *zwei weißen Balken* dazu, die uns nach links führen.

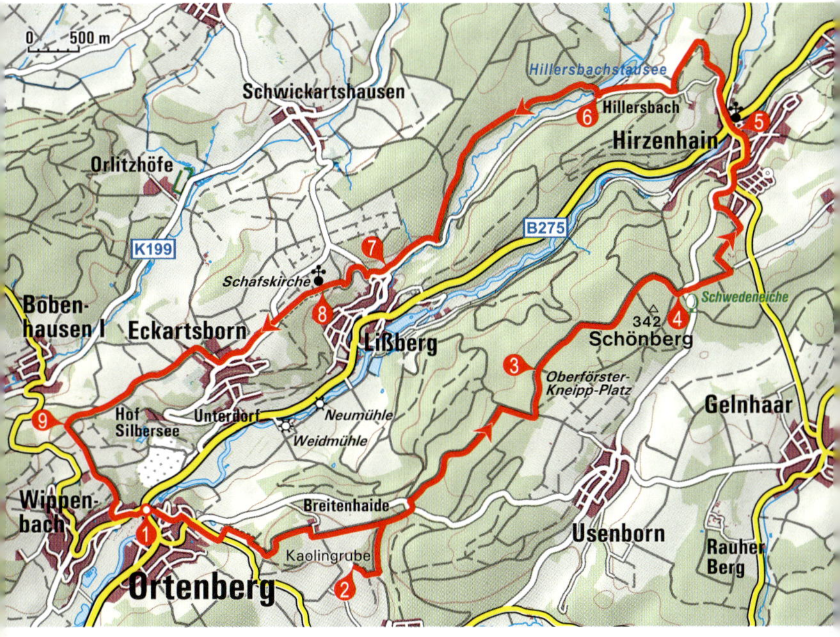

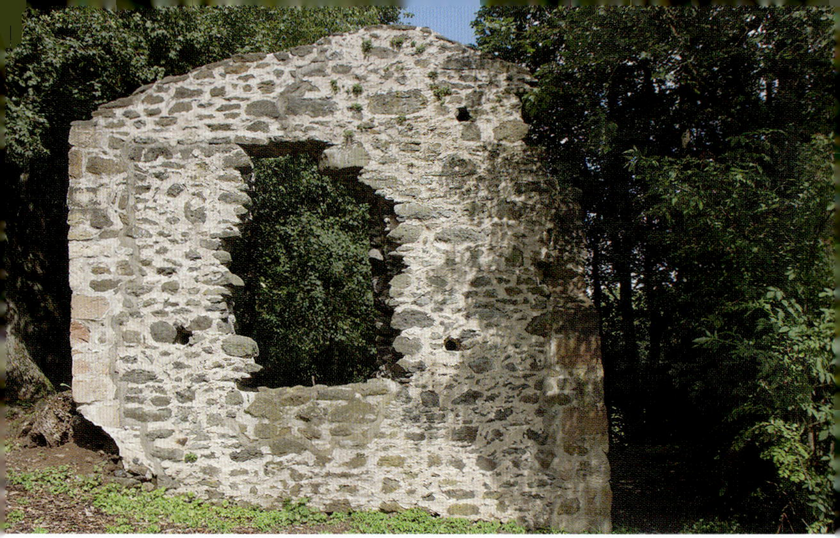

Schafskirche bei Lissberg.

Beim **Reiterhof Breitenhaide** führt die Markierung direkt zwischen den Pferdeställen hindurch. Mit dem *weißen Doppelbalken* geht es weiter. Im Wald führt rechts das *blaue Band* zur zweiten **Kaolingrube (2)**. Zurück wählen wir den bekannten *Doppelbalken*. Kurz vor *Usenborn* ist auf einer Wiese linker Hand die Usenbörner Eiche zu sehen. Mit unserer Markierung erreichen wir den **Oberförster-Kneipp-Platz (3)**, der zum Rasten einlädt.
An der **Schwedeneiche (4)** überqueren wir die Straße und stoßen auf das *grüne Kreuz*, dem wir geradeaus und links folgen. Es führt uns nach Hirzenhain. Bis zur **Kirche (5)** bleiben wir auf der *Karl-Birx-Straße*. Hier finden wir das *weiße Kreuz*, das uns aus Hirzenhain geleitet. Am Waldrand geht es mit Blick auf das Windrad nach links auf das *rote Dreieck*. Wir kommen am **Hillersbachstausee (6)** vorbei und durch den lebhaft-grünen Rotbuchenwald begleitet uns der Hillersbach.
Am Ortseingang von **Lißberg (7)** erhaschen wir einen schönen Ausblick über den Ort. Über einen Hohlweg erreichen wir die **Schafskirche (8)**. In **Eckartsborn** haben wir einen Wahnsinnsblick bis Frankfurt, Taunus, den Gießner Raum und den Vogelsberg. Kurz vor *Bobenhausen* durchschreiten wir einen kleinen **Hain (9)**. Ziemlich am höchsten Punkt verlassen wir die Wandermarkierung und wandern links durch die Felder bergab. Ein herrlicher Blick auf Ortenberg begleitet uns an einem tiefen Graben entlang. In der Ortschaft halten wir uns links und können schon bald den **Parkplatz (1)** mit Türmchen sehen.

2.45 Std.

Von Hirzenhain über Merkenfritz nach Steinberg

13

Zwischen Kloster- und Weidenkirche

Die Tour bietet ungewöhnliche Sehenswürdigkeiten: Ein Kleinod seiner Art ist die Henkelsmühle in Merkenfritz. Diese Mühle ist eine von sieben Mühlen, die in den vergangenen Jahrhunderten ihren Dienst verrichteten. Die Müller hielten viele Esel, weshalb Merkenfritz auch »Eselsuniversität« genannt wurde. Durch eine abwechslungsreiche Landschaft erreichen wir den Spießweiher, der zahlreichen Tierarten ein Zuhause bietet. Mit etwas Glück kann man einen Eisvogel beobachten. In Steinberg lädt die Weidenkirche, ein aus lebenden Weiden geflochtenes Kunstwerk, zur Rast und Besinnung ein.

Ausgangspunkt: Parkplatz der Gemeindeverwaltung (vor dem Feuerwehrgebäude), 240 m (Navi: Karl-Birx-Str. 6, 63697 Hirzenhain).
Höhenunterschied: 235 m.
Anforderungen: Feld- und Waldwege, wenige Asphaltwege.
Markierung: Grünes Kreuz, rotes Dreieck, weißes S.
Einkehr: Zum Adler, Steinberg (Tel. 06045/983366), von 11.30–13.30 Uhr + ab 18 Uhr, Mo–Mi Ruhetag; Eis Vulkano, Hirzenhain (Tel. 06179/3491650), Mo Ruhetag.
Variante: Wanderweg »weißes S« zum Gederner See.
Tipp: Kunstgussmuseum Hirzenhain (sonntags geöffnet). Für Kinder: Der kleine Freizeitpark mit Herz-Märchenland Merkenfritz, geöffnet von Ostern bis November, täglich ab 10 Uhr.

Grillplatz und Gedenkstein Drei Linden.

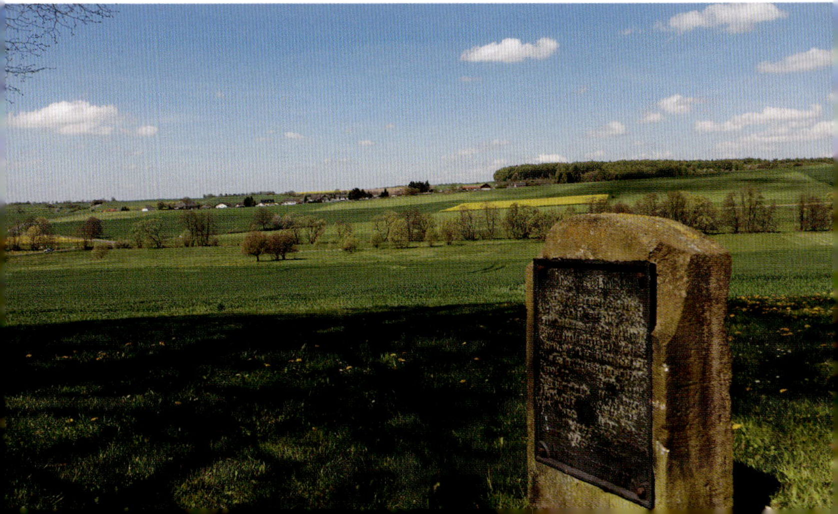

Auf dem **Parkplatz (1)** wenden wir uns östlich einem kleinen Trampelpfad zu, der bergauf zu den Wohnhäusern führt. Links biegen wir auf den Merkenfritzer Weg und lassen uns vom grünen Kreuz führen. In Merkenfritz orientieren wir uns zusätzlich am Schild »Henkelsmühle«, da uns das Kreuz bald darauf verlässt. Das Gasthaus passieren wir und überqueren die Bachläufe. Wir halten uns im Industriegebiet Junkerwiese einmal rechts, überqueren die B275 und erreichen nach 80 m den Waldanfang mit einem kleinen Holzsteg. Hier führt der **»Langlitz-Weg« (2)** durch den Wald, parallel zum Waldrand.
Auf dem nächsten Hauptweg geht es rechts zur Landstraße. Hier gehen wir 50 m nach links und biegen dann in den Waldweg rechts ein, der uns in den Wolfhain, einen reinen Buchenwald, hineinführt. Bei der ersten Gabelung entscheiden wir uns für rechts, an der zweiten für links. 10 m nach dem Hochsitz folgen wir einem Trampelpfad (Achtung: schwer erkennbar!) auf der rechten Seite 60 m abwärts und stehen dann vor dem **Gedenkstein Maul (3)**.
Zurück auf dem Weg geht es an der nächsten Kreuzung links weiter bis zum Waldrand. Dort führt der Grasweg nach unten und in Sichtweite des Spieß-

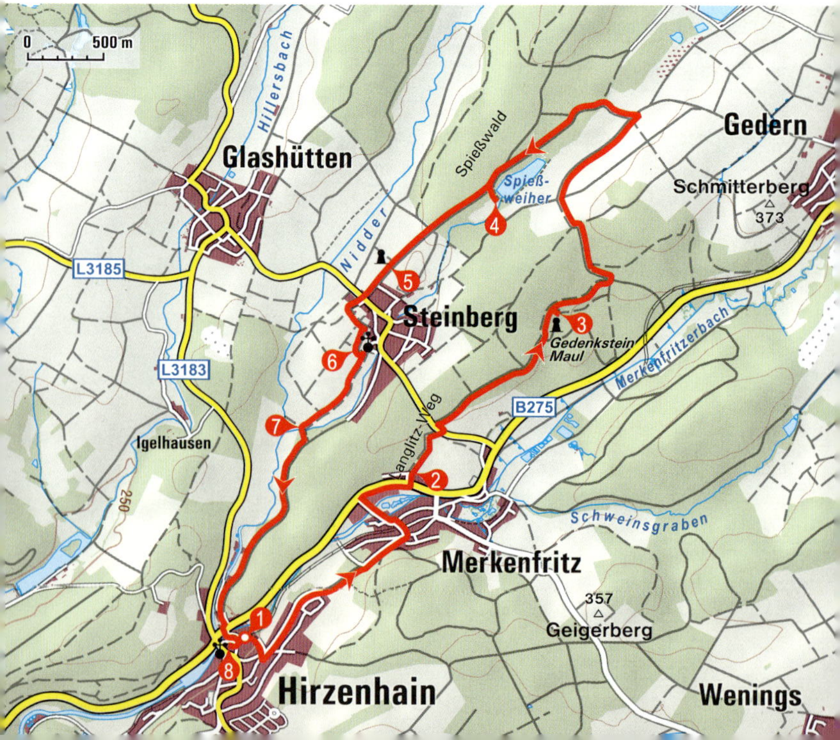

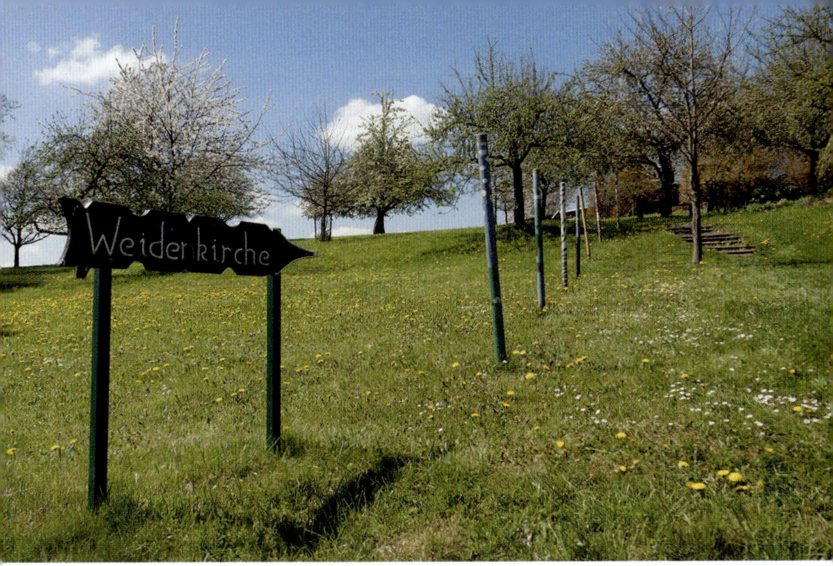

Weidenkirche in Steinberg.

weihers überqueren wir den Teerweg. Am Schild Naturschutzgebiet biegen wir links ab, genauso wie an der nächsten Abzweigung. Das *rote Dreieck* bringt uns jetzt direkt an das Gewässer heran. Auf dem Damm des **Spießweihers (4)** genießen wir die Idylle.

Zurück auf dem Weg verlassen wir den Wald, halten uns geradeaus und kommen an **Grillplatz**, **Schutzhütte** und **Gedenkstein »3 Linden« (5)** vorbei. Nach der Landstraße und dem Bauernhof führt unsere Route links hoch und wieder runter. Dann biegen wir in den nächsten Wiesenweg rechts ab. Vor der Scheune links den Pfad runter und nach zwei bis drei Schritten kann man das Gelände der »**Weidenkirche**« **(6)** von *Steinberg* betreten.

Wir verlassen das Anwesen über die Stufen und halten uns rechts. Nun wandern wir bis zum Wald geradeaus. Ca. 100 m vor der Mündung des Spießbaches ist links eine **Brücke (7)**. Wir gehen den *Baumpfad* hoch und dann rechts. Der Wanderweg *weißes S* führt uns nun nach Hirzenhain zurück. Wir überqueren die Bundesstraße. Hinter dem Edeka-Markt gelangen wir rechts bis zur **Klosterkirche (8)** und erreichen wieder den **Gemeindeparkplatz (1)** von Hirzenhain.

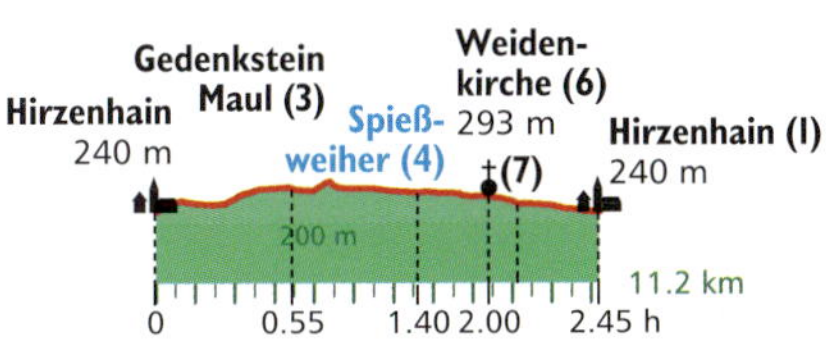

14 Von Wenings nach Kefenrod über Wernings

3.30 Std.

Verlassene Dörfer und verfallene Kirchenruinen

Im Garten der evangelischen Kirche kann man schöne, alte Grabsteine bewundern. Die alte Kapelle ist Johannes dem Täufer geweiht worden, dessen Stadtsiegel, weißes Pferd auf rotem Grund, überall in Wenings zu sehen ist. Nur wenige Meter entfernt ist das malerische Burgtor. Die Siedlung Wernings wurde von sämtlichen Einwohnern im Jahre 1842 verlassen, die nach Amerika auswanderten. Übrig blieben die Überreste der Marienkirche. Eine weitere Ruine finden wir in einem kleinen Fichtenhag, in der Wüstung Floßbach, die Stumpe Kirch.

Ausgangspunkt: Festhalle Wenings, 354 m (Navi: Eselsweg, 63688 Wenings).
Höhenunterschied: 255 m.
Anforderungen: Feld-, Wiesen- und Teerwege, viele Sitzmöglichkeiten.
Markierung: Weißer Doppelbalken, gelbes Kreuz, rot-weißer Doppelbalken.
Einkehr: Lindenhof, Bindsachsen (Tel. 06049/9539080), Mo Ruhetag, von 18–23 Uhr geöffnet.
Variante: Sowohl Kefenrod als auch Bindsachsen können in nur kurzer Zeit erreicht werden. Zwischen Teichanlage und Kefenrod ist eine Grillhütte.
Tipp: Im September findet alljährlich das Kartoffelfest in Wernings statt: »Alles um die tolle Knolle«. In der Burg Moritzstein ist das Heimatmuseum untergebracht und Interessierte können hier ein Gruppenerlebnis mit dem Burgkobold »Moritz vom Stein« buchen (Tel. 06045/952295).

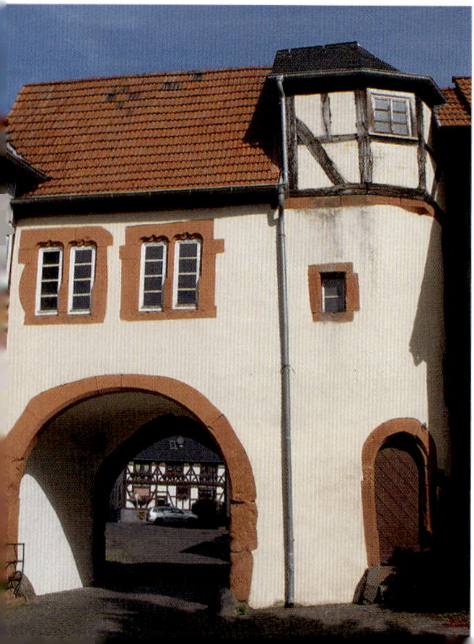

Burgtor in Wenings.

Von der **Festhalle (1)** führt uns der *Eselsweg* nach links durch den Hain zur **Amtshofstraße**. Hier ragt die **Burg Moritzstein (2)**, 342 m, vor uns auf. Auf der Vorfahrtstraße geht es weiter bis zur evangelischen Kirche. Vor dem **Burgtor (3)** dann durch das Gässchen nach links über die *Obertorstraße* in die Ortsstraße, direkt auf den **Stauweiher (4)** zu. An diesem wenden wir uns links und gleich wieder rechts, danach gleich auf dem Teerweg nach 70 m links und wieder rechts auf den Feldweg. Auf diesem gehen wir auf Wernings zu. An der Hütte wenden wir uns nach rechts und biegen an der Gabelung wiederum rechts ab. Nach 110 m ist linker Hand die **Ruine Marienkirche (5)** versteckt auf einer Wiese zu sehen.

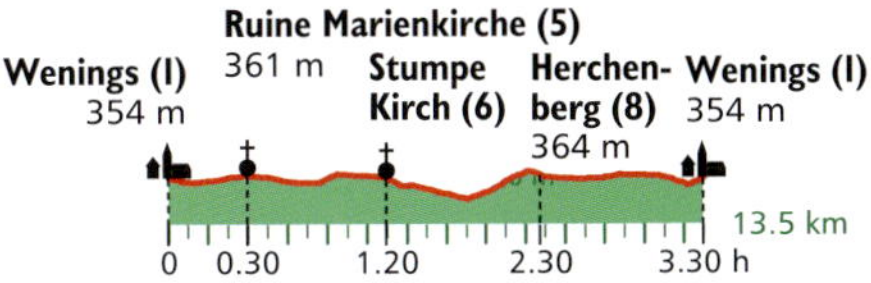

Durch den Werningser Grund halten wir nun wieder auf Wenings zu. Wir überqueren erneut die *Obertorstraße* und wenden uns am Brunnen in die *Lutherstraße*. Hier finden wir jetzt die Wandermarkierungen *weißer Doppelbalken*, *gelbes Kreuz* und *rot-weißer Balken*, denen wir nun folgen.

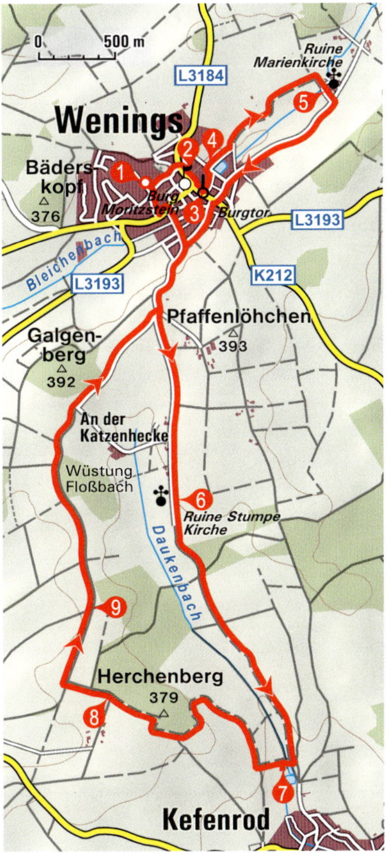

An der alten Wiese teilen sich die Strecken. Wir nehmen den *weißen Doppelbalken*, der uns zur **Stumpe Kirch(e) (6)** leitet. Weiter geht es auf dem Weg bis zu den Radwegschildern, die nach rechts führen. Direkt geradeaus liegt in einem kleinen Wäldchen eine schöne **Teichanlage (7)**. Auf dem Radweg geht es weiter, nach knapp 200 m biegen wir rechts ab. Nach 600 m führt uns ein Waldpfad links auf die Bäume zu. Nun geht es so lange am Waldrand entlang, bis wir zu dem Teerweg kommen, der zum **Hof Herchenberg (8)** führt. Wir halten uns bis zur Kreuzung geradeaus. Dort wenden wir uns dann nach rechts.

An einer **Sitzbank (9)** mit Blick auf Bindsachsen vorbei wandern wir mit dem *rot-weißen Balken* bis zur Abzweigung an der alten Wiese. Nun folgen wir dem bekannten Pfad bis zum *Kreuzweg*. Dort wenden wir uns links bis zur *Untertorstraße*, erneut links und rechts führt uns *Am Sportfeld* wieder zurück zur **Festhalle (1)** in **Wenings**.

15 Von Laubach nach Gonterskirchen

4.30 Std.

Durch ein seenreiches Gebiet entlang von Horloff und Wetter

Auf der Wanderung werden wir den Tannenberg sehen. Auf diesem stand früher das Heimatmuseum Fridericianum. Es wurde Stein für Stein abgebaut und in Laubach in der Friedrichstraße, in Sichtweite des Puppenstubenmuseums, wieder aufgebaut.

Ausgangspunkt: Marktplatz Laubach, 209 m (Navi: Marktplatz, 35321 Laubach).
Höhenunterschied: 420 m.
Anforderungen: Wald- und Feldwege.
Markierung: Horloffweg, blaues Band, blauer Kreis.
Einkehr: Hotel Tannenhof, Gonterskirchen (Tel. 06405/91500), Mo Ruhetag.
Variante: Panoramaweg Laubach.
Tipp: Eine Erlebnisführung durch Laubach, wie z. B. mit dem Nachtwächter unterwegs. Tourist-Info (Tel. 06405/921321). Neben dem Schloss gibt es zahlreiche Museen in Laubach. Etwas ganz Besonderes ist das Spenglerei- und Ofenmuseum (nach Vereinbarung, Tel. 06405/1514). Das Museum Fridericianum (Sa und So und jeden 1. Mi im Monat. Für Gruppen nach Anmeldung (Tel. 06405/921602)). Das Puppenstubenmuseum (Di–Fr 14–17, Sa–So 11–17. Anmeldung für Gruppen Tel. 06405/5053300). Schlossmuseum und -bibliothek schließlich haben regelmäßige Führungen von Mitte Mai bis Ende Oktober, Mi 15 Uhr, Bibliothek Mi 17 Uhr (Tel. 06405/91040).

Vom **Marktplatz (1)** gehen wir direkt zum Schloss. Im ansehnlichen Innenhof halten wir uns rechts und kommen an Zehntscheuer vorbei zur *Friedrich-*

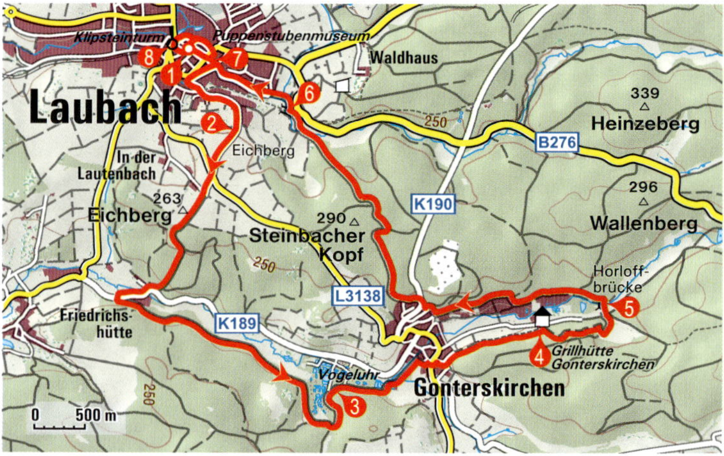

straße. Hier finden wir das *blaue Band,* dem wir rechts und *Am Hainberg* links folgen. **Am Eichberg (2)** können wir den fantastischen Blick auf Laubach und etwas später auf Dünsberg und Hoherodskopf genießen. Bis nach Friedrichshütte geht es mit dem *blauen Band*.

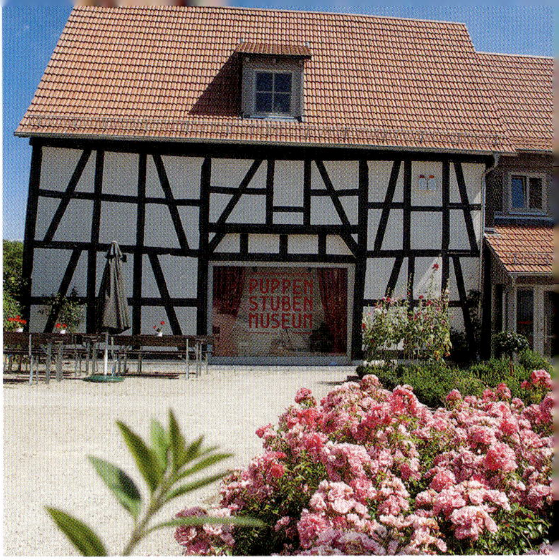

Das Puppenstubenmuseum in Laubach.

Nach dem kleinen, 13 Häuser starken Dörfchen treffen wir auf den *Horloffweg*, der uns nun links durch das malerische Horlofftal führt.

Entlang der Horloff wandern wir an einem Gebiet mit Wochenendhäusern und einer **Vogeluhr (3)** vorbei und nach **Gonterskirchen** hinein. An der Abzweigung zum Hotel Tannenhof stehen wir vor dem Tannenberg. Im Verlauf des Weges kommen wir an der **Grillhütte Gonterskirchen (4)** vorbei, die zur Rast einlädt.

Wir verlassen den *Horloffweg* auf der *Jägerhausstraße*, an der Bank links und nehmen nun den *blauen Kreis*. An der **Horloffbrücke (5)** besteht die Möglichkeit zu einem Fußbad. Auf dem alten *Schulmeisterweg* geht es am Steinbacher Kopf entlang zur Wetter. Ein altes verwittertes **Viadukt (6)** wird durchquert.

Am Flüsschen entlang erreichen wir schließlich wieder **Laubach** und stehen vor dem **Puppenstubenmuseum (7)**. Hier verlassen wir die Wandermarkierung und gehen durch die *Obere Langgasse* bis zum **Marktplatz (1)**. Durch die *Grünemannsgasse* geht es zum Grünemannsbrunnen. Weiter durch die *Grünemannsgasse*, dann rechts durch die *Untere Langgasse* und nach 20 m links durch einen kleinen Pfad zwischen den Häusern hindurch zum **Klipsteinturm (8)**. *Auf der Planke* weiter und zur *Bahnhofstraße*, dort links hoch zum Engelsbrunnen und wieder zum **Marktplatz (1)** zurück.

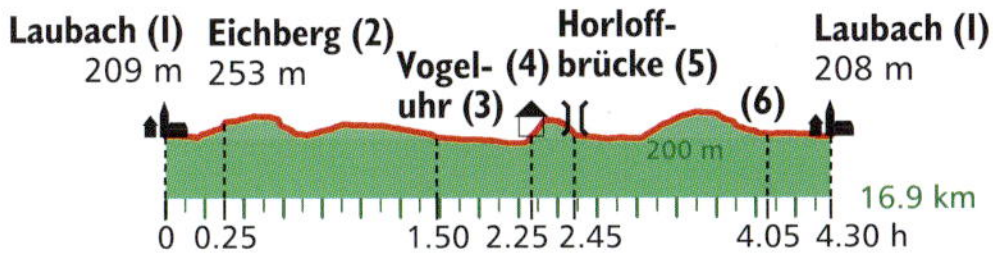

16 Durch den Wetterauer Grund zum Schloss Laubach

3.15 Std.

Über alte Bahndämme und abwechslungsreiche Waldpfade

Das Tor zum Vogelsberg – so nennt sich die alte Residenzstadt der Reichsgrafschaft zu Solms-Laubach. Sie hat eine mehr als 1200-jährige Historie zu bieten. Prunkstück und Ziel der Wanderung ist das Schloss der Grafen. Hier ist eine der größten europäischen Privatbibliotheken untergebracht. Das Heimatmuseum Fridericianum sowie der Schloss- und Kurpark mit seinem seltenen Baumbestand sind bemerkenswerte Sehenswürdigkeiten. Das Puppenstuben-Museum befindet sich nicht weit vom Schloss entfernt. In der historischen Altstadt findet man 500 Jahre alte Fachwerkhäuser. Ein weiteres Glanzstück ist die alte Barockorgel in der evangelischen Stadtkirche.

Ausgangspunkt: Parkplatz Ruheforst, 199 m (Navi: An der Ringelshöhe 7, 35321 Laubach).
Höhenunterschied: 265 m.
Anforderungen: Wald- und Wiesenwege, asphaltierte Wirtschaftswege und Asphalt.
Markierung: Rotes Andreaskreuz, gelbes Band, blaues Band, blaue Forelle, roter Hirsch, Pfannenweg, Wetterweg.
Einkehr: Waldhaus, Laubach (Tel. 06405/91400); Hotel Laubacher Wald (Tel. 06405/91000), Di Ruhetag.
Variante: Erlebniswald Grünes Meer und die Laubacher Rundkurse.
Tipp: Hessisches Bluesfestival »Blues, Schmus & Apfelmus«, Lichterfest im August; Mittelaltermarkt / Feyerey im Mai.

Sowohl vom **Parkplatz Ruheforst (1)** als auch vom **Parkplatz Waldhaus** gehen wir zum **Wanderportal** an der Straße. Die Wanderung beginnen wir auf der B276, der wir in Richtung Sportplatz auf der Wandermarkierung *rotes*

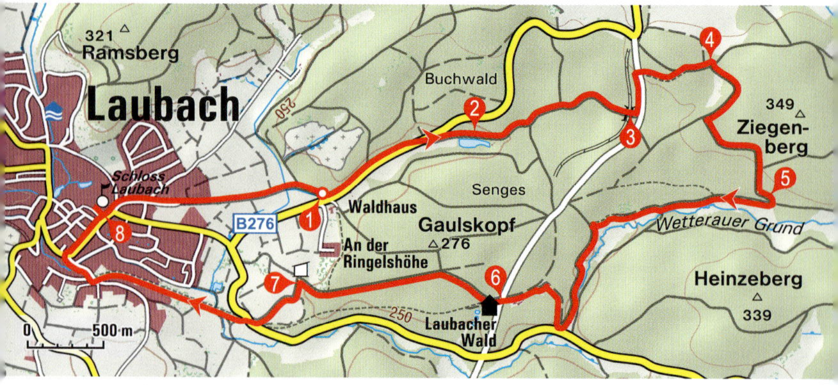

Andreaskreuz und *gelbes Band* folgen. Nach ungefähr 650 m zweigen die Markierungen rechts ab und wir passieren einen **Weiher (2)**.
Durch den lauschigen Wald geht es weiter. Nach der **Unterführung (3)** führt uns die Route nach links. Die Straße verlassen wir nach 280 m, um rechts dem abwechslungsreichen Waldpfad zu folgen. Nach 500 m erreichen wir eine **Gabelung** und folgen fortan rechts dem **Pfannenweg (4)**. Im **Wetterauer Grund (5)** stößt der *Wetterweg* von links dazu.
Wir folgen dem Wasserlauf und haben fortan die Wetter an unserer linken Seite. Kurz vor der Landstraße biegt der Weg ab und weiter führt unsere Route bis zum **Hotel Laubacher Wald (6)**. Hinter dem Parkplatz finden sich Ruhemöglichkeiten und ein Nordic-Walking-Rundkurs.
Nun weiter durch den Wald, bis nach 400 m *Pfannen-* und *Wetterweg* sich trennen. Wir folgen nun links dem *Wetterweg*. An der **Hütte (7)** geht es links weiter. Wir überqueren die B276 und beschreiten rechts den kerzengeraden alten Bahndamm. Hinter den Gärten geht es am Rande der Stadt bis zum *Dörrenbergweg*. Dort folgen wir dem *blauen Band* rechts in die Stadt hinein. Durch die *Friedrichstraße* kommen wir am Fridericianum vorbei und erreichen **Schloss Laubach (8)**. Die Tour geht von hier auf dem *gelben Band* weiter. Durch die *Lange Hohl* erreichen wir wieder unseren **Ausgangspunkt (1)**, einen der beiden Parkplätze.

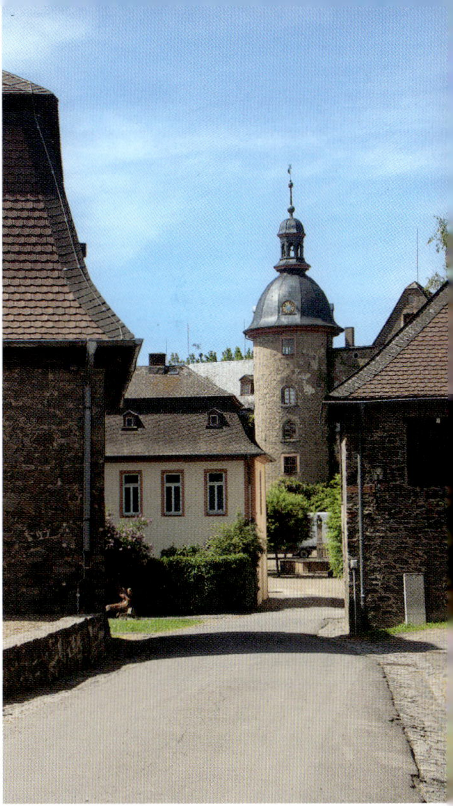

Schloss Laubach.

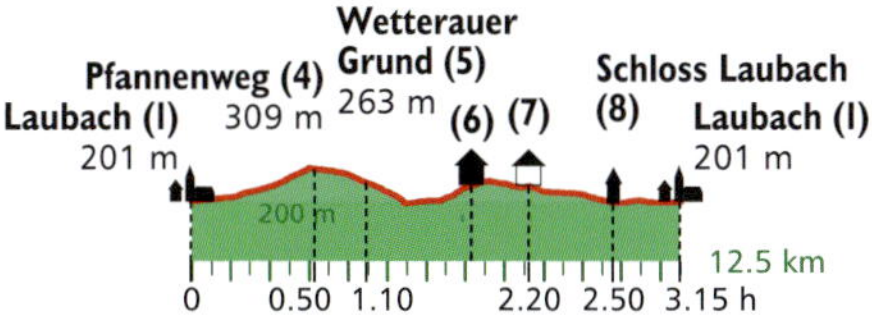

TOP 17

Von Lardenbach zur Grube Deutschland (Erzweg-Süd)

3.40 Std.

Auf den Spuren des Eisenerzabbaus

Wanderer erwarten auf dieser Tour wunderschöne Ausblicke; nicht nur die Blicke in die Ferne, sondern ganz besonders die nach unten sind es, die Aufmerksamkeit fordern. Auf der Strecke sind Infotafeln aufgestellt, die Hinweise zur Vergangenheit bereithalten. Die Grube Hoffnung grenzt an Stockhausen. An der dazugehörigen Infotafel 12 weist ein kleines Schildchen darauf hin, dass 100 m links ein Stück des Trichterrutschenabbaus zu sehen ist. In Seenbrücke liegt der schlichte wie auch malerische Bahnhof und wenige Meter weiter ist die Erzaufbereitung Weickartshain zu sehen. Mit Blick auf den Hatzenberg passiert der Wanderer mehrere Teiche, die sich in die Landschaft schmiegen. An der Grube Deutschland ist eines der größeren Gewässer. Hier kann man das rot-braune Wasser deutlich sehen, das auf das vorhandene Eisenerz deutet. Auf dem Hilgesberg hat man nicht nur einen traumhaften Ausblick, sondern auch in einer geschützten Grube eine Rastmöglichkeit.

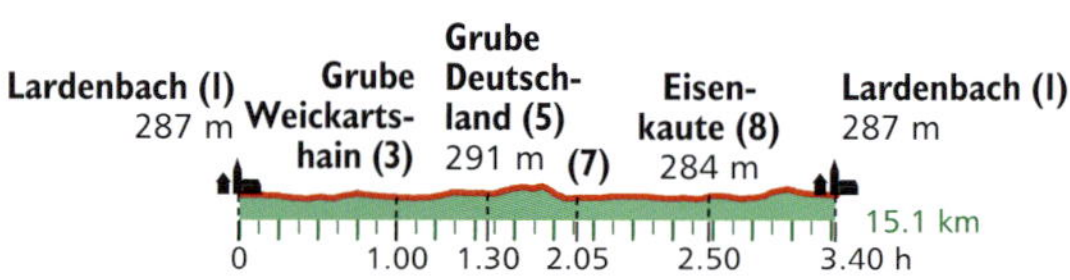

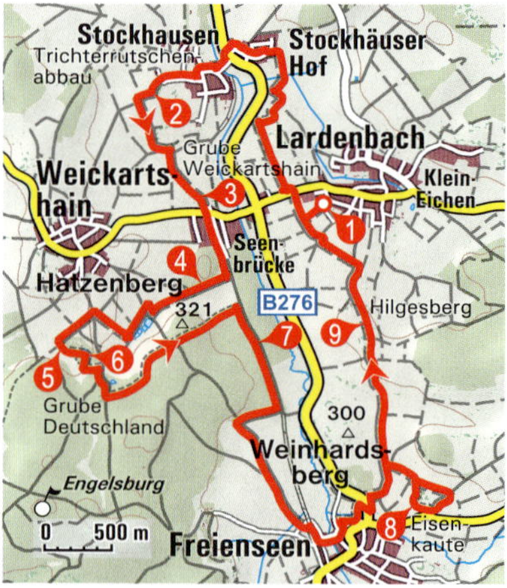

Ausgangspunkt: Wanderportal am Dorfgemeinschaftshaus, 287 m (Navi: Akazienweg, 35305 Lardenbach). An der Grube Deutschland befinden sich ebenfalls ein Parkplatz sowie die Basisinformationen zum Eisenerzabbau.
Höhenunterschied: 210 m.
Anforderungen: Wald- und Wiesenwege, in Ortsnähe auch Asphalt.
Markierung: Erzweg-Süd.
Einkehr: Zur Linde, Lardenbach (Tel. 06400/8192); Zum runden Eck, Stockhausen (Tel. 06400/90133).
Tipp: Wer mehr zu den Gruben und zu den zahlreichen zeitgenössischen Ausstellungen wissen möchte, der Kulturring Weickartshain oder kunst_turm_mücke bieten sehr empfehlenswerte Führungen an.

Von der Infotafel am **DGH (1)** in **Lardenbach** geht es Richtung Sportplatz, an diesem vorbei und an der Weggabelung rechts. Hier werden wir nach der Wanderung wieder ankommen. Nach Stockhausen öffnet sich die **Grube Hoffnung (2)** mit dem Trichterrutschenabbau vor uns. Weiter geht es an der **Grube Weickartshain (3)**, dem Bahnhof und der Erzaufbereitung entlang. Durch Seenbrücke hindurch erreichen und passieren wir den **Hatzenberg (4)** mit malerischem Ausblick auf Teich- und Angelanlagen. Mit Erblicken der Lore haben wir die **Grube Deutschland (5)** erreicht. Das malerische **Gewässer (6)** und das Naherholungsgebiet laden zum Verweilen und Entspannen ein. Die **Schlammteiche (7)** liegen schräg gegenüber der Grube Neugrünende Hoffnung, die wir auf dem Weg nach Freienseen passieren.

Nach der **Grube Schöne Aussicht** machen wir einen Abstecher zur **Eisenkaute (8)**. Nach Umrundung dieser erreichen wir auf dem gleichen Weg die Abzweigung an der Bank und folgen dem Wanderzeichen zum **Hilgesberg (9)**, 309 m. An der Luthereiche geht es links, wir kommen zur Weggabelung und wieder zurück zum **DGH (1)**.

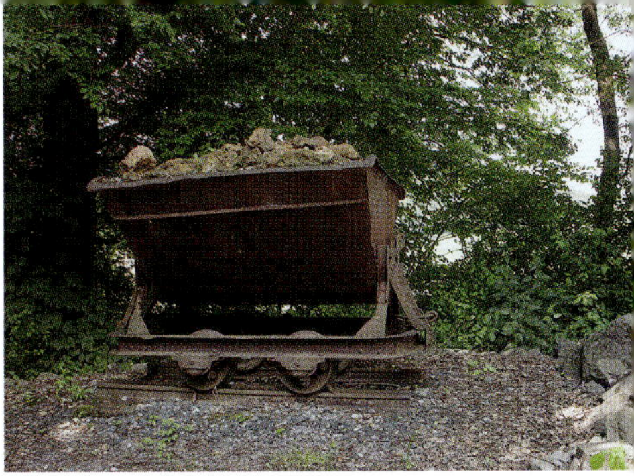

Bild oben: Grube Deutschland.
Bild unten: Naherholung Hilgesberg.

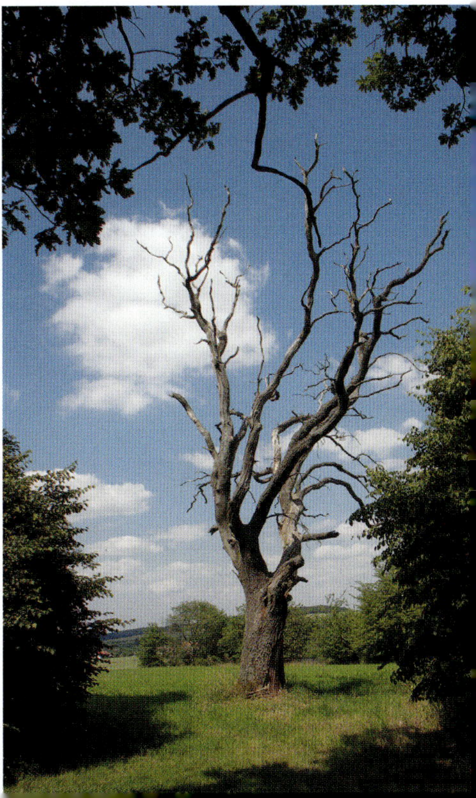

18

Von Grünberg in die Weickartshainer Schweiz

4.00 Std.

Durch das Brunnental in ein malerisches Naherholungsgebiet

Der Tunnel am Anfang der Tour kann ohne Licht durchquert werden, wenn man sich immer rechts an der Mauer hält. Phänomenale Aussicht bis zu Feldberg und Taunus können wir unterhalb des Tannenköppel und auf dem Diebsturm genießen. Eine Rast bietet sich am Grillplatz Weickartshain an. Teiche und Hügelchen laden zum Verweilen ein.

Ausgangspunkt: Infotafel am Schlossparkplatz, 264 m. (Navi: Marktgasse, 35305 Grünberg).
Höhenunterschied: 365 m.
Anforderungen: Feldwege, Graswege, nur wenige asphaltierte Wegstrecken.
Markierung: Residenzring, blaues Band.
Einkehr: Sporthotel Grünberg, 35305 Grünberg, (Tel. 06401/8020).

Von der **Infotafel (1)** am Parkplatz in **Grünberg** überqueren wir die *Alsfelder Straße* und halten uns rechts. Nach dem Spielplatz gehen wir zur Linken die *Jahnstraße* hoch und biegen nach dem ersten Haus rechts auf einen Pfad ein. Diesem folgen wir bis zur Brücke. Dann geht es für uns auf einem Trampelpfad geradeaus am Bach entlang weiter bis zum **Tunnel (2)**. Das Brunnental, das wir so erreichen, durchqueren wir der Länge nach und kommen zur Markierung *Residenzring*. Dieser führt uns am Wasserwerk vorbei und einen Bergpfad entlang.
Auf dem nächsten Teerweg verlassen wir den *Residenzring* und gehen rechts weiter. Nach 250 m geht es scharf links auf einen kleinen Feldweg,

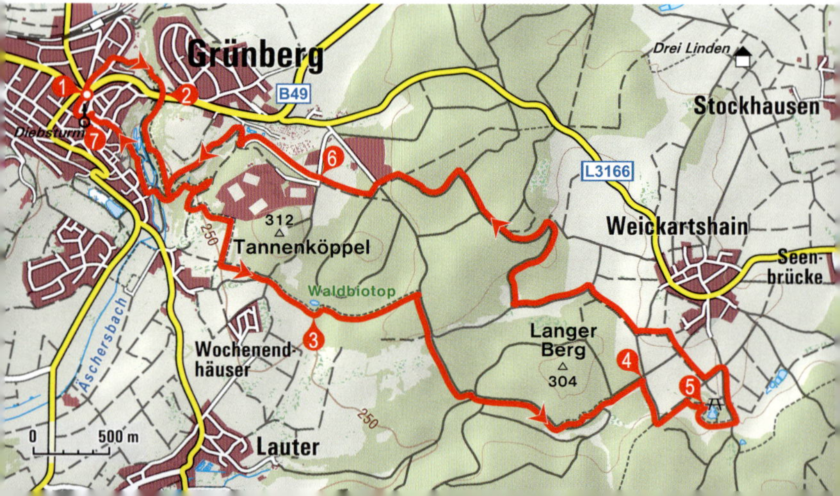

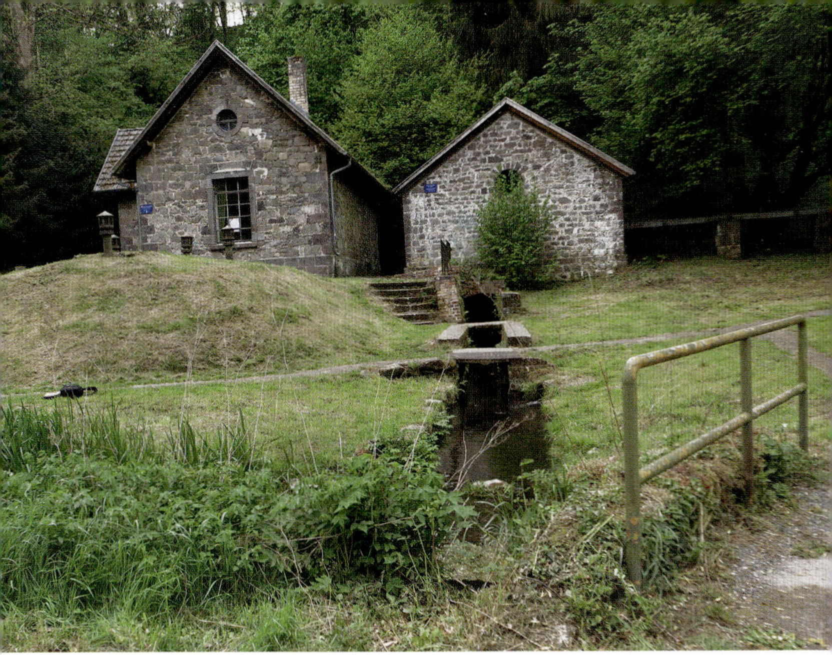

Malerisches Brunnental in Grünberg.

der in einer Wiese mündet. Diese überqueren wir, immer bergan gehend und leicht rechts haltend. Treppenstufen leiten uns dann nach unten, über einen Bach. Am Zaun entlang geht es wieder bergan. Am Waldrand wandern wir nach rechts entlang einer Pferdekoppel und dann wieder nach links. An der Kreuzung wandern wir an einer Feldholzinsel vorbei geradezu auf den Wiesenweg.

Wir kommen am **Waldbiotop (3)**, einem kleinen Sumpfteich, vorbei und laufen auf einem Waldweg weiter, der auf einen Wirtschaftsweg mündet. Mit dem *blauen Band* gehen wir jetzt rechts durch den Neuwald. Am Unterstand vorbei verlassen wir die Wandermarkierung und es geht an der kommenden

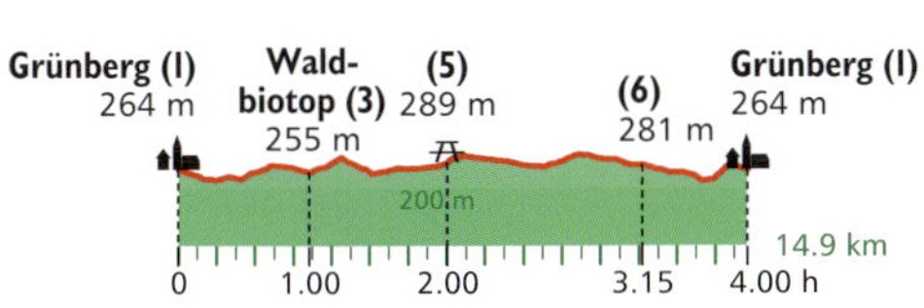

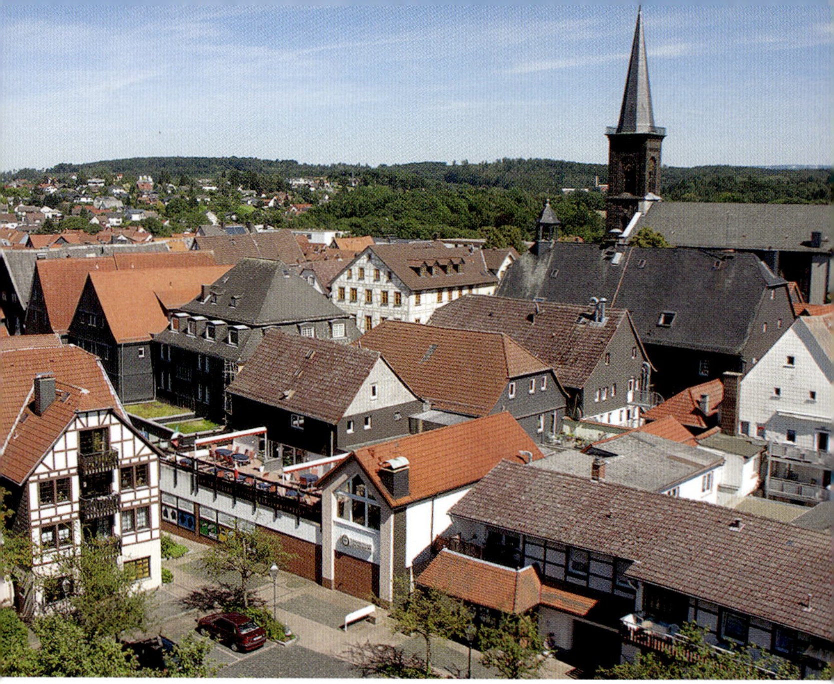

Blick vom Diebsturm über Grünberg.

Kreuzung geradeaus weiter. Am **Waldrand (4)** halten wir uns rechts und dann links. Nach 100 m sehen wir rechts auf dem Parkplatz ein Häuschen und eine Infotafel. Daran vorbeiführt uns der linke Pfad zwischen kleinen Hügelchen und Tümpeln zum **Grillplatz (5)**. Rechts am Teich vorbei gehen wir bis zum Waldrand und kommen auf einen Wiesenweg. Hier finden wir den *Residenzring* wieder, dem wir von nun an erneut folgen. Hinter der **Tennisclub-Anlage** nehmen wir den **Fußgängerweg (6)**, der uns am Schwimmbad vorbeiführt.

An der Wegkreuz-Linde halten wir uns rechts. In Höhe des Schwimmbad-Gebäudes gehen wir links in einen lauschigen Hohlweg. So betreten wir abermals das Brunnental und halten auf das Wasserwerk zu. Dahinter folgen wir dem Bach entlang des Maschinenhauses und den Teichen immer bergan. An der Kirche vorbei und über den Marktplatz geht es durch *Meyersgasse* und *Barfüßergasse* den Renthof hoch zum **Diebsturm (7)**. Der Hegweg auf der gegenüberliegenden Seite bringt uns zu unserem Ausgangspunkt, der **Infotafel (1)** am Parkplatz zurück.

2 Tage

Von Grünberg über zwei »Köpfe« zu den Teichen

19

Sanftes Brunnental und wilder Wald

Das Brunnental bietet als Naherholungsgebiet gepflegte Wege und Wasserläufe und das Gefühl, dass die Stadt über einem thront. Das Geräusch von plätscherndem Wasser und gurgelnden Bachläufen begleitet den Wanderer ständig. Nachdem wir das Industriegebiet hinter uns gelassen haben, kommen wir an einer Geflügelfarm vorbei. Weit schallen die menschlich klingenden Rufe der Pfauen über das Land und leuchtend fallen die schillernden Tiere ins Auge. Die historische Altstadt lockt mit Eis, Kaffee und Kuchen.

Ausgangspunkt: Grünberg, Brunnenhäuschen, 269 m (Navi: Winterplatz, 35305 Grünberg). Im ganzen Innenstadtbereich Parkmöglichkeiten.
Höhenunterschied: 570 m.
Anforderungen: Größtenteils naturbelassene Pfade, zahlreiche Wiesenwege, wenige Teerwege. Kaum Sitzgelegenheiten.

Markierung: Blauer Diebesturm, Residenzenring, Pfannenweg, gelbes Andreaskreuz, blaues Dreieck, rotes Band, blaues Band.
Einkehr: Hessenstube, Stangenrod (Tel. 06401/223080).
Hinweis: Immer wieder fehlen Markierungen wegen Vandalismus; da ist dann etwas Orientierungsvermögen gefragt.

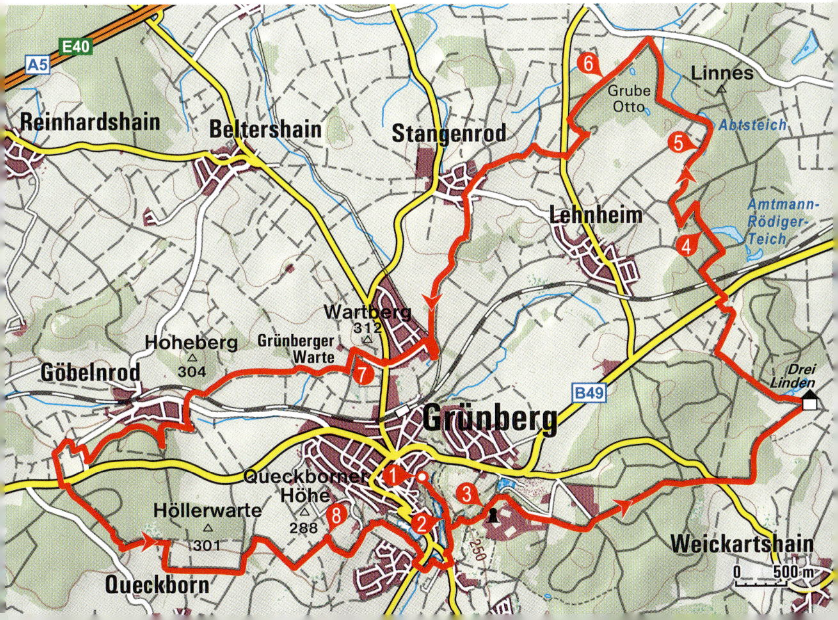

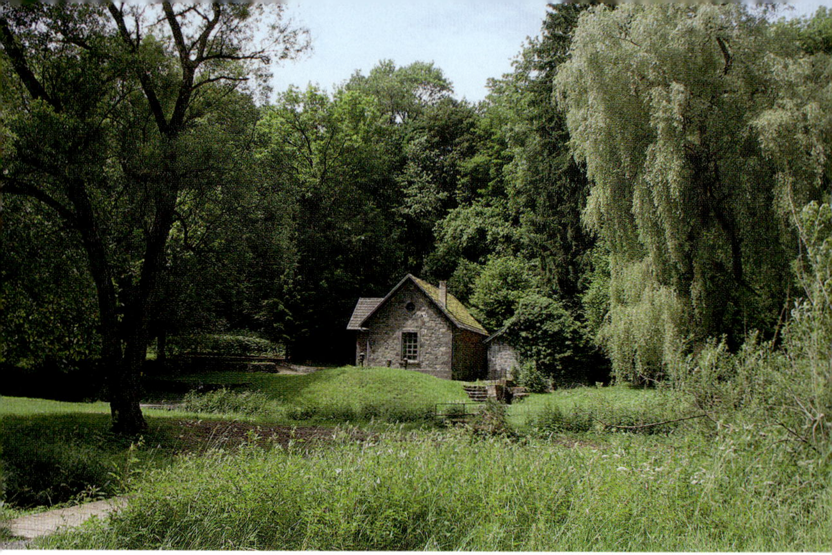

Blick auf das Maschinenhäuschen im Brunnental.

1. Tag: Flensburger Kopf, Amtmann-Rödiger-Teich und Grube Otto (4.00 Std., 16,4 km)

Vom **Brunnenhäuschen (1)** aus geht es an der Kneipp-Anlage und den zwei Teichen steil nach unten. Auf dem Grund angekommen halten wir uns rechts. Es geht an malerischen kleinen Häuschen vorbei und am Maschinenbau. An der nächsten Abbiegung erreichen wir den **Einstieg (2)** in den **Rundweg** mit dem *blauen Diebesturm*. Diese Markierung wird unser ständiger Begleiter sein. Wir halten uns links und kommen an dem **Gedenkstein Theo Koch (3)** vorbei. Nach dem Parkplatz am Wegkreuz sehen wir eine 400 Jahre alte Linde mit einem Umfang von 4,4 m. Das *gelbe Andreaskreuz* und eine große Anzahl Fingerhüte begleiten uns nun ein Stück des Weges. Wir passieren Stockhausen und einige Tümpel, wo es von Blindschleichen und Libellen nur so wimmelt. Am **Flensburger Kopf** vorbei und über die Bundesstraße kommen wir in ein Waldstück, in dem **Amtmann-Rödiger-**

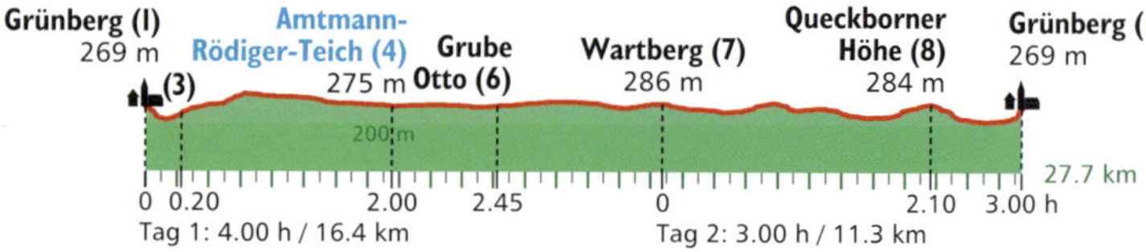

Teich (4), Trockener-Fräulein-Teich und der herrlich geschwungene **Abtsteich (5)** liegen. Hier geht es manchmal durch hüfthohes Gras, doch das Markierungszeichen kann man immer wieder an den nahen Bäumen finden. Mit Atzenhain im Blickfeld erreichen wir die **Grube Otto (6)**, eine alte Eisenerzgrube. Vorbei an **Stangenrod** sichten wir das Industriegebiet Nord. Um den Tag abzuschließen, geht es nun hier am Beginn des Industriegebietes geradeaus weiter auf dem *blauen Band*. Von hier kann man wieder links ins Zentrum von Grünberg abbiegen, falls man dort übernachtet oder die Tour nicht an einem Tag absolviert.

2. Tag: Wartberg, Göbelnrod und Queckborner Höhe (3.00 Std., 11,3 km)
Den zweiten Tag beginnen wir, indem wir auf dem *blauen Band* zurücklaufen. Heute aber werden wir ins Industriegebiet abbiegen und wieder der ursprünglichen Wandermarkierung, dem *Diebesturm,* folgen. Wir kommen zum **Wartberg (7)** und passieren eine interessante Geflügelfarm. Nach Göbelnrod geht es durch ein verzaubert wirkendes Waldstück. Unser Weg führt uns langsam zurück nach Grünberg. Auf der **Queckborner Höhe (8)** genießen wir den wundervollen Ausblick über das Fachwerkstädtchen und die umliegenden Wälder und Höhen. In Stadtnähe kommen wir am Eisteich vorbei und nach zwei Straßenüberquerungen liegt das Brunnental wieder vor uns. Wir passieren den **Einstieg (2)** und haben noch den steilen Anstieg bis zum **Brunnenhäuschen (1)** zu bewältigen.

Teich im Brunnental.

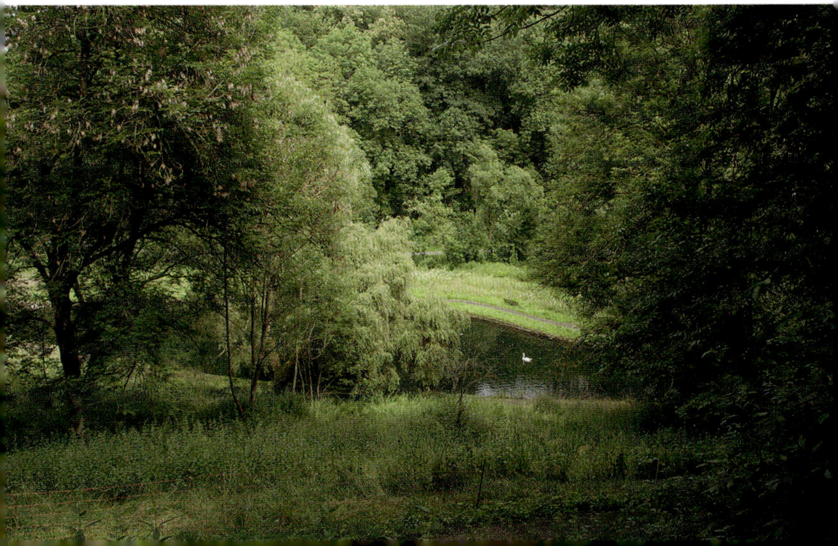

TOP **20**

Von der Hain-Mühle zur Pletsch-Mühle

2.20 Std.

Vier Mühlen und viel Wasser

Auf dieser sehr naturnahen Wanderung werden uns viele wassertypische Tiere und Pflanzen begegnen. Ganz besonders schöne Libellen, die in der Sonne tief-violett bis hell-türkis leuchten, gibt es hier, teils handtellergroße Exemplare. An den Gewässern informieren Tafeln über Sagen, die sich um die Teiche ranken. Beim Jungfernloch ist es eine Jungfer, die mit ihrem Schimmel ertrunken ist, beim Zoberwiesenteich ist es die Margit auf einem Esel und beim Dorotheabrunnen ist es der betrunkene Herrnmüller mitsamt Esel. Der Goldborn gar soll einen geheimen Schatz verborgen halten.

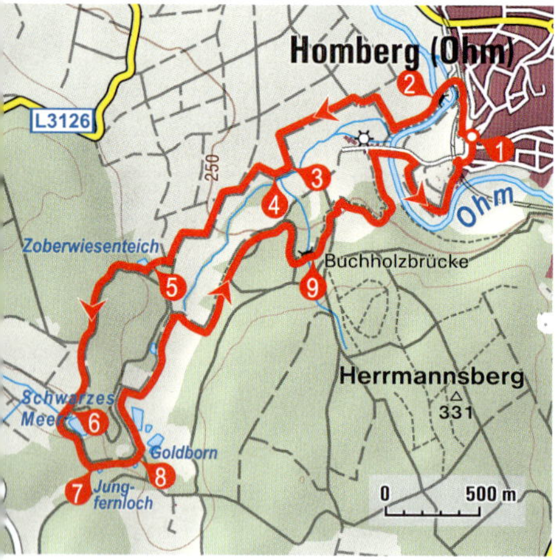

Ausgangspunkt: Stadthallenplatz, 249 m (Navi: Stadthallenweg 12, 35315 Homberg / Ohm).
Höhenunterschied: 200 m.
Anforderungen: Naturbelassene Pfade, Wald-, Wiesen- und wenige Teerwege.
Markierung: Schächerbachtour als rot-grüner Vulkan.
Einkehr: In Pletsch-Mühle und Hain-Mühle, im Café Rocco und in der Altstadt von Homberg.
Variante: Vom Zoberwiesenweg führt ein Schotterweg zum Schwarzen Meer und weiter am Dorotheabrunnen vorbei.
Tipp: Erholungs- und Freizeitanlage Buchholzbrücke. Für Kinder stehen allerlei Spielgeräte zur Verfügung. An Sonn- und Feiertagen (Mai bis September) Gastronomie.

Vom **Stadthallenplatz (1)** in **Homberg (Ohm)** gehen wir an der Wandertafel mit der Markierung Schächerbachtour die Treppen hinunter. Dort wo sich die Tour teilt, halten wir uns rechts und folgen dem Trampelpfad abwärts. Nach

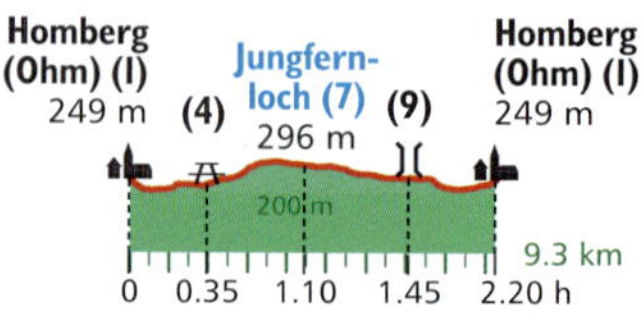

der Hain-Mühle überqueren wir die **Ohm** auf **Trittsteinen (2)**. Wir überqueren den Schächerbach auf mächtigen **Quarzitblöcken** oder gönnen uns die **Bachdurchquerung (3)** als Naturkneipperlebnis. Es folgen wieder ein paar Trittsteine,

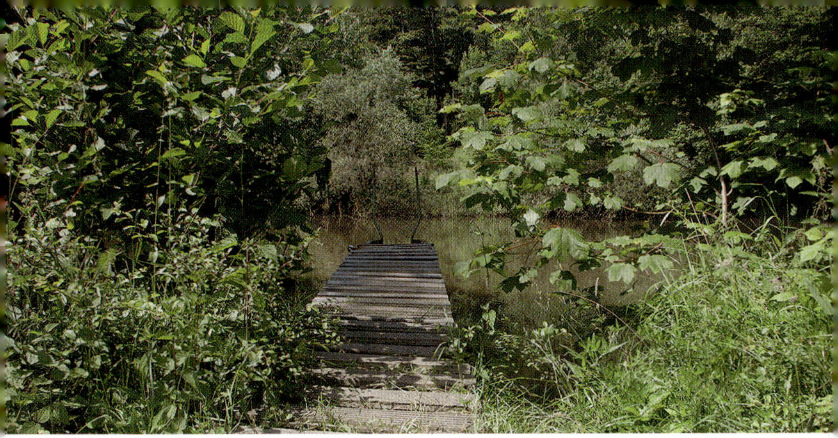

Der idyllische Zoberwiesenteich.

dann erreichen wir eine **Sinnesliege (4)** und können den Blick auf Homberg genießen. Auch vom **Zoberwiesenteich (5)** haben wir einen wunderbaren Ausblick auf Homberg und können uns hier der Sage der Margit widmen. Etwa 600 m durch den Wald biegt unsere Tour links ab. Geradeaus führt der Weg zum **Rondienchen**, einem Aussichtspunkt, der 1,6 km entfernt liegt. Ein Abstecher dorthin lohnt sich. Das **Schwarze Meer (6)** hält eine **Grillhütte** für uns bereit. Von hier führt ein weiterer Pfad zum Dorotheabrunnen, an dem wir später vorbeikommen. Auf unserer Strecke kommen wir nun am **Jungfernloch (7)** und am **Goldborn (8)** vorbei. Am Herrnteich begrüßen uns Frösche mit ihrem Gequake.

Durch Wiese und Wald erreichen wir das Naherholungsgebiet **Buchholzbrücke (9)**. Am Pfadfinderlager Buchholz werden wir erneut mit einem wundervollen Ausblick auf Homberg belohnt. Ein Waldpfad führt uns abwärts ins Mühltal und zur Pletsch-Mühle. Die Tour führt uns durch eine Kleingartenanlage. Von hier haben wir das Baudenkmal Eisenbahnviadukt direkt zum Greifen nah vor uns liegen.

Unser Pfad führt uns durch eine kleine Parkanlage und wir erreichen die Plattform, wo sich der Wanderweg gabelte. Die Treppe hinauf erreichen wir wieder den **Stadthallenplatz (1)**.

Trittsteine bei der Hain-Mühle.

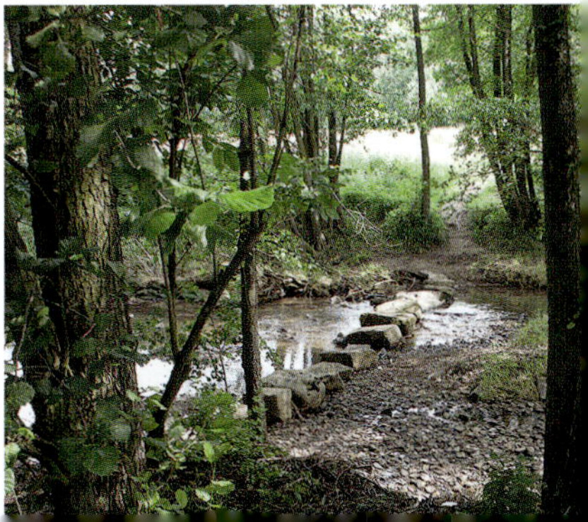

21 Durch die Kirschenallee zum Steinbruch

2.00 Std.

Durch Felsenmeer und Dicke Steine ins Tertiär

Diese Wandertour bietet viel Geologie und sagenhafte Fernblicke. Einmal ist es die nicht allzu weit entfernte Amöneburg und das verträumte Ohmtal mit seinen Dörfern. Außerdem sieht man wieder zahlreiche Gipfel von Westerwald, Kellerwald, Rothaargebirge, Knüllgebirge und Vogelsberg. Wir passieren Europas größten Basaltsteinbruch, der direkt zu unseren Füßen liegt. Tertiär und Quartär werden eindrucksvoll in die Gegenwart transportiert. Die anschaulichen Gebilde und die Infotäfelchen erläutern prägnant die Thematik und runden die Tour ab. Die schöne Altstadt ist einen Besuch wert.

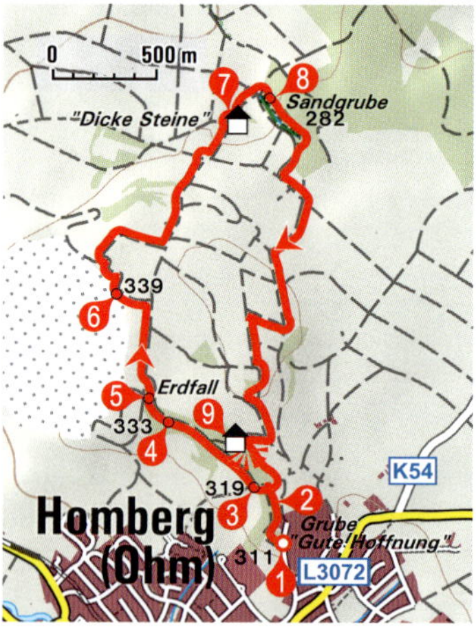

Ausgangspunkt: Wanderportal, 311 m (Navi: Zum Hohen Berg 19, 35315 Homberg / Ohm).
Höhenunterschied: 170 m.
Anforderungen: Größtenteils naturbelassene Pfade, wenige asphaltierte Wirtschaftswege.
Markierung: Geotour Felsenmeer.
Einkehr: Keine.
Variante: Die Schächerbachtour, die an anderer Stelle noch erwähnt wird.
Tipp: Im August und September finden die Kulturwochen »Ohm-sweet-Ohm« statt.

Am **Wanderportal Zum Hohen Berg (1)** in Homberg (Ohm) startet die Wanderung. Eine Informationstafel weist uns den Beginn der Tour und gibt auch gleich Hinweise auf die geologischen Sehenswürdigkeiten entlang der Strecke. Gleichzeitig finden wir das Wandersymbol *Geotour Felsenmeer*, dem wir auf der ganzen Strecke folgen werden.
Nach nur 300 m erreichen wir den oberen Rand der **Grube »Gute Hoffnung« (2)** und nach weiteren 100 m teilt sich die Tour.
Wir folgen der **Teilung (3)** nach links und streben dem **Lindenplatz (4)** entgegen. Beim **Erdfall (5)** werden wir informiert, dass hier durch eine undurchlässige Tonschicht ein Erdrutsch stattgefunden hat.
Am **Steinbruch (6)** können wir sowohl die Aussicht zur Amöneburg als auch auf Europas größten Basaltsteinbruch genießen. Es geht jetzt leicht bergab, bis zur Felsengruppe **»Dicke Steine« (7)**. Beeindruckend ragen die grauen

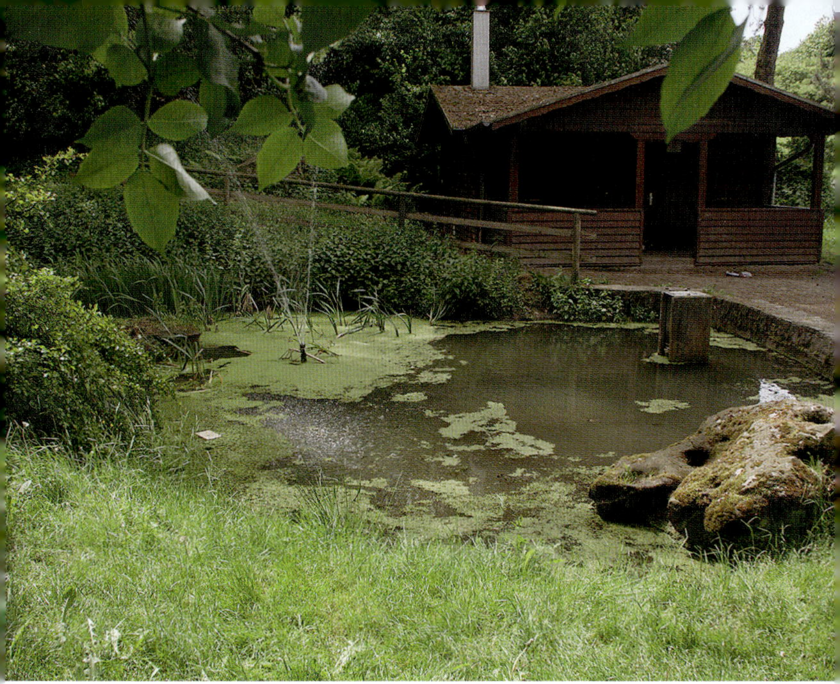

An der Felsengruppe »Dicke Steine« bietet sich eine Rast an.

Riesen am Rand des Einschnitts hoch. Direkt davor finden wir Bänke, eine Schutzhütte und einen Teich mit Springbrunnen.

Wir wandern dann bis zur **Sandgrube (8)**, wo wir Geschichte bis ins Tertiär verfolgen können. Durch den Wald und vorbei an romantischen Felsgebilden und plätschernden Bächlein führt uns die Geotour weiter. Wir werden zu einer **Schutzhütte (9)** mit schöner Aussicht auf die Altstadt von Homberg (Ohm) geleitet. Auf dem Weg bergab kommen wir an einem wirklich beeindruckenden Insektenhotel vorbei. Dann erreichen wir wieder die **Teilung (3)** und wandern auf dem bekannten Teilstück zurück zu unserem Ausgangspunkt, dem **Wanderportal Zum Hohen Berg (1)** in **Homberg (Ohm).**

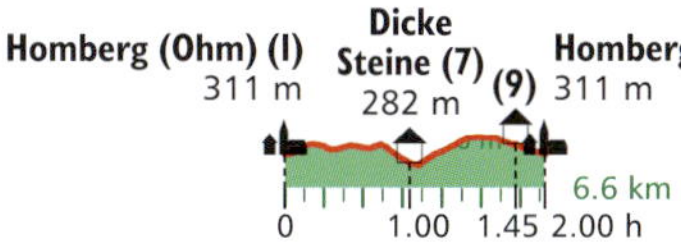

Auf dem Sternweg durch das Rainsbachtal

3.30 Std.

Vom Geiseberg den Blick auf den Dünsberg genießen

Bergauf und bergab geht es zu Beginn der Wanderung am Geiseberg vorbei. Im lauschigen Rainsbachtal, eingebettet zwischen Kornfeldern, kommen wir an der »Kalten Wiese« vorbei. Linker Hand können wir den nahen Hahnes sehen und bekommen durch die Hügel immer wieder freien Blick auf das sanfte Ohmtal. Nachdem wir den Sternweg verlassen haben, gelangen wir an und durch eine Wiesenlandschaft, die Langwiese, die durch ihre gemischt bewachsene Vegetation viel zu bieten hat. Nachdem wir die Felder bei der Hutebaumgruppe durchquert haben, können wir den Blick bis zum Dünsberg genießen. Auf einer versteckten Leiter kann man sogar bis zur Amöneburg schauen. Wir durchwandern nach Ober-Ohmen wieder das Ohmtal. Viele Sitzgruppen laden hier zur Rast ein.

Ausgangspunkt: Friedhof, 304 m (Navi: Hintergasse, 35325 Ruppertenrod).
Höhenunterschied: 240 m.
Anforderungen: Wald-, Schotter- und Teerwege; ab Ober-Ohmen viele Sitzgelegenheiten.
Markierung: Weißes Andreaskreuz als Sternweg, blauer Punkt.

Einkehr: Keine.
Variante: Mit dem blauen Punkt einen Abstecher nach Nieder-Ohmen (4 km einfache Entfernung); die dortige evangelische Kirche hat eine 1000-jährige Geschichte und am Mühlgraben wurden Fundamente einer Niederungsburg freigelegt, Burgschoan genannt.

Vom **Friedhof (1)** in **Ruppertenrod** aus wenden wir uns stadtauswärts und finden schon am ersten Pfosten das weiße Andreaskreuz, dem wir einige Zeit folgen werden. Nach dem **Rainsbachtal (2)** macht der Weg einen scharfen Rechtsknick. Kurze Zeit darauf stößt der blaue Punkt zu uns. An der Gabelung verlassen wir den Sternweg und weiter geht es auf dem blauen Punkt. Wir kommen auf eine Hochebene, dann führt uns der Weg an der **Langwiese (3)** vorbei. Im stillen **Wiesengrund (4)** fließt ein Bächlein.

Gut zwei Kilometer weiter können wir links die **Hutebaumgruppe (5)**, 363 m, sehen, die majestätisch vor uns aufragt. Rechts sehen wir andere gewaltige Riesen vor uns, **Windkrafträder (6)**. Wir kommen dicht an ihnen vorbei und lassen sie am **Grauen Berg** hinter uns. Ein **Hüttchen (7)**, 408 m, zieht unsere Aufmerksamkeit auf sich. Klein und braun widersteht es Wind und Wetter. Dahinter ist der Hoherodskopf zu sehen. Bergab geht es auf **Ober-Ohmen** zu und durch das Örtchen hindurch. In der Friedensstraße haben wir zwischen zwei Häu-

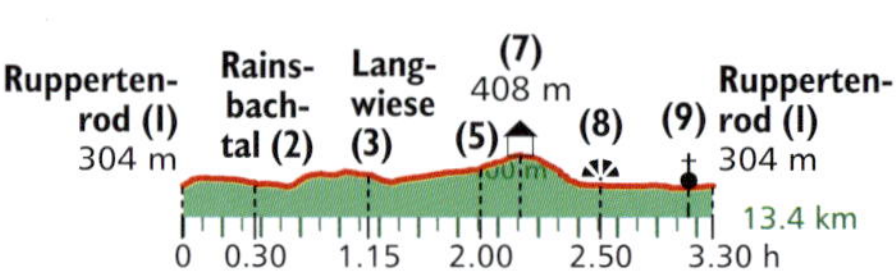

sern hindurch freien Blick auf den **Steinbruch (8)**. Der blaue Punkt endet in **Ober-Ohmen**, dafür taucht der Sternweg wieder auf, dem wir nun stadtauswärts folgen.
Mit der Hütte zur Linken biegt unser Wanderweg nach rechts ab, direkt nach Ruppertenrod hinein. Die Markierung führt uns an der **evangelischen Kirche (9)** vorbei, die scheinbar mitten auf der Straße steht. Von hier aus haben wir nach 600 m unseren Startpunkt, den **Friedhof (1)** erreicht.

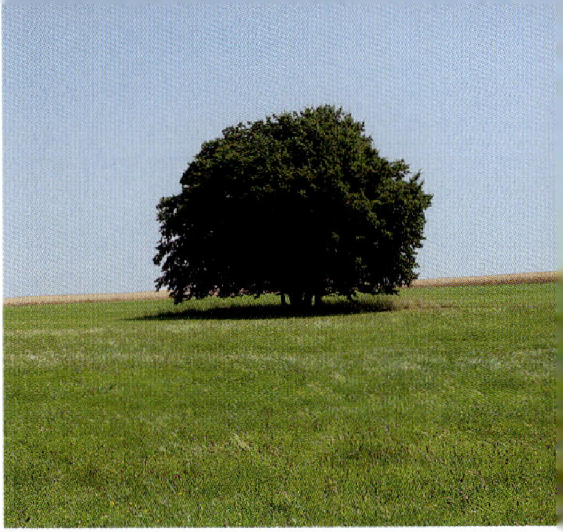

Ein typischer Hutebaum.

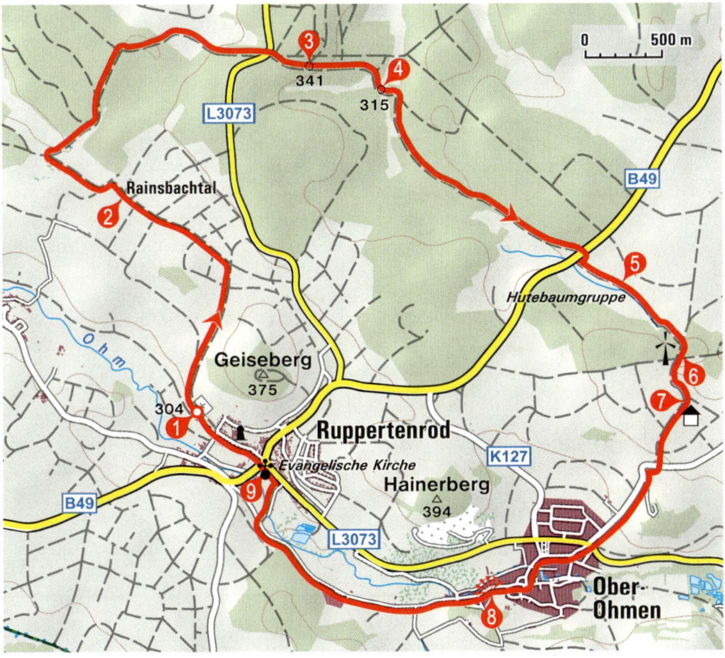

23 Von Eschenrod über den Nidda-Stausee zur Alten Burg

3.40 Std.

Aussichtsreiche Tour mit Bademöglichkeit

Auf dem ersten Drittel der Wanderung genießt man einen phänomenalen Ausblick zum nahen Hoherodskopf und in den fernen Taunus. Schon nach ca. 1,5 km kommen wir zu einer ersten aussichtsreichen Anhöhe. Der Wald spendet an heißen Sommertagen Schatten. Immer wieder gibt es seltene Pflanzen zu sehen. Der Nidda-Stausee lockt mit einem erfrischenden Bad. Auf der gegenüberliegenden Seite gibt es verschiedene Gastronomie-Betriebe. Der Alteburgskopf wird in der Schotten-Tour (24) beschrieben.

Ausgangspunkt: Wanderportal Ersatzparkplatz DGH, 376 m (Navi: Schottener Str., 63679 Eschenrod: nach dem Ortsschild gleich links abbiegen, gegenüber dem Sportplatz). Ein weiterer Parkplatz ist direkt am Dorfgemeinschafthaus.
Höhenunterschied: 365 m.
Anforderungen: Wald-, Wiesen- und wenige Teerwege.
Markierung: Eschenrod-Stauseetour als grün-weißer Vulkan, S2.
Einkehr: Gastronomie am Stausee: Café Windrose (Tel. 06044/7610939); Restaurant Parthenon (Tel. 06044/2121); Stausee-Treff (Tel. 06044/9668466) und Gastronomie in Schotten.
Variante: Nach dem Parkplatz Sauberg und vor Erreichen der Alten Burg einen Abstecher nach Schotten machen: hier führt der Wanderweg S2 nach Schotten hinein. Eine 2. Variante: Am kleinen Berg-Mammutbaum (5) den Stausee links entlang über die Staumauer zu der See-Gastronomie.

Wir beginnen mit der *Eschenrod-Stauseetour* am **Wanderportal DGH (1)**. Es geht am Golfplatz vorbei mit dem Eicheltal zu unserer Linken. Nach einer 90°-Kurve rechts erreichen wir nach 250 m eine Anhöhe, die eine wunderbare Sicht in alle Richtungen bietet. Nach Überquerung der **Landstraße** kommen wir nach 850 m in ein Gebiet mit kleineren **Ameisenhügeln (2)**. An einer Abzweigung, wo die *Premiumtour* geradeaus weitergeht, biegen wir links auf den Teerweg ein und verlassen die Route für eine kurze Zeit. Wir kommen an einem Wäldchen vorbei und haben einen traumhaften Ausblick über Wingershausen und Eichselsachsen.
Weiter geht es rechts zur Sitzgruppe **Schöner Stein (3)**. Von hier aus kommen wir nach 60 m wieder auf die Stauseetour. Die Route führt uns zu den **Mammutbäumen (4)** und dem schnuckeligen Heller Häuschen. Das traumhafte Ambiente lädt zur Rast ein. Bergab geht es Richtung Stausee. Kurz vor dem Wasser steht inmitten einer größeren Kreuzung ein im Oktober 2011 gepflanzter **Berg-Mammutbaum (5)**. Wir erreichen den Nidda-Stausee

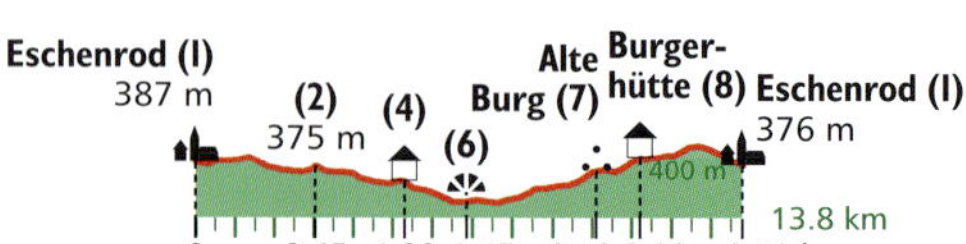

und fortan geht es direkt durch den lauschigen Wald. Nach knapp 200 m haben wir die Gelegenheit, linker Hand einen kleinen Pfad zum **See** zu nehmen und den **Seeblick (6)** zu genießen.

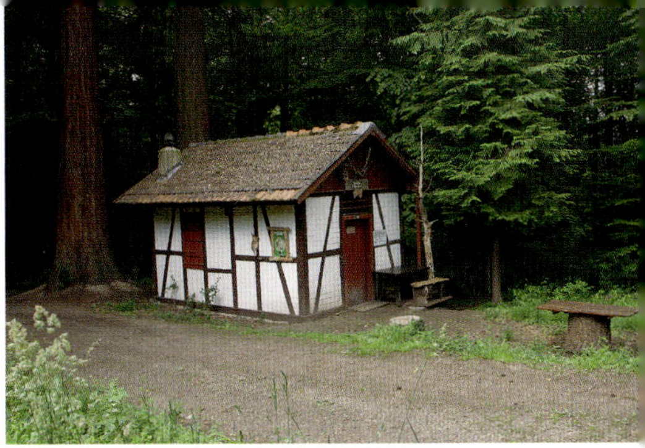

Mammutbäume und Heller Häuschen.

Mit dem See zur Linken gehen wir weiter. Durch die Bäume blitzt das blaue Nass. Wir passieren den Parkplatz Sauberg. Im Folgenden wandern wir bergauf. Immer wieder können wir durch die Bäume das nahe Schotten unter uns liegen sehen. Die **Alte Burg (7)**, 358 m, ist ein Naturdenkmal und am Ringwall mit seinem Försterdenkmal kann man unter einer Helmlockstanne rasten und die Gegend erkunden. Weiter geht es an der **Burgerhütte (8)** vorbei und durch das Molschbachtal zum **Wildhauskopf (9)**, 441 m. Fortan geht es bergab zum **Wanderportal DGH (1)** zurück.

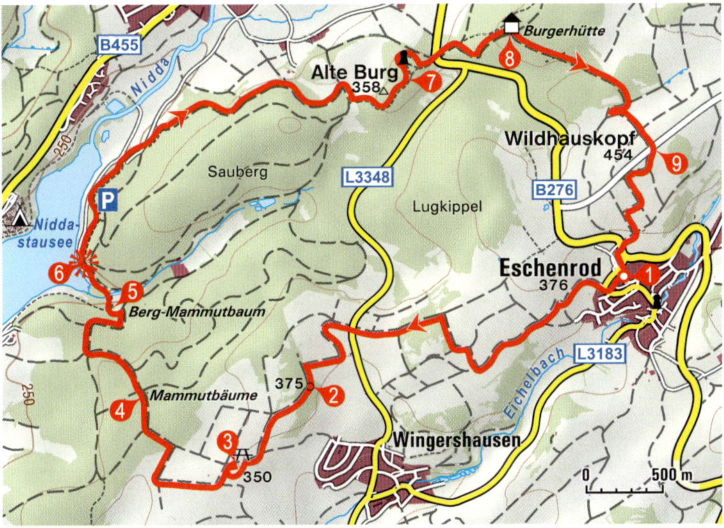

TOP 24

Von Schotten über den Alteburgskopf zum Alteburgpark

2.40 Std.

Traumhafte Felsformationen von unten und von oben

Die Alte Burg ist nicht nur eine Erhebung nahe Schotten, sondern auch eine alte Burganlage. Eindrucksvoll sind am Ringwall die alten Gemäuerreste. Die Geotoptour Alteburgskopf informiert auf einigen Tafeln über besondere Geschichte und Geologie des alten Vulkanschlotes. Es gibt zahlreiche Gelegenheiten, auf treppenartigen Stufen quer durch den Wald das ganze Areal zu untersuchen. Viele steinerne Blumenbeete und mit Stein eingefasste Wege lassen erahnen, wie liebevoll die Alte Burg einst gestaltet worden ist.

Ausgangspunkt: Parkplatz Vulkaneum, 283 m (Navi: Vogelsbergstr. 160 A, 63679 Schotten). In der ganzen Stadt gibt es sehr viele Parkmöglichkeiten.
Höhenunterschied: 200 m.
Anforderungen: Wald-, Wiesen-, und Teerwege.
Markierung: Jakobsweg, Eschenrod-Stauseetour, S5, gelber Kreis, grünes Band, blaues Andreaskreuz.
Einkehr: Café Vogelpark (Öffnungszeiten wie Vogelpark).
Variante: See umrunden, über die Staumauer zur Gastronomie am See. Von hier führt ein Weg direkt zur Seestraße. Diese rechts runter und gleich darauf links den Pfad an der Nidda nehmen.
Tipp: Familientauglich: Vogelpark Schotten, Tier- und Erlebnispark, geöffnet von 23. März bis 27. Oktober tgl. 10–18 Uhr. Vulkaneum: geöffnet Mo–Fr 9–18 Uhr, Sa + So 10–18 Uhr, www.vulkaneum.com.

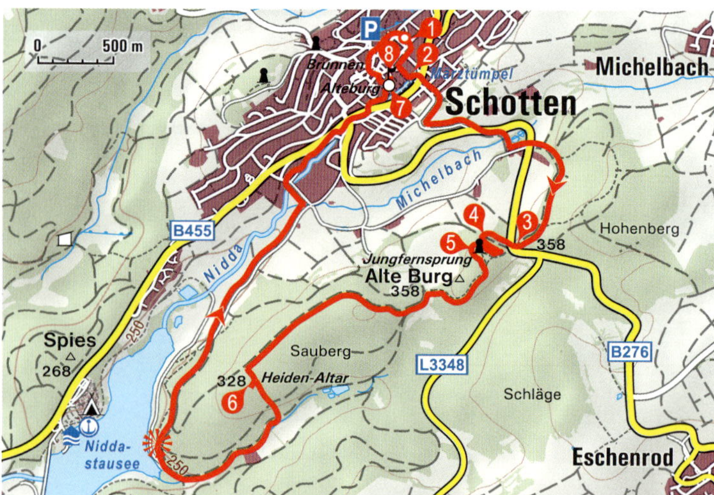

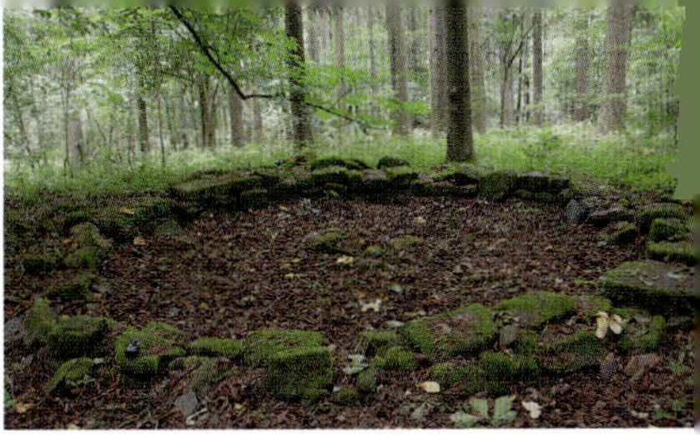

Heiden-Altar auf dem Sauberg.

Vom **Parkplatz Edeka (1)** in **Schotten** geht es zur *Vogelsbergstraße* und diese rechts entlang. An der Tafel biegen wir links ab in den *Märztümpelpfad* und erreichen so den **Märztümpel (2)** mit Wasserfall. Wir überqueren die Nidda, die im Volksmund »Ahlebach« genannt wird. Geradeaus verlassen wir den Alteburgpark und kreuzen die Straße. Am **Bockzahl** geht es hoch, und wir folgen den Wandermarkierungen am Sportplatz vorbei. Es geht zweimal über die *Gederner Straße*, dann erreichen wir den Schießstand. Die Wandermarkierung führt hier geradeaus weiter, wir aber folgen dem Pfad rechts um den Schießstand herum. Am Ende des Wegs dann rechts zum alten **Lehrerheim (3)**. Wir überqueren erneut die *Gederner Straße* und nehmen gleich den rechten Teerweg. Nach 150 m findet sich links ein Waldpfad, der uns direkt zum **Ringwall (4)** unten führt. Weiter geht es auf einem schmalen Pfad mit dem Ringwall zur Rechten. Wir kommen am Fußweg raus, dem wir 30 m rechts folgen. Dann wieder rechts zum Geotop Alteburgskopf. Am **Jungfernsprung (5)** genießen wir den Anblick des Ringwalls von oben. Weiter auf der *Eschenrod-Stauseetour* verlassen wir den Wald und am Teerweg halten wir uns links. Bei der folgenden Gabelung nehmen wir den rechten, oberen Weg, die *Apfelschneise*. Nach 1,4 km gelangen wir an die *Wildscheuerschneise*, hier wandern wir links hoch. Auf dem höchsten Punkt des Pfads finden wir rechts den **Heiden-Altar (6)**, ein Rondell aus Steinen. Nun immer geradeaus bergab, bis wir das **Läunsbachtal** erreichen. Dort weiter auf dem *blauen Andreaskreuz.* Am See nehmen wir den rechten Weg in den Wald hoch, den *Taubenweg*. Vor den ersten Häusern biegen wir links in die *Seestraße* und nach Überquerung der Nidda gleich rechts auf einen Wiesenweg. Stromaufwärts begleiten wir den Fluss bis zur Brücke, dort rechts rüber und an der Post vorbei. Ab jetzt sehen wir das Schild *Alteburg*. Es geht erneut zur Märzwiese. Nach knapp 200 m finden wir links Stufen, die zur Nidda führen. Durch einen kleinen Tunnel erreichen wir erneut den Alteburgpark. Weiter am kühlen Nass entlang biegen wir vor der Brücke links ab und durchqueren den Park. Wir laufen Richtung Spielwiese und sehen links einen Wassergraben. Langsam können wir die **Alteburg (7)**, 275 m, entdecken. Am steinigen **Brunnen (8)** halten wir uns links. Nach ungefähr 50 m kommen wir rechts an eine Hausdurchführung, dann weiter durch die *Färbergasse* bis zur *Marktstraße*. Rechts entlang bis zur kleinen *Mühlgasse*, dann die *Parkstraße* links zum **Parkplatz Edeka (1)**.

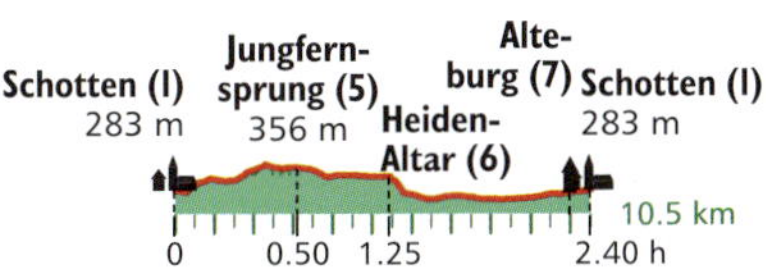

TOP 25

Vom Hoherodskopf zum Taufstein

6.10 Std.

Drei Steine und drei Türme

Atemberaubende Ausblicke von den höchsten Erhebungen des Vogelsbergs wechseln sich mit verzauberten Wäldern und buntem Buschwerk ab. Kurz vor dem Wildefeldskopf steigt der Duft von unzähligen verschiedenen Pflanzen in die Nase. An der Meyerbruchquelle laden Bank und Kneippbecken ein. Zahlreiche Quellflüsse der Nidder werden überquert und begleiten uns jeweils ein Stück. Von ihrem hohen Berg aus begleiten uns die drei Türme des Hoherodskopfs. Immer wieder tauchen sie rechts auf.

Ausgangspunkt: Parkplatz Hoherodskopf, 755 m (Navi: Am Hoherodskopf 5, 63679 Schotten).
Höhenunterschied: 575 m.
Anforderungen: Schotter-, Wald- und Wiesenwege, in Breungeshain Asphalt.
Markierung: Gelbes Kreuz, gelbes Band, gelber Kreis, grünes V, roter Kreis, grünes H, Geopfad.
Einkehr: Zum Bilstein, Busenborn (Tel. 06044/1304), Mo–Mi + Fr–Sa 11–14 und ab 17 Uhr, So ab 10 Uhr, Do Ruhetag; Taufsteinhütte, Schotten-Hoherodskopf (Tel. 06044/2381), Mi–So 11.30–23.30 Uhr, Mo + Di Ruhetag.
Varianten: Gipfeltour Schotten oder der Höhenrundweg Naturpark.
Tipp: Kletterwald, Baumkronenpfad, Adventure-Golf, Galileo und Sommerrodelbahn auf dem Hoherodskopf.

Vom **Parkplatz Hoherodskopf (1)** aus wenden wir uns der Sommerrodelbahn zu. Wir finden das *gelbe Kreuz* am Parkplatzende und gehen bergab durch die Wiese. Wir kommen ins Kriepelsloch, wo wir der Markierung in

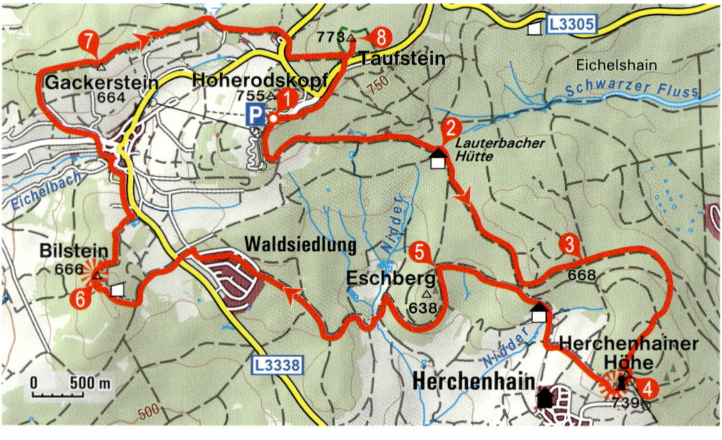

Richtung Herchenhain nach links folgen. Wir kommen an der **Lauterbacher Hütte (2)** vorbei und wandern weiter durch Glas- und Saalenwald. An einer Wegkreuzung verlassen wir das *gelbe Kreuz* und beschreiten das *gelbe Band*. An der **Kreuzung »Gleicher Platz«** folgen wir nun der **Beschilderung Meyerbruchquelle (3)** geradeaus. Von hier geht es nach ungefähr 300 m rechts bergauf. Diesem gerade zum Schluss recht abenteuerlich wirkenden Waldweg folgen wir immer bergan zur **Herchenhainer Höhe (4)**, 739 m. Auf der höchsten Stelle entdecken wir leicht links eine sonnendurchflutete Lichtung und das VHC-Ehrenmal, ein grün-braun bemoostes Monument. An der Vorderseite des Denkmals führt ein Pfad an den Waldrand. Auf dem *gelben Band* geht es bis zur Hütte, dann heißt es für uns: geradeaus weiter. Wir gehen am Wäldchen des Laubachsbergs bergab, bis wir auf das *gelbe Kreuz* stoßen. Dieses führt uns rechts, und wir erreichen die Wegkreuzung, an der wir vorher dem *gelben Band* gefolgt sind. Hier biegen wir jetzt links ab und kommen durch das reichhaltige, üppig wuchernde Buschgelände in den Eschwald. Am **Eschberg (5)** stoßen wir auf die Bonifatiusroute, der wir links folgen. Den Rehberg umrunden wir, auf halber Strecke erhebt sich an der Flanke die »Wilde Saudeck«. Nach einer weiteren Nidder-Querung führt uns der *gelbe Kreis* rechts bergauf. Dieser bringt uns zum *grünen V*. An Waldsiedlung und Parkplatz vorbei geht es zum **Bilstein (6)**. Weiter geht es bergab nach und durch Breungeshain und dahinter wieder bergauf. Dem *roten Kreis* folgen wir nun nach rechts zum **Gackerstein (7)**, 664 m. Wir überqueren den Parkplatz an der Taufsteinhütte und betreten gegenüber die Waldschneise, die direkt zum **Taufstein (8)**, 773 m, führt. Über das *grüne H* erreichen wir geradeaus den Parkplatz mit dem Dino. Hinter diesem führt der Geopfad zu unserem Ausgangspunkt, dem **Parkplatz Hoherodskopf (1)** zurück.

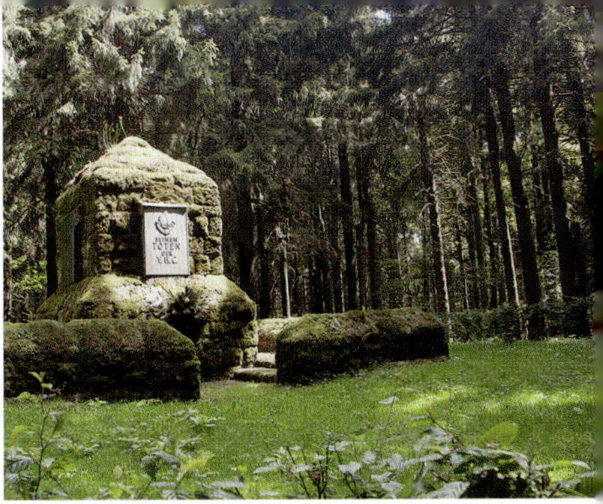

VHC-Denkmal auf der Herchenhainer Höhe.

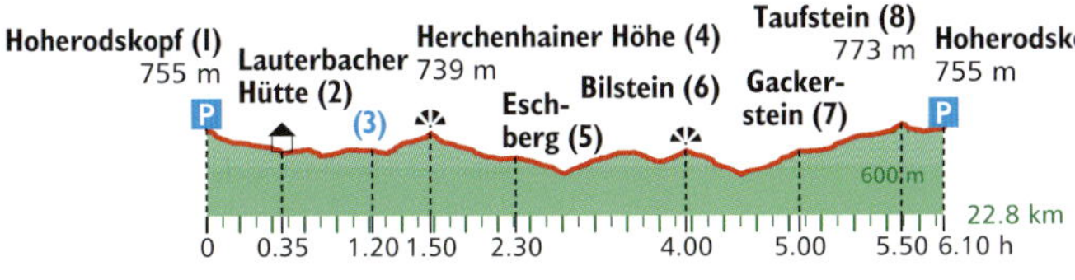

TOP **26**

Von Eichelsachsen zur Geologischen Baumhecke

2.40 Std.

Auf der Spur der Natur durch die Hecken

Die geologische Baumhecke ist eine absolute Besonderheit. In monatelanger Arbeit wurde ein Pfad durch die Hecke angelegt. An diesem entlang findet man Tafeln, die verschiedene Geotope der Region darstellen, oft kann man auch die dazugehörenden Gesteinsexponate bewundern. Kernstück bildet ein Lavastrom, der eine säulige Ausbildung hat. Die Vogelpopulation ist hier sehr artenreich; hört man erst noch die typischen Dorfvögel, so sind es bald die Gartenvögel wie Grünspecht und Wachholderdrossel sowie Hecken-, Feld-, Flur- und Waldvögel. Kenner können bis zu 40 Arten unterscheiden. Schwarzstorch und Roter Milan sind hier ebenfalls zu Hause. Der Hoherodskopf wird immer wieder ins Blickfeld geraten. Die Route wird weg von den Teerwegen auf parallele Hecken- oder Feldpfade gelenkt, sodass man fast immer auf weichem Waldboden läuft. Neben dem Backhaus lädt die »Drei-Kaiser-Linde« aus dem Jahr 1888 am Ende zum Verweilen ein.

Ausgangspunkt: Backhaus, 246 m (Navi: Hauptstraße, 63679 Eichelsachsen). In der Forstgartenstraße finden sich am Bürgerhaus Parkplätze.
Höhenunterschied: 220 m.
Anforderungen: Wald-, Wiesen-, und wenige Teerwege, viele Sitzgelegenheiten.
Markierung: Schwarze Fuchstatze auf gelbem Grund.

Einkehr: Eichelsachsen Kaiser's Stubb (Tel. 06044/3407), Di, Mi + Fr ab 18 Uhr, Sa ab 15 Uhr, So ab 17 Uhr.
Variante: Die geologische Baumhecke ist auf einem Teerweg auch direkt zu erreichen.
Tipp: Anneroses naturnaher ländlicher Liebhabergarten (Tel. 06044/3886), kostenloser Eintritt.

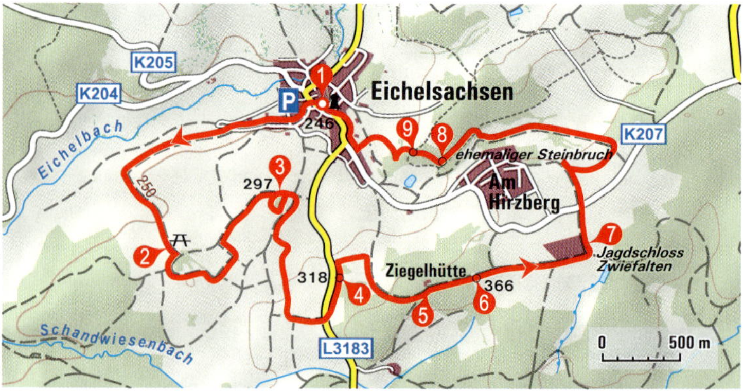

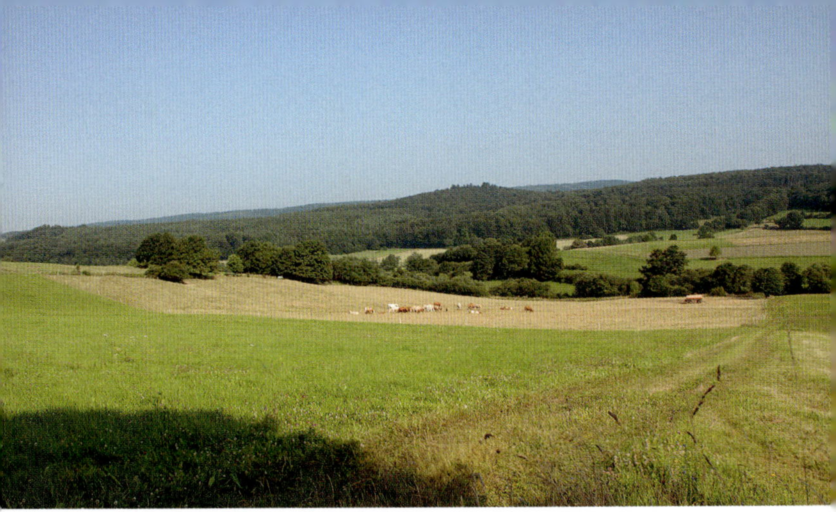

Aussicht von der Bank über das Eichelbachtal.

Mit Blick auf die *Forstgartenstraße* und einen alten malerischen Torbogen starten wir unsere Wanderung am **Backhaus (1)** von **Eichelsachsen**. Unser Wegweiser wird auf der ganzen Route die *blaue Tatze* sein. Nach einer ersten Steigung, hoch zur Saukammer, kann man auf einer **Bank (2)** ruhen. Hinter dem Gebüsch kann man bis zum Feldberg blicken. Mit der geologischen **Baumhecke (3)** erreichen wir das erste Highlight der Tour. An der L3183 führt ein schön kreierter **Heckenweg (4)** durch das Gebüsch.
Im folgenden Wald findet sich rechts ein Waldweg zur **Ziegelhütte (5)**, 355 m. Am Waldende kommen wir auf die ehemalige **Lindenallee (6)**, von der jetzt nur noch zwei mächtige Bäume übrig sind. Um das ehemalige **Jagdschloss Zwiefalten (7)** kann man wieder einen herrlichen Ausblick genießen.
Wir kommen nun ins Eckardsbachtal. Wir überqueren den Weidbach und weiter geht es durch den Wald zum ehemaligen **Steinbruch (8)**. Linker Hand auf der Lichtung befindet sich ein kleiner Badesee. Im Wald entdecken wir eine weitere **Felsformation (9)**, die auf die vulkanische Vergangenheit des Vogelsbergs hinweist. Auf dem Weg durch Eichelsachsen kommen wir an der malerischen ehemaligen Schule vorbei und landen wieder am **Backhaus (1)**.

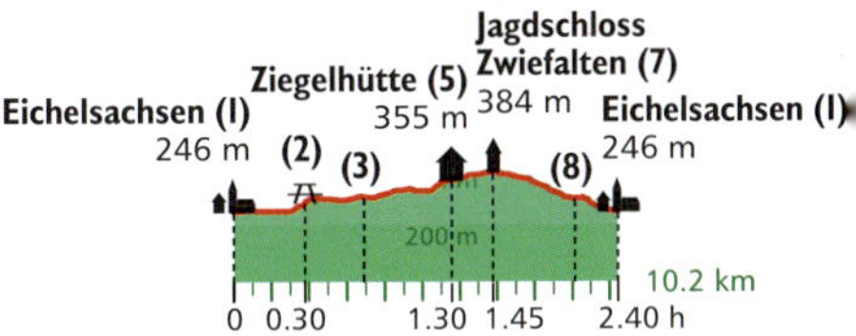

27 Vom Schloss Gedern zum Gederner See

3.15 Std.

Rund um Gedern am Vogelparadies Schmitterberg vorbei

Auf dieser Tour kommt häufig der Hoherodskopf ins Blickfeld und begleitet Wanderer ein Stück. Von der Sporthalle aus hat man einen schönen Blick zu dem nahegelegenen Steinbruch und nach Schönhausen. Zahlreiche Bänke laden zu aussichtsreichen Ruhepausen ein. Am Gederner See kann man den ca. 2 km langen Rundweg um den See erkunden und natürlich baden gehen.

Ausgangspunkt: Tourist-Info Torbogenhaus Schloss Gedern, 326 m (Navi: Schlossberg 9, 63688 Gedern).
Höhenunterschied: 245 m.
Anforderungen: Feld-, Wald- und Schotterwege, auch Asphaltwege.
Markierung: Eisenpfad, rot-grünes Doppel-V des Vulkanrings.

Einkehr: Seeblick, am Gederner See (Tel. 06045/956920), tgl. ab 11 Uhr; Gaststätte Feriendorf, am Gederner See (Tel. 06045/4585), Mo–Fr ab 17 Uhr, Sa + So 10–13 Uhr und ab 17 Uhr.
Varianten: Eisenpfad, Rundweg um den Gederner See.
Tipp: Schloss Gedern.

An der **Tourist-Info (1)** beim **Schloss Gedern** startet unsere Tour. Mit Blick zurück zum Schloss geht es rechts den Promenadenweg runter. Wir überqueren die Brücke und biegen nach dem Bach hinter der Bank links ab. Am

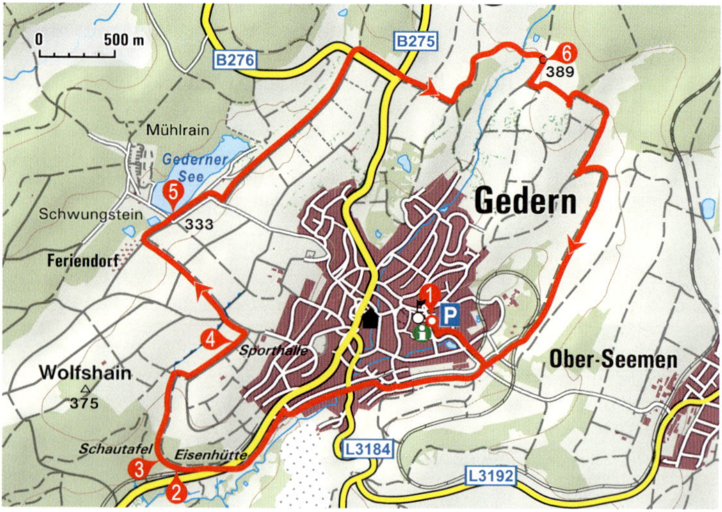

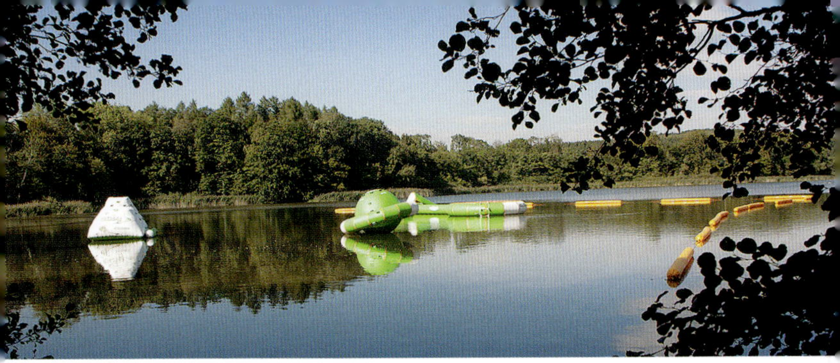

Gederner See.

Teich dann rechts weiter und über die Straße geradeaus Richtung Ober-Seemen. Nach der Firma Asco führt uns der *Eisenpfad* rechts weiter. Wir halten uns rechts und folgen der Markierung ein kurzes Stück. Wir kommen auf den Kastanienweg und gehen jetzt auf dem Vulkanradweg weiter durch den Lärchenweg. Die Brücke passieren wir und gehen die Straße Richtung Friedberg weiter. Rechter Hand finden wir eine Bank. Dort verlassen wir den Radweg und gehen auf dem linken Eisenpfad weiter. Im Wald finden wir eine **Eisenhütte (2)** mit einem mächtigen Ofen. Hundert Meter weiter steht eine **Schautafel (3)** »Eisenpfad Schmitterberg« mit Erläuterungen. Wir folgen dem *Eisenpfad*. Links öffnet sich ein tiefer Graben im Gelände. Hier geht es für uns rechts weiter und an der Bank wieder links. Vorbei an dem Solitärbaum erreichen wir die **Sporthalle (4)**. Die Straße führt uns links und weiter geradeaus. An zwei Bäumen und einer Bank vorbei nehmen wir den rechten Weg. Durch die Felder geradeaus, bis wir vor dem Feriendorf rechts abbiegen. Wir kommen an den **Haupteingang** des **Gederner Sees (5)**. Von hier auf dem Vulkanring in Richtung »Alte Burg«. Wir verlassen die Gegend um das Gewässer und erreichen die B276, der wir rechts folgen. Über die dreieckige Verkehrsinsel laufen wir geradeaus in einen Feldweg und ohne Markierung bis an das Waldstück. Dort geht es links. Am Ende des Waldstücks rechts und nochmals rechts, bis wir eine **Bank (6)** erreichen. Dort wenden wir uns rechts, nach dem Feld links, erneut links und gleich darauf rechts weiter. Dann wieder links und an den Bäumen rechts, dem Weg folgend. Den Schotterweg verlassen wir scharf links abbiegend auf einen Teerweg. Dieser führt uns an der Bank nach rechts und dann immer geradeaus, bis wir wieder die Firma Asco erreichen. Hier biegen wir rechts ab und nehmen den bekannten Weg zurück zum **Schloss (1)**.

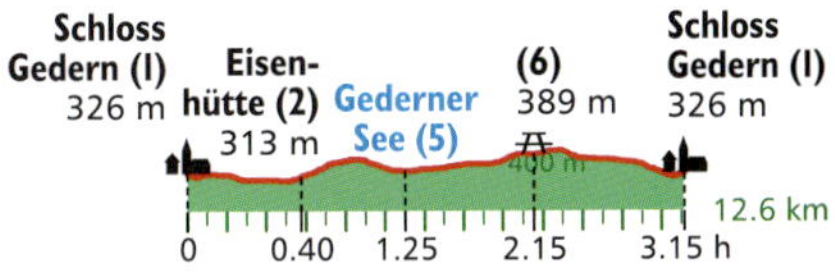

28 Die drei Seemen

2.30 Std.

Durch das Seemenbachtal von Ober- über Nieder- nach Mittel-Seemen

Für Kirchenliebhaber gibt es in Ober- und Nieder-Seemen zwei Kirchen. Aus einer mittelalterlichen Kapelle ist die evangelische Kirche in Ober-Seemen entstanden. Die alte Dorfkirche in Nieder-Seemen ist ein spätgotischer Saalbau mit rechteckigem, leicht im Winkel versetztem Chor. Die ehemalige Synagoge in Ober-Seemen dient heute als Seminarhaus. Der Seemenbach ist ein 37 km langes Gewässer, das der Nidder zufließt. Er entspringt am Südhang der »Alte Burg« und mündet in Altenstadt. Die Tour bietet schöne weite Ausblicke.

Ausgangspunkt: Ehemalige Synagoge, 393 m (Navi: Mittelseemer Str. 4, 63688 Gedern), Parkmöglichkeiten sind im ganzen Ort zu finden.

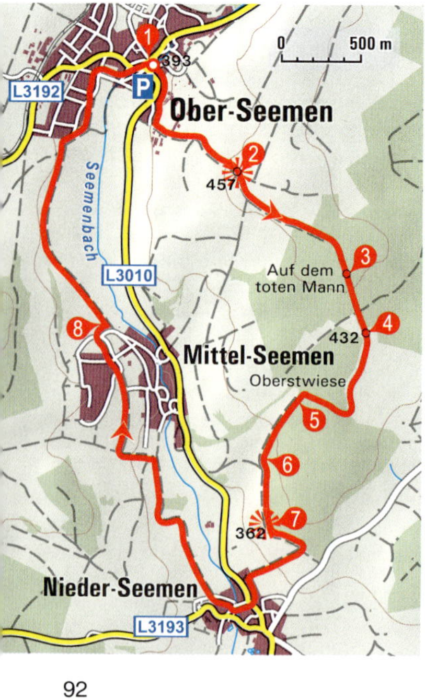

Höhenunterschied: 170 m.
Anforderungen: Wald-, Wiesen- und Teerwege, in den Ortschaften Asphalt.
Markierung: Rot-weißer Doppelbalken, Radweg.
Einkehr: Keine.
Variante: Statt zu den Wochenendhäusern abzubiegen, geradeaus weiter, auf dem Wetterau-Spessart-Weg am Kernberg vorbei nach Ober-Seemen.

Wir werden hauptsächlich auf Radwegen laufen. Die Tour beginnt an der **ehemaligen Synagoge (1)** von **Gedern**. An ihr vorbei gehen wir die *Mittel-Seemer-Straße* entlang, bis wir auf den *Kirchbrächter Weg* links abbiegen. Kurz vor der Hermannsloh gabelt sich der Weg. Wir nehmen den rechten Zweig und können von hier schon die wundervolle **Aussicht (2)** auf den Hoherodskopf und über das Seemenbachtal genießen. Bei der nächsten Gabelung entscheiden wir uns für den linken Pfad, der uns auf den Wald zuführt. Wir befinden uns nun **Auf dem toten Mann (3)**, 450 m. Nach den letzten Bäumen betreten wir eine schöne **Hochwiese (4)**. Über diese gehen wir geradeaus am

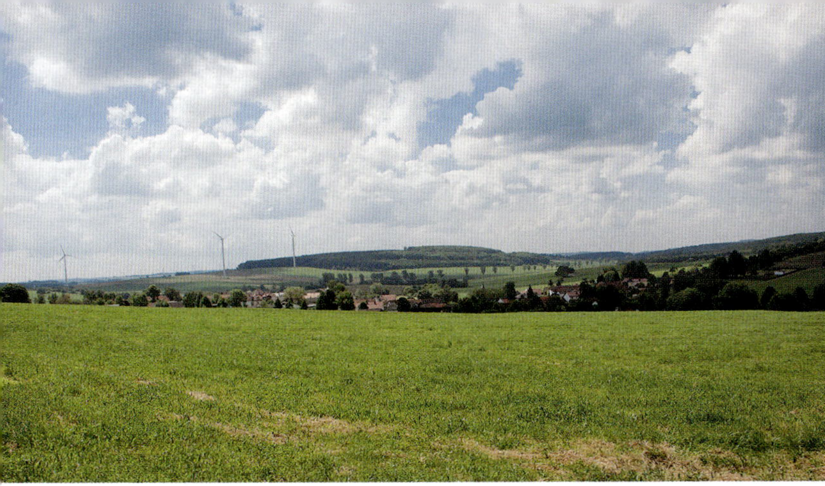

Blick auf Nieder-Seemen.

Hochsitz vorbei und ca. 200 m weiter. Diesmal wird uns ein traumhafter Blick über das schöne Brachttal geboten. Den Waldrand zu unserer Rechten geht es weiter, bis der Wald eine Linkskurve macht. Hier führt ein Weg rechts durch den Wald. Diesem folgen wir 300 m, dann biegen wir links ab und nehmen den rechten der beiden Pfade an der **Oberstwiese (5)** entlang. Mit Blick auf die **Grundmühle (6)** geht es über dem Tal weiter.

Wir erreichen den **Seemental-Blick (7)**, der zum Verweilen einlädt und uns wieder einen wunderbaren Blick in das schöne Tal gewährt. Wir nehmen den nächsten Feldweg rechts bis nach **Nieder-Seemen** hinein. Dort geht es die *Grebenhainer Straße* nach links und *Am Steg* überqueren wir die Seemenbach. *Am Steg* geht es rechts weiter auf einen Teerweg. Mit dem plätschernden Bach auf der rechten Seite kommen wir kurz vor **Mittel-Seemen** an eine Kreuzung. Hier geht es leicht links und dann geradeaus bergan. Wir nehmen den zweiten Feldweg rechts und kommen zwischen der Ortschaft und den Wochenendhäusern durch. Am Ende des Steigerwalds gehen wir rechts und nach 100 m links weiter. Wieder haben wir den **Seemenbach (8)** an unserer rechten Seite. Kurz vor Ober-Seemen kreuzt die Wandermarkierung *rot-weißer Doppelbalken* unseren Weg, die uns rechts weiterführt. An der Mattegasse können wir unseren Ausgangspunkt, die **Synagoge (1)** schon sehen.

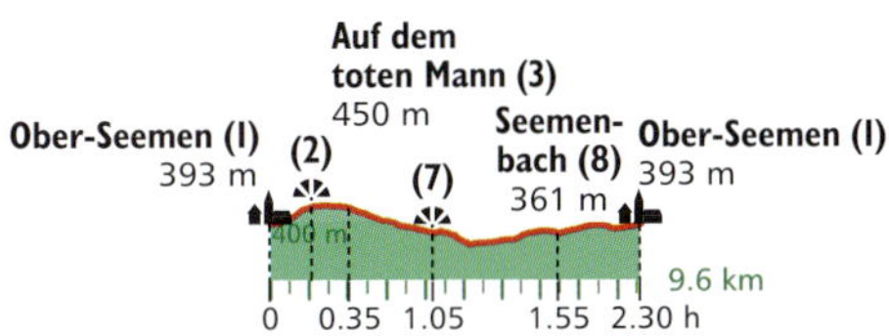

29 Von Birstein zum Freihölzer Weiher

2.00 Std.

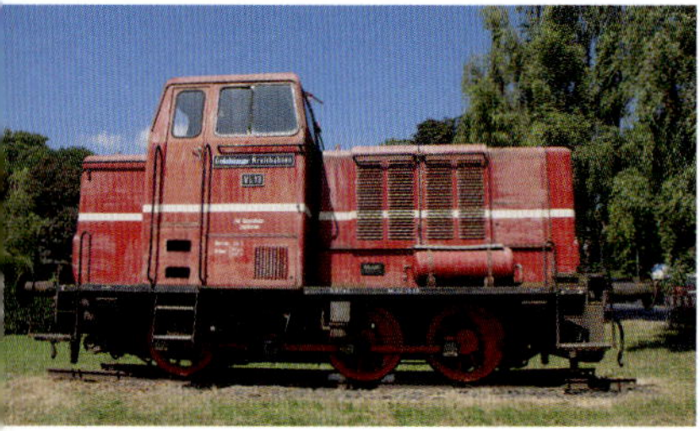

Von Schlössern und Weihern

Die Lokomotive VL 13 der Gelnhäuser Kreisbahn ist seit 1997 als Denkmal in Birstein aufgestellt. Sie war die Stammlokomotive der Vogelsberger Südbahn. Von hier kann man so manchen Blick auf das Schloss erhaschen. Bei dem Weg auf dem gelben Band können wir den Hoherodskopf rechts in der Ferne sehen. Am Freihölzer Weiher gibt es vielerlei Arten von Libellen. Hier bietet sich eine kleine Rast an. Schloss Birstein bietet Konzerte und ein Musiktheater am letzten August-Wochenende.

Ausgangspunkt: Parkplatz Vogelsberger Südbahneinstieg, 258 m (Navi: Hauptstraße, 63633 Birstein; am Ortsausgang Richtung Wächtersbach).

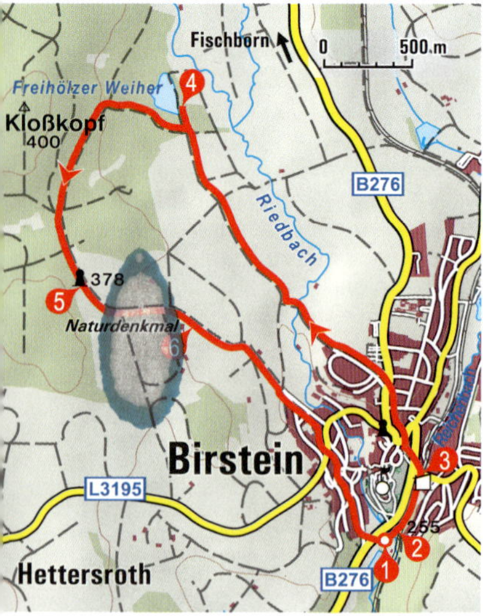

Höhenunterschied: 250 m.

Anforderungen: Überwiegend Teerwege, einige Waldwege.

Markierung: Gelbes Band, grünes Dreieck.

Einkehr: Birstein, Fischborn Café Drahtesel (Tel. 06054/908870), Wochenende und Feiertage.

Variante: Wir verbleiben auf dem gelben Band und biegen rechts ab statt links. Nach 2 km kommen wir bei Fischborn an die Abzweigung Graf-Dietrichs-Weiher. Dort befindet sich ein Natur-Lehrpfad mit vielen Informationen über Tiere, Pflanzen, Pilze und vieles mehr. Beim Rastplatz »Der Weg des Wassers« gibt es spannende Unterhaltung für Groß und Klein. Man kann auch selbst mit Wasser experimentieren. Infos und Anmeldungen zu beidem gibt es bei dem Ortsvorsteher Manfred Röder (Tel. 06054/5475).

Tipp: Schloss- und Schlossparkbesichtigung kann über die Fürstliche Rentkammer (Tel. 06054/2006) gebucht werden.

Birstein (I) 258 m **Freihölzer Weiher (4)** **(5)** 378 m **Birstein (I)** 258 m

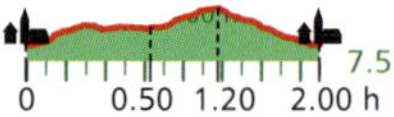

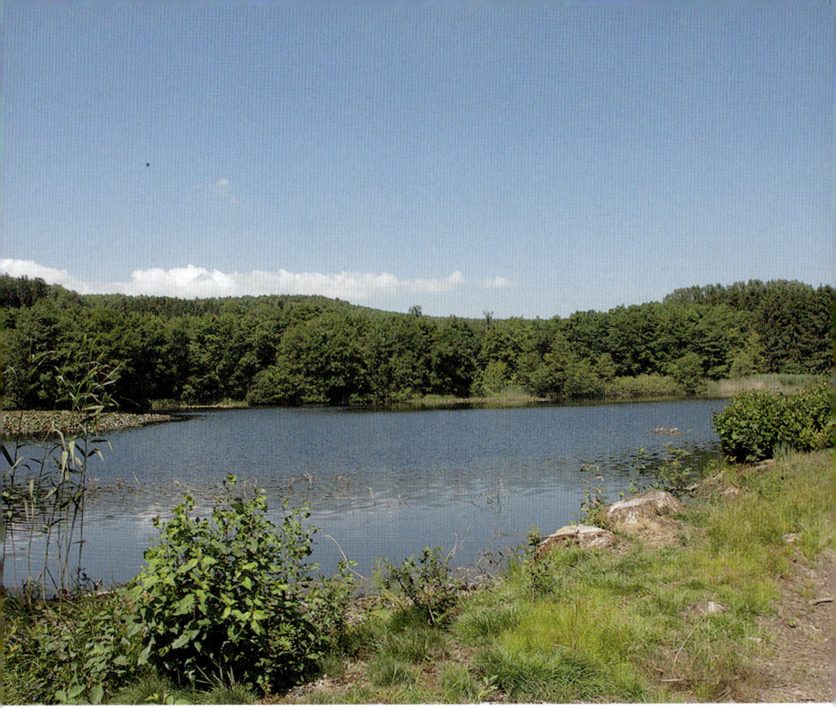

Freihölzer Weiher.

Vom **Parkplatz Südbahneinstieg (1)** führt ein Radweg zu einem kleinen **See (2)**. Auf dem Radweg geht es weiter an der *Hauptstraße* entlang, an einer Infotafel und dem Milchborn vorbei. Bis zum **Lokdenkmal (3)** bleiben wir auf dem Radweg, dann überqueren wir die *Hauptstraße* und erklimmen die Treppen. Die *Carl-Lomb-Straße* leitet uns auf die *Hauptstraße*, der wir links bergauf folgen. Aus der *Hauptstraße* wird die *Lauterbacher Straße* und hier finden wir unsere Wandermarkierung *gelbes Band*. Wir folgen ihr bis zum Waldrand. Dort biegt sie links ab, wir aber machen zunächst einen kleinen Abstecher zum **Freihölzer Weiher (4)**. Dann geht es zurück auf das *gelbe Band*. Nach 500 m biegen wir links ab, wenn die Markierung nach rechts weist (Variante). Wir stoßen auf das *grüne Dreieck*, und am Waldrand auf eine idyllische **Gedenkstätte (5)**.
Mit dem Blick über das Tal und Birstein geht es an einem **Naturdenkmal (6)**, einer alten Eiche, vorbei. Über *Bisselsweg*, *Mühlgässchen* und *Schlierbacher Straße* kommen wir zum **Parkplatz Südbahneinstieg (1)** zurück.

30 Von Schlüchtern über Breitenbach nach Wallroth

4.10 Std.

Im Bergwinkel zwischen Vogelsberg, Rhön und Spessart

Von den vielen Aussichtspunkten auf dieser Tour wird unser Blick immer wieder magisch auf die drei »Nachbarn« gezogen: die Rhön, den Spessart und den Vogelsberg, die hier an jeder Stelle präsent und gleichzeitig zu sehen sind. Nicht zuletzt deswegen nennt man die Schulstadt Schlüchtern auch Bergwinkelstadt. Unterwegs laden großzügig angelegte Rastplätze Wanderer zum Verweilen ein. Einem besonderen floristischen Prachtstück werden wir immer wieder begegnen: Der »Große Natterkopf« trotzt kargem Eisenbahnschienen-Umfeld. Der kundige Naturkenner wird sich in der Dämmerung über ein besonders Highlight freuen: Zwergfledermäuse, die in der Gegend ihr Zuhause gefunden haben.

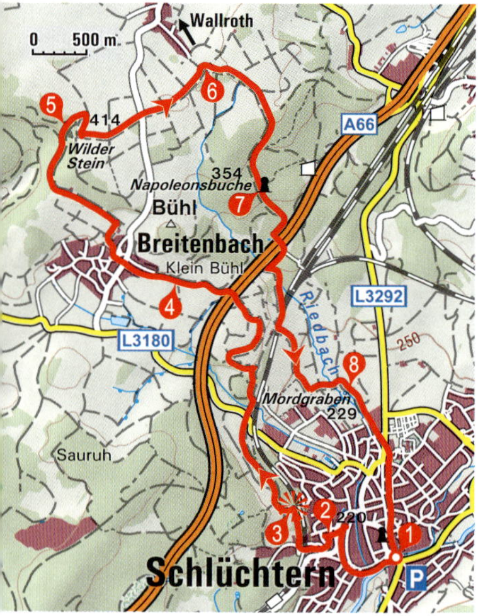

Ausgangspunkt: Napoleons-Türmchen, 204 m (Navi: Parkplatz am Untertor, 36381 Schlüchtern).
Höhenunterschied: 335 m.
Anforderungen: Schotter- und Waldwege, einige Teerwege.
Markierung: Grünes Dreieck, roter Ring, blauer Punkt, Rundwege SLÜ 1, 4 + 6, BRB 1–4.
Einkehr: Landgasthof Druschel, Wallroth (Tel. 06661/96230), geöffnet ab 17 Uhr, am Wochenende ganztags, Di Ruhetag.
Variante: Der Dreiburgenweg, der von Schlüchtern nach Bad Brückenau führt.
Tipp: Klosterführung durch das Benediktinerkloster, Besuch der Burg Brandenstein, Modelleisenbahnmuseum.

Am **Napoleons-Türmchen (1)** mit der Wandertafel beginnen wir unsere Wanderung. Wir überqueren den Parkplatz Untertor und gehen die *Alte Bahnhofstraße* entlang. Hinter dem Autohaus geht es in den Sauren Wiesen weiter bis kurz vor dem Hallenbad, hier führen links ein paar Stufen nach oben. Auf dem **Helfendorfweg** stoßen wir auf die **Markierung SLÜ 6 (2)**, der wir von nun an folgen. Hinter der

Bahnunterführung geht es scharf rechts und an den Schienen entlang. Der Aussichtspunkt **Lieserhöhe (3)** beschert uns neben einem kleinen Steinhäuschen auch einen wunderschönen Ausblick zu Rhön, Spessart und Vogelsberg und über den Haag lockt die Aussicht in das Kinzigtal und Schlüchtern.

Nach der Autobahn-Überquerung kommen wir über eine **Kreuzung**, genannt **Klein Bühl (4)**. Rechter Hand ist ein Rastplatz zu sehen. Am »**Wilden Stein**« **(5)** mit dem Pfannkuchenmännchen können wir alternativ einen kurzen, aber steilen Pfad rechts von der Felsformation hoch wählen. Der etwas gemütlichere Waldweg führt uns aber genauso zum Rastplatz oberhalb der Klippen.

An der **Abzweigung** nach **Wallroth (6)** biegen wir rechts ab. Die **Napoleonsbuche (7)** bietet wieder eine Rast- und Ruhegelegenheit. Nach Überquerung des Röderwassers folgen wir dem **Mordgraben (8)** nach Schlüchtern zurück. Das Bächlein verlassen wir durch die *Alte Straße* und kommen auf die *Fuldaer Straße*, die als *Obertorstraße* auf »Unter den Linden« mündet. Diese führt uns direkt zu unserem Ausgangspunkt, dem **Napoleons-Türmchen (1)**.

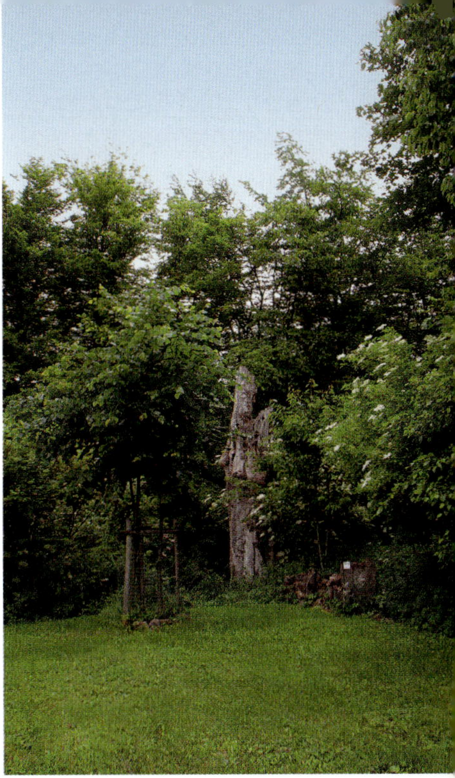

Napoleonsbuche.

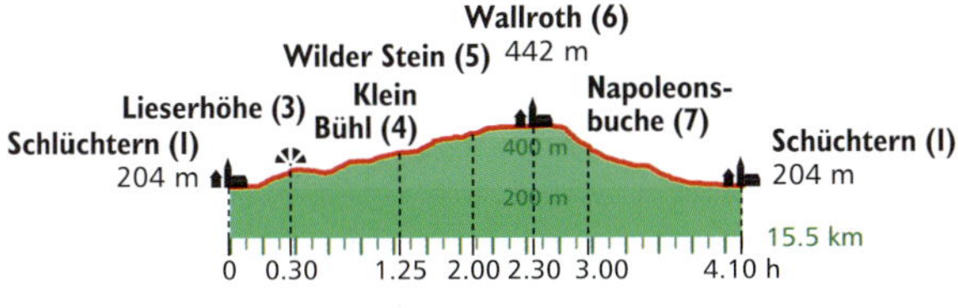

31 Durch das Siebenmühlental nach Hintersteinau

2.40 Std.

Sieben Mühlen am Teufelsberg

Diese wunderschöne Route ist im Frühjahr und Herbst empfehlenswert, da es kaum schattige Plätzchen gibt. Dafür kann man umso mehr die weitreichende Aussicht zu Rhön, Spessart und Vogelsberg genießen. Der Steinaubach wird uns bis Hintersteinau begleiten. Eine Besonderheit sind die sieben Mühlen, die uns begegnen. Die Brüder-Grimm-Stadt Steinau hat neben einem wunderschönen Schloss auch eine malerische Altstadt zu bieten.

Ausgangspunkt: Parkplatz an der L 3179, 292 m. (Navi: Untere Waltersmühle, 36396 Steinau an der Straße – das ist die Fischzucht).
Höhenunterschied: 200 m.
Anforderungen: Überwiegend geteerte Wirtschaftswege, einige Sitzmöglichkeiten.
Markierung: Steinauer Rundwanderweg 9.
Einkehr: Keine.
Tipp: Tropfsteinhöhle »Teufelshöhle« nahe Steinau an der L 3179, auf den Wanderwegen 6 und 7.

Auf dem schattigen **Parkplatz (1)** startet diese Tour. Es geht ein paar Schritte abwärts, dann leicht nach oben. Das Geräusch von plätscherndem Wasser weist uns den Weg zu den **Fischteichen (2)**, die auch gleich darauf auf der rechten Seite zu sehen sind. An der Gabelung folgen wir der Markierung rechts und passieren eine der Mühlen. Wir überqueren den Bach und kommen durch ein lichtes Waldstück. Mit Blick auf Mühle Drei und Vier gehen wir weiter am Waldrand entlang. Nach und nach werden wir im Tal alle Mühlen sichten.

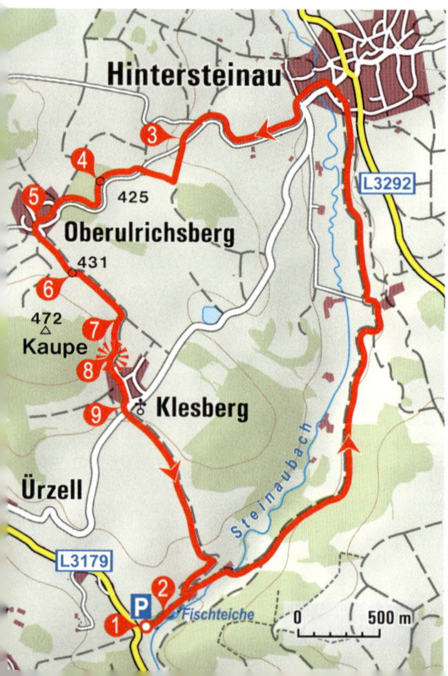

In **Hintersteinau** überqueren wir wieder das Flüsschen. Am Friedhof vorbei geht es jetzt bergan auf der

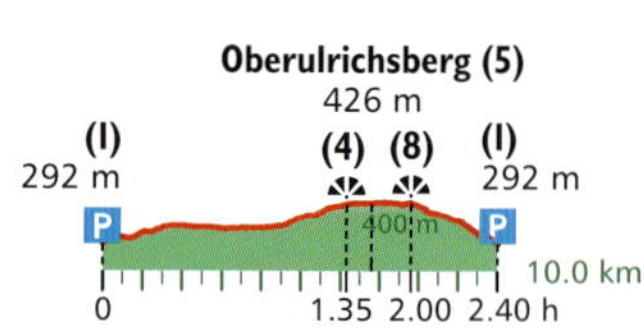

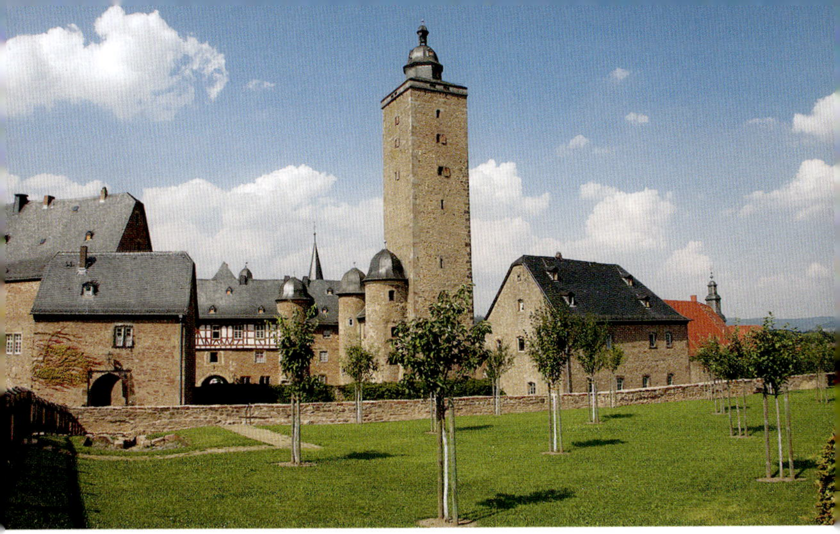

Schloss Steinau an der Straße.

Landstraße. Nach knapp einem Kilometer gabelt sich die Straße. Wir gehen links und nach 30 m verlassen wir die Straße, um dem **Feldweg (3)** nach oben zu folgen. Am Waldrand nehmen wir den rechten Pfad und kommen wieder auf die **Straße (4)**. Von hier haben wir einen wunderschönen Blick in die Rhön. Durch das folgende Waldstück kommen wir nach **Oberulrichsberg (5)**, wo wir Aussicht zum Vogelsberg haben. Nach 200 m werden wir mit einer **Topsicht in die Rhön (6)** belohnt. Unsere Route biegt rechts ab. Von hier aus können wir ein **Naturschutzbiotop (7)** sehen, das idyllisch in den Bergwinkel eingebettet liegt. Auf der **Bergkuppe** genießen wir den **Spessartblick (8)** über das Kinzigtal hinweg. In Klesberg finden wir am Ortsausgang eine genauso bezaubernde wie auch zierliche **Kirche (9)**. Bergab kommen wir nun wieder an die Weggabelung nahe den **Fischteichen (2)**. Wir passieren diese erneut, genießen den **Blick** auf das sprudelnde Wasser und sind wieder am Ausgangspunkt, dem **Parkplatz (1)**.

Oberulrichsberg.

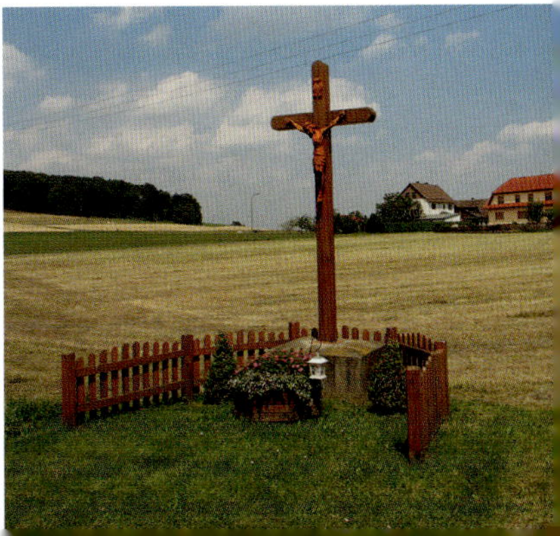

TOP 32

Vom Nieder-Mooser-Teich zum Ober-Mooser-Teich

3.00 Std.

Drei Seen, seltene Vögel und bunte Flora

Zu Beginn umrunden wir das Feriendorf am Nieder-Mooser-Teich. Weiche Pfade führen durch Felder, Wiesen und Wälder. Die Stille und Ausgeglichenheit der Landschaft übertragen sich auf Wanderer. Am Froschteich, den man nach Ober-Moos erreicht, warten nicht nur Frösche, hier sind auch rote Libellen zu finden.

Ausgangspunkt: Wanderportal am Campingplatz Nieder-Mooser-Teich, 453 m (Navi: Am Camping 3, 36399 Freiensteinau). Start auch an den Wanderportalen Rothenbach-Teich und Ober-Mooser Teich möglich.
Höhenunterschied: 195 m.
Anforderungen: Wald-, Wiesen-, und wenige Teerwege.
Markierung: Grün-roter Vulkan für die Drei-Seen-Tour.
Einkehr: Vogelsberger Hof, Crainfeld (Tel. 06644/439), Mo Ruhetag; Heidis Caféstübchen, Ober-Moos (Tel. 06644/1438), Öffnung tgl. von 14–18 Uhr, So + Feiertag 13–18 Uhr, jeden 1. Sonntag im Monat ab 9 Uhr Frühstücksbuffet (Reservierung erwünscht), Do Ruhetag.
Variante: Von der Grillhütte ins nahe Crainfeld. Die Route lässt sich abkürzen, indem man den Nieder-Mooser-Teich nicht umrundet und wenige Meter geradeaus zum bekannten Hinweg am westlichen Ende des Sees läuft.

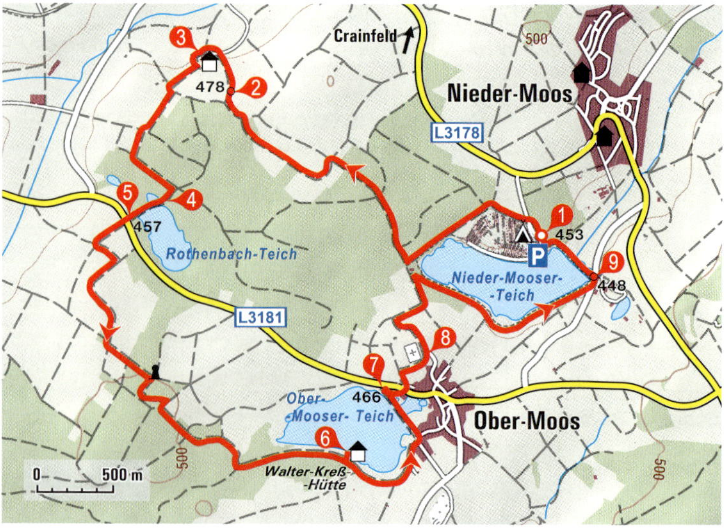

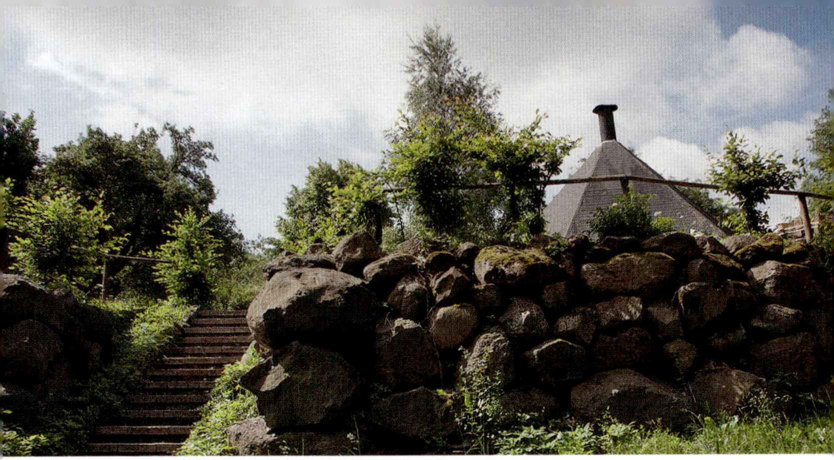

Grillhütte und schön angelegtes Grillgelände.

Am **Wanderportal Campingplatz (1)** geht es um das Feriendorf herum. Nach 1 km erreichen wir das Gewässer erneut und passieren es. Die Wandermarkierung führt uns durch lauschige Wälder und Wiesen bis kurz vor Crainfeld. An der Flanke des **Maienbergs** hat man einen sehr schönen **Blick auf Crainfeld (2)** und über die Lüder hinweg. Hoch ragt der Kirchturm der evangelischen Kirche über die Dächer. Wir kommen zu einer prächtigen **Grillhütte (3)**, die schon zur Vesper einlädt. Der **Rothenbach-Teich (4)** als nächstes Ziel bietet gleichsam Sitz- und Ruhegelegenheiten. Hier kommen wir am **Wanderportal Rothenbach (5)** vorbei und schreiten auf abwechslungsreichen Wegen dem Ober-Mooser-Teich entgegen. Dort lädt dier **Walter-Kreß-Hütte (6)** nicht nur zur Rast, sondern auch zur Beobachtung des vielfältigen Wasserbiotops und Naturschutzgebiets ein. An den Ortsrändern von Ober-Moos vorbei geht es an und zwischen den Teichen hindurch zum **Wanderportal Ober-Moos (7)**. Vom **Friedhof (8)**, vor dem eine Sinnesliege steht, hat man einen traumhaften Blick auf den friedlichen Nieder-Mooser-Teich hinunter. Wir gelangen durch Felder und Auenwälder zum Wasser, das wir nun umrunden. Am östlichen Ende des Teichs steht ein malerisches **Häuschen (9)**, das den Angelfreunden Nieder-Moos als Standort dient. Über den Damm geht es zum Feriendorf und unserem Ausgangspunkt am **Wanderportal Campingplatz (1)** zurück.

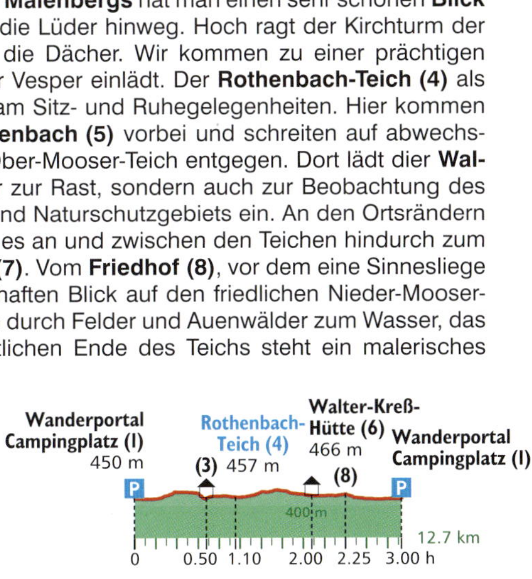

33 Von Herchenhain zum Flößerhaus

3.00 Std.

Von der Nidderquelle zu Gesicht und Bonifatiuskanzel

Die Nidderquelle ist etwas ganz Besonderes. Denn je nach Jahreszeit findet man sie an einem anderen Ort. Durch den Aufbau des Bodens aus Lavagestein kommt es dazu, dass Quellhorizonte in verschiedenen Stockwerken ans Tageslicht kommen. Schon hier empfindet man den Wald als einen Teppich mit gelben Tupfen auf grünem Samt. So könnte man den Boden des Oberwalds im Sommer beschreiben. Wucherndes Fuchskreuzkraut bedeckt den Waldboden und erfreut Wanderer mit seiner Fülle. Seltenheiten wie Trollblume, Sumpfdotterblume und Märzenbecher sind hier auf so manch versteckter Wiese zu finden.

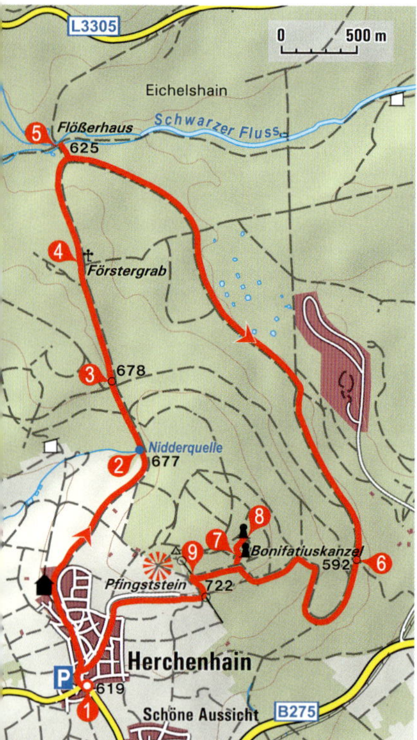

Ausgangspunkt: Parkplatz Herchenhain, 619 m (Navi: Hartmannshainer Straße, 36355 Grebenhain-Herchenhain); ein weiterer Parkplatz befindet sich unterhalb der Herchenhainer Höhe.
Höhenunterschied: 240 m.
Anforderungen: Schotter-, Wald- und Wiesenwege, wenig Asphalt.
Markierung: Gelbes Kreuz, Rundweg 3, schwarzer Kreis, roter Kreis, gelbes Band, rot-weißes Band.
Einkehr: Keine.
Varianten: Herchenhainer Rundwege.

Am **Parkplatz Herchenhain (1)** finden wir die Infotafel. Wir wenden uns nach links und finden das *gelbe Kreuz* und folgen ihm und dem Schild *Hoherodskopf*. Im Feldkrücker Weg zweigt die Markierung links ab, wir gehen geradeaus weiter und befinden uns auf dem *Rundweg 3*. Vorbei an typischen Hutebäumen stoßen wir u.a. auf den *schwarzen Kreis*, der uns zur **Nidderquelle (2)** begleitet. Diese findet sich links vom Weg und ist ausgeschildert. Die nächste **Wegkreuzung** nennt sich **Gleicher Platz (3)**.

Wir passieren ihn. Rechts öffnet sich uns eine typische Oberwaldwiese mit ihrer bunten, floristischen Vielfalt. An dem nächsten Feldweg rechts verlässt uns die Wegemarkierung. Hier finden wir das sogenannte **Förstergrab (4)**. Weiter geht es auf dem Hoherodskopfsteig bis zum **Flößerhaus (5)**.

Um dem *roten Kreis* zu folgen, gehen wir einige Meter auf unserem Weg zurück. Wir biegen links ab und bewegen uns nun in Richtung Ilbeshausen. Wir kommen an einen Kreuzweg. Rechts geht es zum Förstergrab hoch, wir halten uns geradeaus und bleiben auf der *Oberwaldstraße*. An einer idyllisch gelegenen Bank und einem Tränkebecken gluckert ein Bächlein dahin, das einen Teil des Überlaufs von der Meyerbruchquelle darstellt.

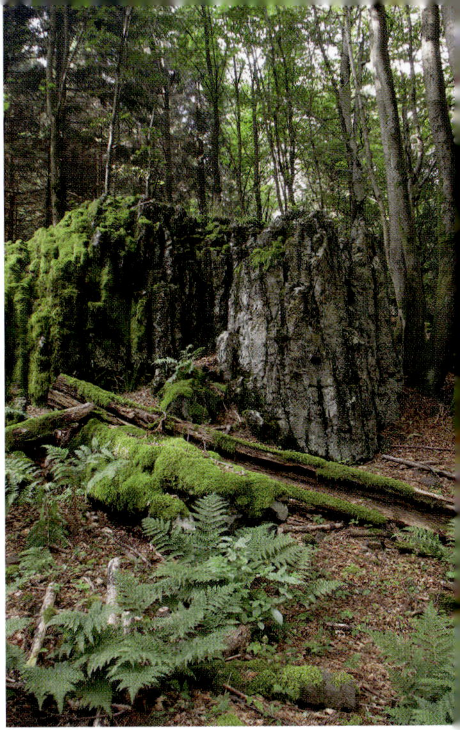

Bonifatiuskanzel auf der Herchenhainer Höhe.

An der Weggabelung können wir die Muna sehen. Hier halten wir uns rechts und ebenso an dem anschaulichen **Baumstumpf (6)**. An der Bankkreuzung geht es jetzt rechts bergauf. Wir stoßen wieder auf die Markierungen *gelbes* und *rot-weißes Band*, denen wir bis zur **Bonifatiuskanzel (7)** folgen.

Das **Gesicht (8)** ist im Wald, kurzer Abstecher ca. 150 m, ausgeschildert. Zurück geht es an der Kanzel vorbei ca. 80 m bergab und den nächsten Waldweg rechts entlang. Kurz vor Waldende sehen wir rechts den **Pfingststein (9)**, ein prächtiges Gebilde aus Säulenbasalt. Am Waldrand werden wir mit einem Blick in die Unendlichkeit belohnt. Links geht es weiter, dann rechts. Über den Parkplatz streben wir dem Ort und unserem **Ausgangspunkt (1)** talwärts entgegen.

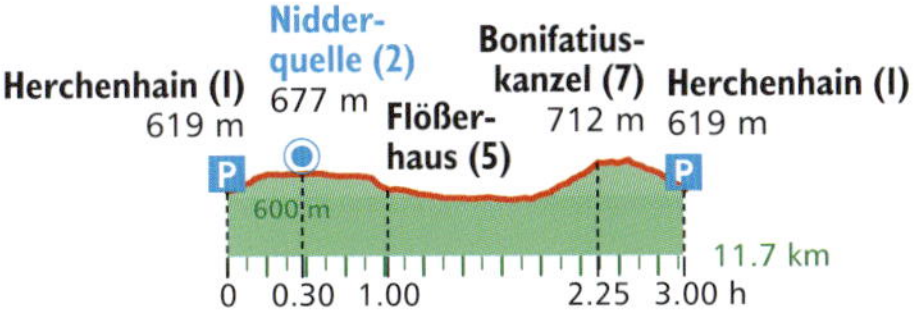

34 Rund um Ulrichstein und seine Stadtteile

3 Tage

Wald, Wind und Energie

Die Tour ist geprägt von Felsformationen aus Basalt. Die Riesen heißen Schleuningsteine, Dicke Steine und Wildfrauhaus, und ihre kleineren Geschwister finden wir überall am Wegesrand. Sie zeugen von einer feurigen Vergangenheit und sorgen dafür, dass der Vogelsberg als Quellgebiet so ergiebig ist. In den Niederungen und Wäldern rund um Ulrichstein gibt es einige sehr seltene Pflanzen: Türkenbundlilie und Mondviole, Trollblume und Knabenkraut. Schwarzstorch und Rotmilan haben sich angesiedelt und jagen neben Bussard, Uhu und Falke durch die Luft. Auf der »Platte« kommen wir zum »Windenergie-Lehrpfad« und erfahren einiges über moderne Energieerzeugung. Dazu geht es häufiger zu lauschigen Hainen mit schönen Ausblicken.

Ausgangspunkt: Wanderportal am Lindenplatz (Parkplatz am Rathaus) in Ulrichstein, 560 m. (Navi: Markstr. 28–32, 35327 Ulrichstein).
Höhenunterschied: Etwa 1200 m insgesamt.
Anforderungen: Naturbelassene Pfade, geteerte Wirtschaftswege. Viele Sitzgelegenheiten.
Markierung: Rot-grüner Vulkan als Weitblicktour, grün-grüner Vulkan als Erweiterungsroute, rot-grünes Doppel-V als Vulkanring, rotes Andreaskreuz, weißes Andreaskreuz, rot-weißer Doppelbalken, blauer Kreis, blaues Dreieck, rotes Band, grünes Band, Judenpfad.

Einkehr: Landgasthof Groh, Ulrichstein (Tel. 06645/310), 11.30–14.00 Uhr und ab 17.30 Uhr, Mo Ruhetag; Ätna, Ulrichstein (Tel. 06645/918824), Mo–Sa 11–14 Uhr und 17–24 Uhr, So und feiertags 11–24 Uhr, Mi Ruhetag; Bistro Am Museum, Ulrichstein (Tel. 06645/780296), geöffnet von 11–23 Uhr.
Variante: Die Weitblicktour mit Erweiterungsroute.
Tipp: Vogelsberggarten am Schlossberg.
Hinweis: Landgasthof Groh und Ätna bieten Übernachtungsmöglichkeiten, außerdem gibt es eine Pension in Ulrichstein. Informationen beim Fremdenverkehrsamt Ulrichstein, info@ulrichstein.de.

1. Tag: Von Ulrichstein nach Helpershain, Unter- und Ober-Seibertenrod (4.00 Std., 14,8 km)

Auf dem **Lindenplatz (1)** starten wir und wenden uns Richtung Osten. Wir überqueren die *Ohmstraße* und gehen wenige Meter auf dem Teerweg. Nach der Sitzbank schwenken wir rechts ein. Wir passieren das Freizeitge-

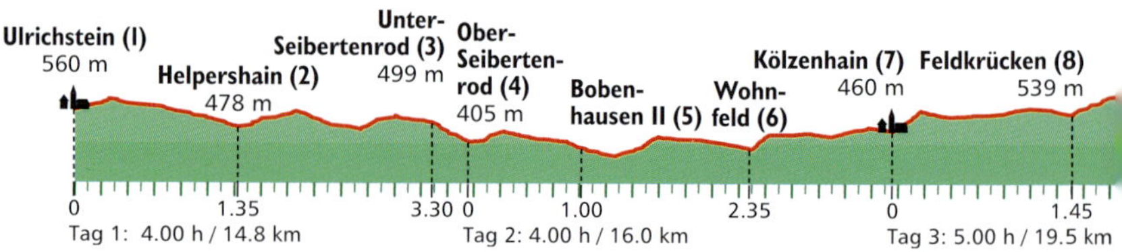

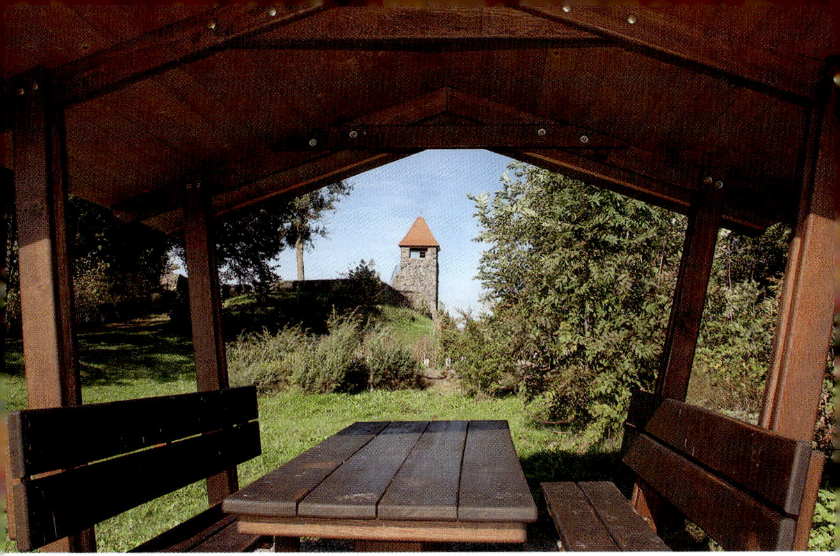

Burgruine und Sitzgondel auf dem Schlossberg in Ulrichstein.

lände Rothohl und die Sinnesliege. Ab hier befinden wir uns jetzt auf der *Weitblicktour*. Dieser folgen wir über die Höhe bis zu einem kleinen Waldstück, dort geht es links ab. An dem nächsten Weg entscheiden wir uns für rechts und gleich darauf für links. Genauso geht es bei dem nächsten Weg, erst biegen wir rechts ab und gleich darauf links in einen kleinen Tannenwald. Der Pfad mündet auf den *blauen Kreis*, dem wir nun bis zur Landstraße folgen. Hier, in Sichtweite der Windräder, wenden wir uns nach links, überqueren den Katharinenbach und gelangen schließlich in einen Laubwald.
Kurz vor **Helpershain (2)** stößt die Erweiterungstour von links dazu. Diese erste Abzweigung am Wald nehmen wir nicht; wir gehen ein paar Schritte weiter zum zweiten Pfad. Auch hier sind die Schilder von Vulkanring und ExtraTour zu sehen. Diesen folgen wir nun und kommen am 598 m hohen Vogelsberg vorbei. Wir gehen über die Anhöhe, bis wir in einem Waldstück rechts auf das *rote Andreaskreuz* stoßen. Durch das Flintsheck geht es bis zur Hütte weiter. Hinter der gegenüberliegenden Quelle biegt ein Wirtschaftsweg links ab. Dieser führt uns zum zweiten Feldweg, der unseren Schritt rechts zum Gewässer runter lenkt. Wir überqueren den »Trockenauer Bach« und gehen bis zum Wasserbehälter und der Sitzgruppe immer geradeaus. Dort biegen wir

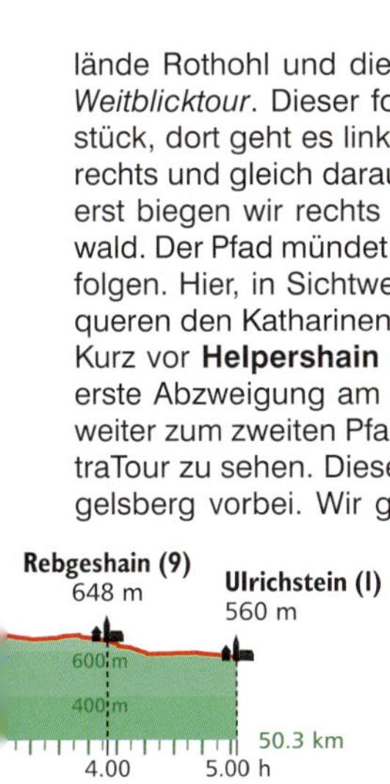

links ab, auf den *rot-weißen Balken*. Den nächsten Pfad nehmen wir rechts hoch, bis kurz vor die Windräder. Es folgt ein kurzes Stück rechts, bis zur Straße, dort links bis zum Windenergiepark. Hier geht es rechts rein bis zum Waldstück, dort erneut rechts am Waldrand weiter und dem geteerten Wirtschaftsweg bergab folgen. In einer Linkskurve steht eine **Baumgruppe (3)** mit schönem Blick auf Unter-Seibertenrod. Unser Wanderweg führt weiter bis **Ober-Seibertenrod (4)**.

2. Tag: Ober-Seibertenrod, Bobenhausen II, Wohnfeld und Kölzenhain (4.00 Std., 16 km)

Die zweite Etappe beginnen wir an der Kirche in Ober-Seibertenrod. Wir lassen das Bauwerk rechts liegen und laufen die *Heegholzstraße* und *Im Heeggarten* bis zum Feldrand, dann geht es links weiter. Ein kurzes Stück

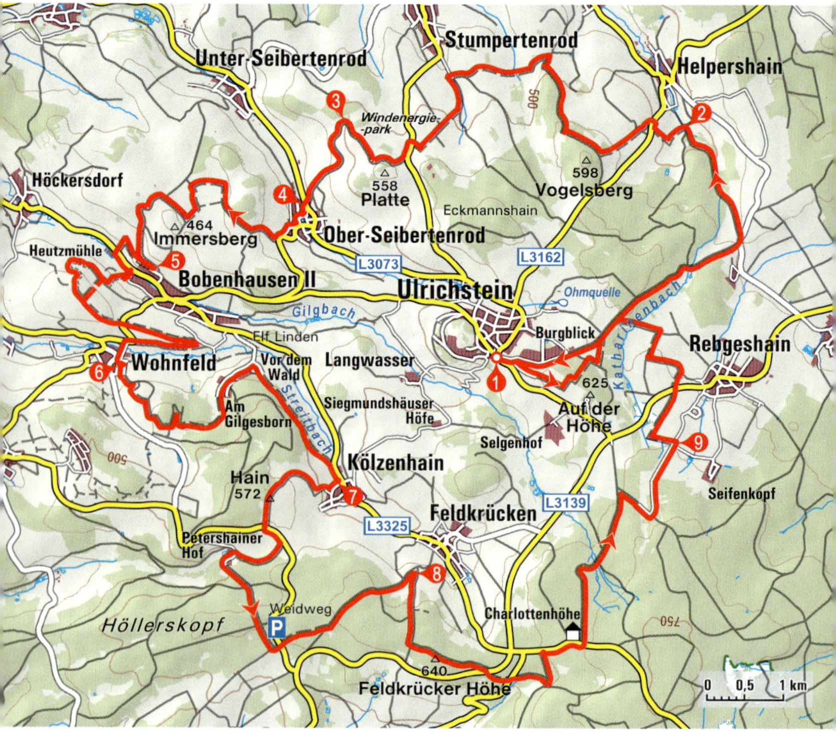

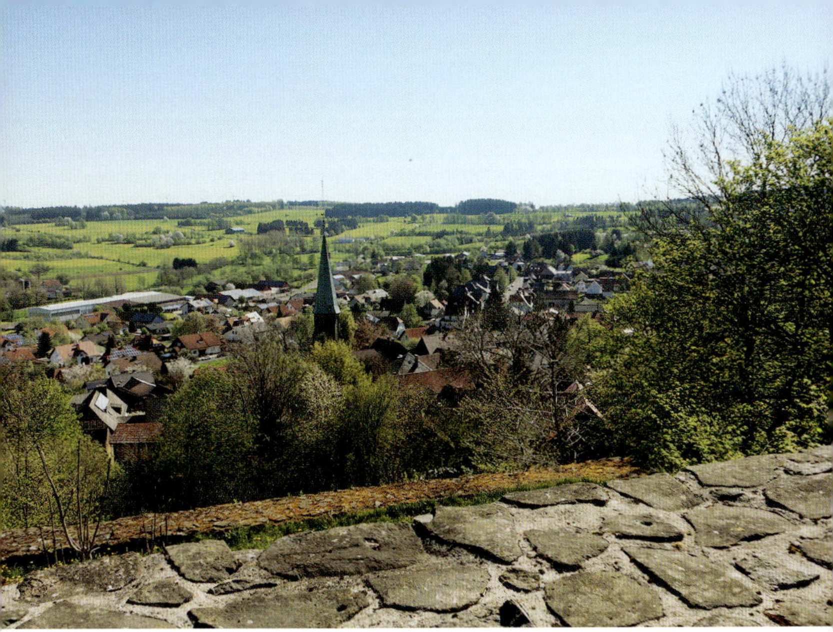

Blick über Ulrichstein.

folgen wir parallel der Straße bis zur Abzweigung Grillhütte. Hier geht es hoch und wir befinden uns für wenige Meter auf dem *weißen Andreaskreuz*. Wir folgen dem Teerweg bis zur Halle, dort geht es rechts rein. Der Wirtschaftsweg wird zum Feldweg. In Höhe der Oberlandleitungen geht es links runter, über den Bach und sogleich wieder links. Diesem Wiesenweg folgen wir und kommen am »Immersberg« vorbei. An der zweiten Gabelung führt ein Wirtschaftsweg nach rechts. Dort geht es lang und weiter auf dem nächsten Weg links bergab. Wir erreichen die ersten Häuser von **Bobenhausen II (5)** und biegen rechts in die Straße *Am Lermetsrain* ein. Diese wird zum Feldweg, dem wir bis an die nächste Kreuzung folgen. Weiter geht es links runter zur Straße und erneut links Richtung Bobenhausen. Kurz vor dem Ortseingang bemerken wir rechts eine Brücke. Hier geht es bis zur nächsten Kreuzung und dann rechts entlang. Wir nehmen den ersten Feldweg links hoch, dann den nächsten Weg rechts. Jetzt entweder links hoch und geradeaus bis zum 343 m hohen **Hain**.
Als Alternative können wir den Wiesenweg weiter geradeaus nehmen, unterhalb des Wäldchens links abbiegen und bis zum Hochsitz laufen. Dort den Pfad links hoch, der in einer Wiese mündet. Diese überqueren, leicht rechts

halten und immer bergauf. Auch hier erreichen wir den herrlichen Aussichtspunkt unter den Schatten spendenden Bäumen.
Den Hain verlassen wir auf dem Pfad Richtung Osten, dem wir über die Straße hinweg folgen, bis wir auf einen asphaltierten Wirtschaftsweg stoßen. Diesem folgen wir rechts und biegen in den nächsten Feldweg rechts ein. Am »Streitbach« entlang geht es bis **Wohnfeld (6)**. Dort nehmen wir die erste Straße links in den Ort hinein. An der nächsten Kreuzung geht es ebenfalls links und nach ein paar Schritten rechts hoch. Nach dem Trampelpfad, zu dem die Straße dort wird, führt uns links ein Weg an einer Sitzgruppe vorbei. Wir gehen den ersten Pfad rechts hoch und links weiter. Wieder geht es kurz darauf rechts und erneut links auf den Wald zu. Vor den Bäumen halten wir uns rechts. Wir stoßen wieder auf das *rote Andreaskreuz*, dem wir nun bis an den Ortsanfang von **Kölzenhain (7)**, unserem zweiten Etappenziel, folgen.

3. Tag: Von Kölzenhain über Feldkrücken und Rebgeshain zurück nach Ulrichstein (5.00 Std., 19,5 km)

Am Ortseingang von Kölzenhain gehen wir die Straße rechts hoch und an der nächsten Kreuzung ebenfalls rechts. Aus der Straße wird ein Feldweg,

Bergried des Schlossberg Ulrichstein.

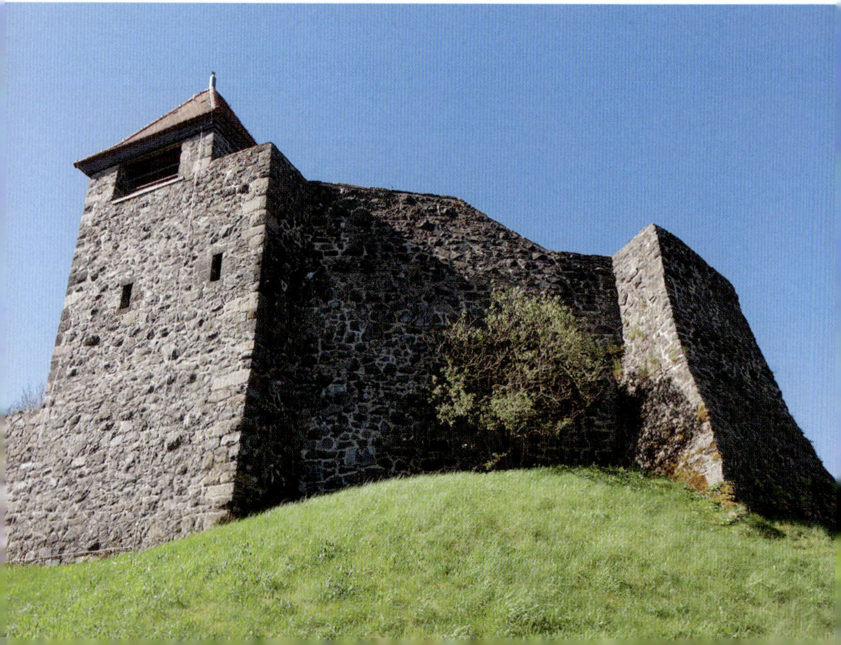

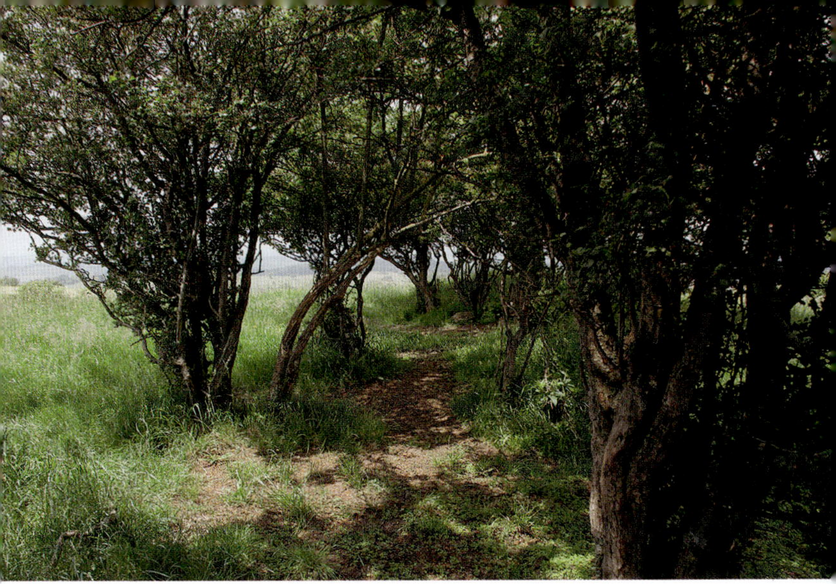

Blick von Eckmannshain auf Ulrichstein und Schlossberg.

der sich gabelt. Dort müssen wir links. Wir erreichen einen Teerweg, dem wir rechts bis auf das Plateau, den 572 m hohen **Hain**, folgen. Über der Kuppe geht es auf der anderen Seite weiter und an der Straße links. An der ersten Abzweigung rechts finden wir den *blauen Kreis* wieder, der uns am Jugendwaldheim **Petershainer Hof** vorbeiführt. An einer Kreuzung biegt diese Markierung ab und es geht jetzt auf dem *blauen Dreieck* geradeaus weiter. Am Parkplatz »Weideweg« biegen wir links auf das *grüne Band* ein, dem wir bis zum *rot-weißen Band* folgen, das kurz vor der Sitzgruppe über **Feldkrücken (8)** rechts abgeht. Dieses führt uns zur Feldkrücker Höhe, zweimal über eine Landstraße und am Streitbachteich vorbei. Wir kommen schließlich zur **Charlottenhöhe** mit Schutzhütte. Weiter geht es 100 m die Straße hoch und in den nächsten Waldweg links. Dieser anfangs kerzengerade Waldweg mündet auf das *rote Band*. Wir halten uns links. In Höhe des ersten Windrades geht es rechts ab und nach dem nächsten Windrad geht es links bis zum **Wasserbehälter**.

Mit Blick auf den Stadtteil **Rebgeshain (9)** biegen wir links in den Wirtschaftsweg ein. Nach einer Rechtskurve überqueren wir die Landstraße. Wir stoßen auf einen geteerten Wirtschaftsweg, den wir links einschlagen. Nach dem Windrad links biegen wir gegenüber ab und erreichen den Radweg *R7*, dem wir nach links bis zum **Lindenplatz (1)** in **Ulrichstein** folgen.

35 Auf dem Vulkanring zum Vogelsberg

6 Tage

Der »Ring of Fire« in 6 Etappen

Herrliche Ausblicke, romantische Täler und tiefe Wälder charakterisieren diese Tour. Mit Blick auf den Hoherodskopf geht es los, die Wege variieren zwischen Wiesen-, Feld- und Waldwegen, natürlich sind Asphaltabschnitte dabei, aber auch romantische Brückchen. Die vulkanischen Ursprünge des Vogelsbergs zeigen sich später anhand zahlreicher Basaltblöcke oder -formationen: Teufelstisch, Teufelskanzel, Nonnenstein und Uhu-Klippen bieten Stoff für geheimnisvolle Märchen und Geschichten. Man erzählt sich etwa, dass in den Uhu-Klippen der Kopf eines versteinerten Riesen zu sehen sei. Das NSG der Schalksbachteiche ist ein Refugium für seltene Pflanzen und Tiere. Libellen, Schmetterlinge, Lurche und rare Vogelarten haben hier ihren Lebensraum. Mit etwas Glück kann man auch den einen oder anderen Fisch im Wasser entdecken. Dazwischen lieg eine fast parkartige Landschaft. Vom Totenköppel bei Meiches eröffnet sich ein umfassender, per Schautafel erläuterter Panoramablick. Am Ende wartet in Ulrichstein mit dem Schlossberg der höchste Punkt der letzten Etappe. Auf ihm befindet sich die alte Burgruine, von deren Turm man weithin blicken kann. Im inneren und äußeren Kreis der Ruine befindet sich der Schlossberggarten.

Ausgangspunkt: Parkplatz Wanderportal Ulrichstein, 569 m (Navi: Marktstr. 28, 35327 Ulrichstein).
Höhenunterschied: Tagesetappen mit etwa 400 bis 800 m Höhenunterschied.
Anforderungen: Wald-, Feld-, Schotter-, Wiesen- und Teerwege.
Markierung: Rot-grünes Doppel-V als Vulkanring.
Variante: Die jeweiligen Extratouren, wie z. B. Weitblicktour in Ulrichstein.
Tipp: In Herbstein das Thermalbad; in Laubach das Grüne Meer, ein »Entdeckungswald« mit Attraktionen insbesondere für Kinder. Laubacher Museen.
Hinweis: Infos zur Organisation vom Fremdenverkehrsamt Ulrichstein, info@ulrichstein.de oder unter vulkanring-vogelsberg.de. An Wochenenden/Feiertagen von Mai bis Okt. gibt es den Busservice Vulkan-Express. Übernachtungsmöglichkeiten von Hotel über Pension bis Wohnmobilstellplatz sind unter www.vogelsberg-touristik.de gelistet.

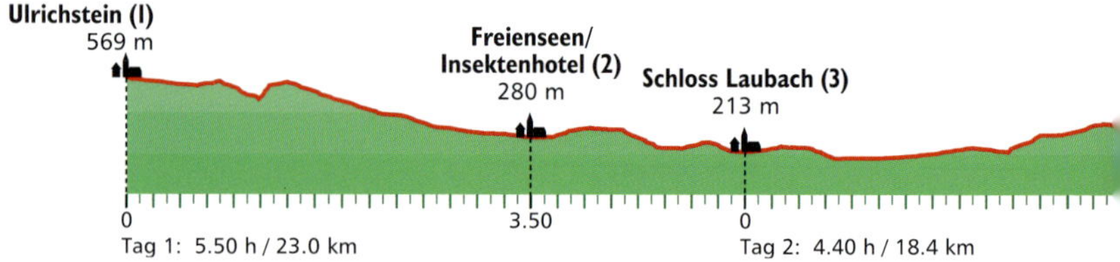

1. Tag/Etappe: Ulrichstein nach Laubach (5.50 Std., 23 km)
Einkehr: Schreinersmühle »El Mesón«, Freienseen (Tel. 06405/1731), Anmeldung erbeten.
Am **Wanderportal Ulrichstein (1)** steigen wir in den Vulkanring ein. Vom Parkplatz aus geht es am Lindenplatz vorbei, wo wir an der Ecke die Markierungen finden. Wir halten uns während der ganzen Tour an das *rot-grüne Doppel-V* des Vulkanrings. Wir gehen die Straße bergab und folgen dem Pfad links an den Koppeln vorbei. Durch das nahegelegene **Geotop Gründchen** führt uns der Weg am VHC (Vogelsberger Höhen-Club)–Dreieck vorbei zu den Steinen und den Schleuningsteinen. Wir passieren das Jugendwaldheim **Petershainer Hof** und wandern auf dem Lahn-Kinzig-Weg durch die stillen Auen und den Kreuzseener Grund. Am Rande von **Freienseen** können wir ein beeindruckendes **Insektenhotel (2)** bewundern. Dann geht es ein längeres Stück durch den Wald, bis wir am Tiergärtner Teich eine Richtungsänderung vornehmen. Am Ramsberg entlang führt der Weg hinab auf Laubach zu. Durch den Schlosspark geht es am **Schloss (3)** vorbei und durch die kleinen Gässchen von **Laubach**.

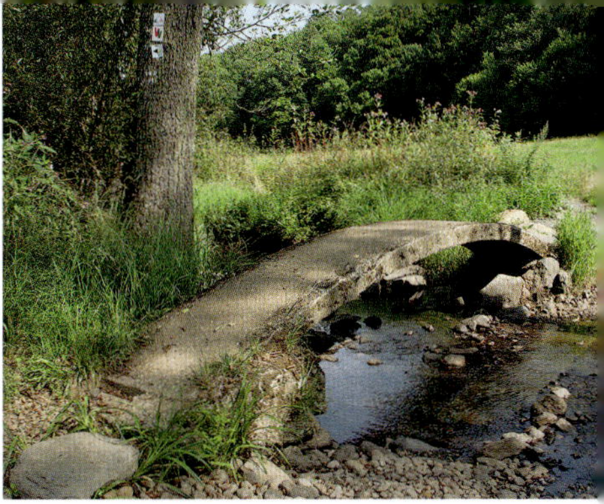

Die Brücke über den Eichelsbach bei Niedrigwasser. Bei Tour 6 wird sie in Gegenrichtung überquert.

2. Tag/Etappe: Laubach nach Eichelsdorf (4.40 Std., 18,4 km)
Einkehr: Landhaus Fürstengarten, Stornfels (Tel. 06044/961730), Mo–Fr ab 17 Uhr, Sa, So + Feiertag ab 10.30 Uhr geöffnet; Frankenstube, Eichelsdorf (Tel. 06043/8020512), Mo Ruhetag.
Am **Schloss Laubach (3)** beginnen wir die zweite Etappe der Wanderung. Wieder können wir die schönen Fachwerkhäuser und die winkeligen Gäss-

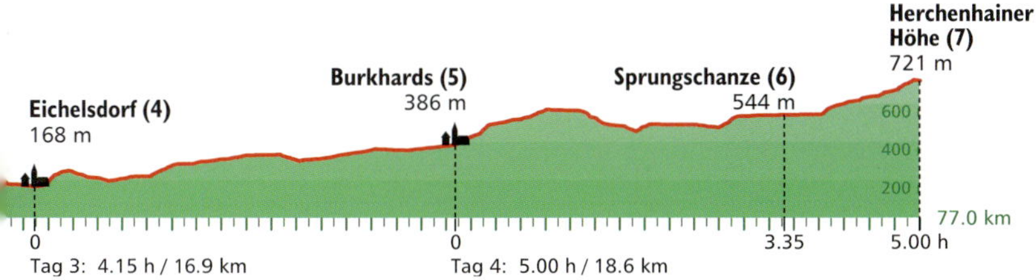

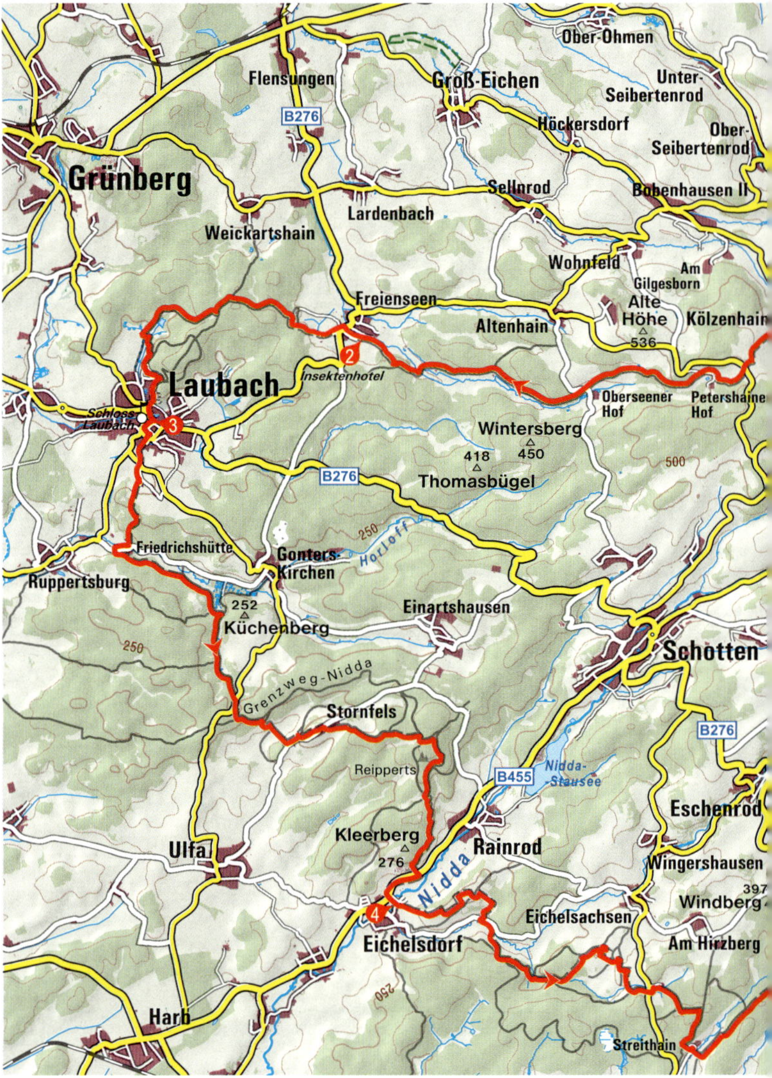
Ober-Ohmen
Flensungen
Groß-Eichen
Unter-Seibertenrod
B276
Höckersdorf
Ober-Seibertenrod
Grünberg
Sellnrod
Bobenhausen II
Lardenbach
Weickartshain
Wohnfeld
Am Gilgesborn
Freienseen
Alte Höhe
536
Altenhain
Kölzenhain
Laubach
Insektenhotel
Schloss Laubach
Oberseener Hof
Petershainer Hof
Wintersberg
450
418
Thomasbügel
500
B276
250
Horloff
Friedrichshütte
Gonters-Kirchen
Ruppertsburg
Einartshausen
252
Küchenberg
250
Schotten
Grenzweg-Nidda
Stornfels
B276
Reipperts
Nidda-Stausee
B455
Eschenrod
Kleerberg
276
Rainrod
Ulfa
Wingershausen
Nidda
397
Windberg
Eichelsachsen
Eichelsdorf
Am Hirzberg
250
Harb
Streithain

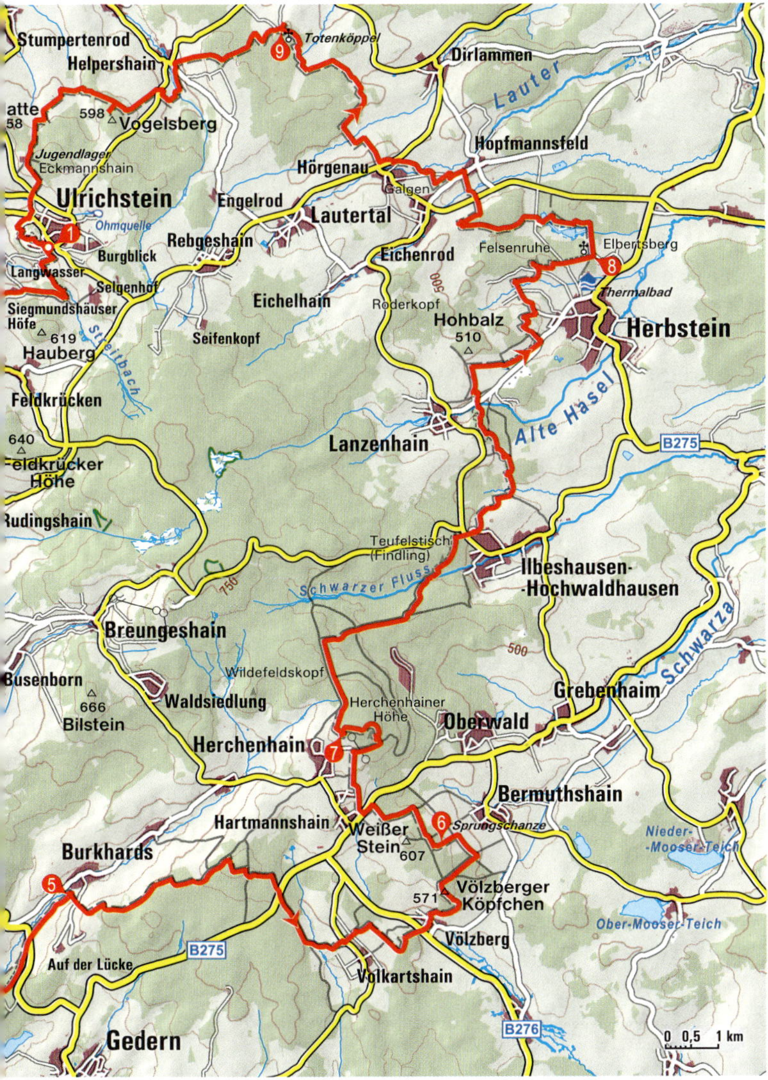

Stumpertenrod
Helpershain
Totenköppel
Dirlammen
Lauter
598
Vogelsberg
Hopfmannsfeld
Jugendlager
Eckmannshain
Hörgenau
Galgen
Ulrichstein
Engelrod
Lautertal
Ohmquelle
Rebgeshain
Burgblick
Eichenrod
Felsenruhe
Elbertsberg
Langwasser
Selgenhof
Thermalbad
Siegmundshäuser Höfe
619
Hauberg
Eichelhain
Roderkopf
Hohbalz
510
Herbstein
Seifenkopf
Streitbach
Feldkrücken
640
Feldkrücker Höhe
Lanzenhain
Alte Hasel
B275
Teufelstisch (Findling)
Ilbeshausen-Hochwaldhausen
Schwarzer Fluss
750
Breungeshain
500
Wildefeldskopf
Busenborn
666
Bilstein
Waldsiedlung
Herchenhainer Höhe
Grebenhaim
Schwarza
Oberwald
Herchenhain
Bermuthshain
Hartmannshain
Weißer Stein
607
Sprungschanze
Nieder-Mooser-Teich
Burkhards
571
Völzberger Köpfchen
Ober-Mooser-Teich
Völzberg
Auf der Lücke
Volkartshain
Gedern
B276
0 0,5 1 km

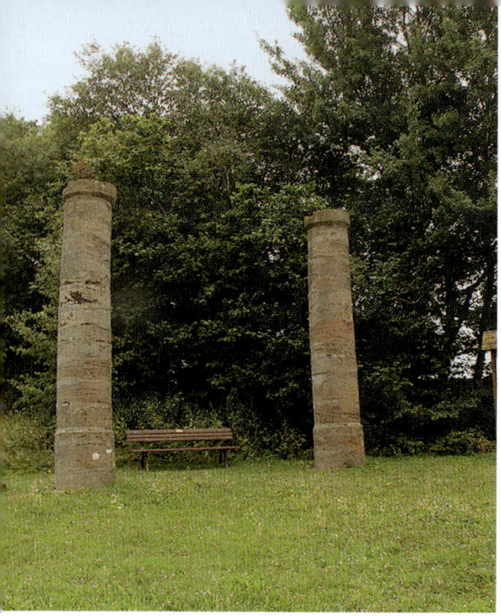

Der Galgen bei Hopfmannsfeld.

chen bewundern. Dann geht es stadtauswärts Richtung Süden und Friedrichshütte. An der Horloff entlang wandern wir über lauschige Waldwege, bis wir den Grenzweg Nidda und die Luthereiche passieren. Von der Sitzgruppe am Waldrand können wir den Blick über das Ulfatal und das vor uns liegende Städtchen **Stornfels** genießen. Nun geht es steil bergauf durch Teerwege und Streuobstwiesen hindurch. 600 m nach dem letzten Haus finden wir rechts einen versteckten Tümpel am Wegesrand. Bergauf und bergab durch den Wald erreichen wir den Reipperts und den Wolfslauf, ein altes Forsthaus. Von hier bietet sich wieder ein phantastischer Blick über das Niddatal. Der **Grillplatz Eierberg** lädt zum Rasten und Ruhen ein. Über einen alten Eisenbahnweg erreichen wir **Eichelsdorf (4)**.

3. Tag/Etappe: Eichelsdorf nach Burkhards (4.15 Std., 16,9 km)

Einkehr: Landgasthaus Ziegelhütte, Außerhalb 2 (Tel. 06044/9669922), Mo + Di Ruhtetag; Gasthaus zum Niddertal, Burkhards (Tel. 06045/1504), Di Ruhetag; Landgasthaus Zur Birke, Burkhards (Tel. 06045/4537), Mi Ruhetag.

Gleich zu Beginn der Tour führt ein recht steiler Wiesenpfad zum **Eichköppel** hinauf. Von den Bänken am Waldrand kann man den Ausblick auf Kirche, Dorf, Nidda- und Eichelbachtal weit in den Westen hinein genießen. Nach den Häusern von **Streithain** biegt der neue Vulkanring links ab und hält auf **Burkhards (5)** zu. Vor dem kleinen Vogelsbergörtchen geht es an der Nidder entlang.

4. Tag/Etappe: Burkhards nach Herchenhain (5.00 Std., 18,6 km)

Einkehr: Tor zum Vogelsberg, Hartmannshain (Tel. 06644/357), Mi Ruhetag; Darmstädter Hof, Hartmannshain (Tel. 06644/278), Do Ruhetag.

Auch hier in **Burkhards (5)** haben wir gleich zu Beginn der Wanderung eine erste größere Steigung zu bewältigen. Dafür werden wir aber während des Anstiegs am Waldrand mit einem traumhaften Blick über Burkhards, später Kaulstoss und das Niddertal belohnt.

Im Wald erreichen wir schnell die **Alteburg** und wandern danach wieder bergab ins Tal des Hundsbachs. Ab der B276 können wir auf weichen Wiesenwegen laufen. Auf der Haide finden wir einige Wegweiser und Windkraftanlagen. Die Aussicht ist wunderbar.

Wir umgehen **Volkartshain** und können am Friedhof Völzberg den Blick in die Ferne schweifen lassen. Das Tal der **Salz** und das kleine Örtchen liegen vor uns. Wir erklimmen den Völzberg, der gegenüber thront, und genießen die Aussicht von hier.

Nach dem Völzberg geht es durch Wald und Feld und wir erreichen die **Sprungschanze (6)**, ein wirklich sehenswertes Relikt aus Holz mit einer Aussichtsplattform. Unterhalb davon ist eine Grillhütte und der Blick auf Bermuthshain ist traumhaft. Dann wandern wir vor dem **Weißen Stein** einen naturbelassenen Pfad bergab und anschließend am Oberwald entlang Richtung Hartmannshain. Bei **Hartmannshain-Herchenhain** geht es erneut recht stetig bergan bis zum ehemaligen Hotel. Dann leitet unsere Route am Waldrand entlang hinauf. An der Bank führt ein Pfad in den Wald hinein. Dort ist nach ca. 50 m der **Pfingststein**, ein alter Basaltbrocken, zu sehen. Weiter auf der Tour und nur 200 m entfernt ist das Tor zur **Herchenhainer Höhe**. Und nach noch einmal 150 m findet man hier das VHC (Vogelsberger Höhen-Club)-Ehrenmal. Eine Sinnesliege und Sitzgarnituren sowie eine Panoramascheibe runden das Erlebnis ab.

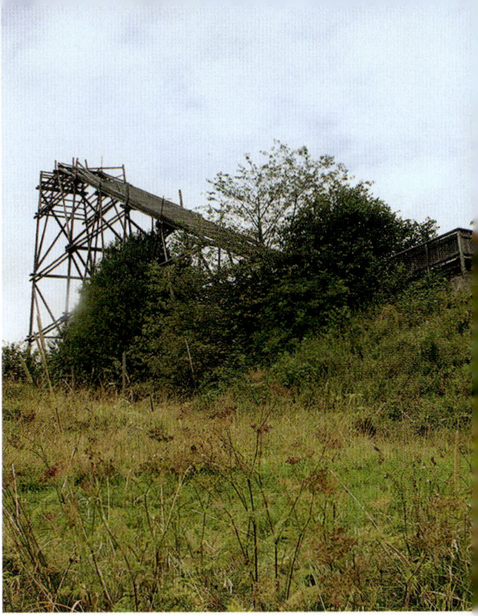

Die Sprungschanze am Weißen Stein.

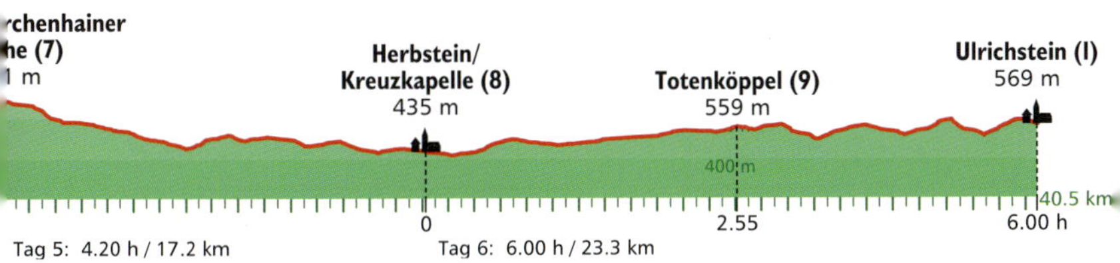

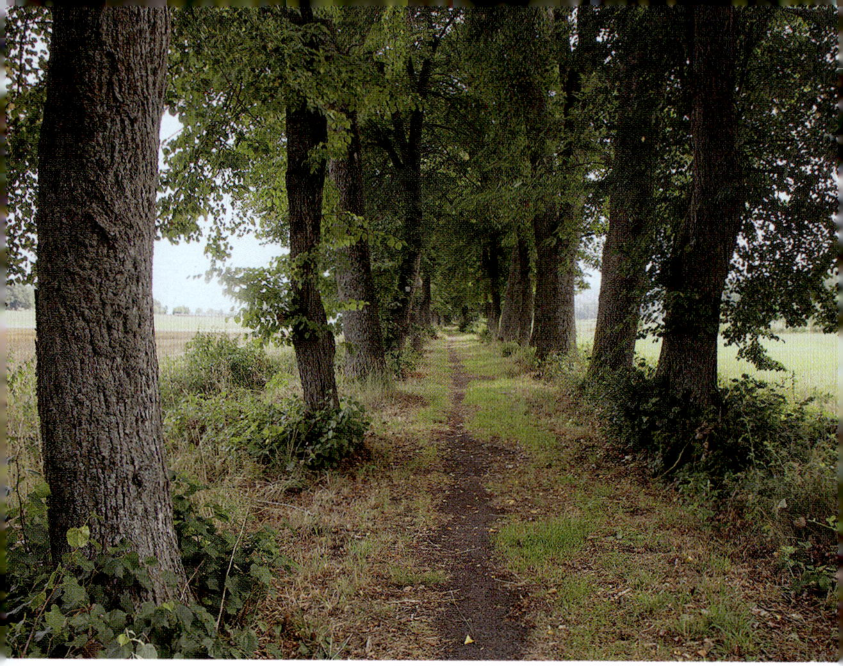

Malerische Linden- und Pappelallee bei Herbstein.

5. Tag/Etappe: Herchenhain nach Herbstein (4.20 Std., 17,2 km)
Einkehr: Gasthaus zum Felsenmeer, Ilbeshausen (Tel. 06643/336) Mo Ruhetag; und weitere Gastronomie in Ilbeshausen; Hotel Ristorante Herbstein (Tel. 06643/ 798960) Mi Ruhetag.
Diese Etappe starten wir an den beiden Torsteinen auf der **Herchenhainer Höhe (7)**, 721 m. Am Waldrand entlang, dann ein kurzes Stück im Wald kommen wir an der Nidderquelle vorbei. Weiter geht es bis zum Kummergrab, dort biegen wir rechts ab. Der Grabstein ist Hellmuth von Kummer gewidmet, einem ehemaligen Förster.
Wir erreichen die Burgschneise, wandern dort zum schwarzen Fluss hinunter und überqueren ihn. Nach **Ilbeshausen** geht es wieder recht abwechslungsreich weiter. Wir queren den Haselbach und finden mit viel Glück am Waldrand zwei riesige Ameisenhügel und unzählige Ameisenstraßen. Am **Hexenstein** führt unsere Route wieder quer durch den Wald und wir kommen an **Lanzenhain** vorbei. Nach Überschreiten der Alten Hasel folgt wieder ein weicher Wiesenweg. Am Teich vorbei gelangen wir in den Schatten der alten Linden- und Pappelallee und erreichen **Herbstein**.

6. Tag/Etappe: Herbstein nach Ulrichstein (6.00 Std., 23,3 km)
Einkehr: Pizzeria da Filippo, Hopfmannsfeld (Tel. 06643/798888), Mo Ruhetag; Landgasthof Groh, Ulrichstein (Tel. 06645/310), Mo Ruhetag; Bistro Lichtblick, Ulrichstein (Tel. 06645/780296), Di + Mi Ruhetag; Ristorante Ätna, Ulrichstein (Tel. 06645/918824), Mi Ruhetag.
Auf dem Weg zur **Kreuzkapelle (8)** ist rechter Hand eine gut erhaltene Andachtstätte zu sehen. Nachdem wir **Hopfmannsfeld** passiert haben, kommen wir zum Galgen, eine ebenfalls alte Kultstätte. Wir überqueren die Lauter und kommen an Hörgenau vorbei. Kaum dass wir den Feldweg hoch sind, sehen wir einen Wald von Windkraftanlagen vor uns. Am **Totenköppel (9)** von **Meiches** haben wir wieder die Möglichkeit, anhand einer Panoramakanzel zu sehen, welche Erhebungen sich vor uns ausbreiten.
Nachdem wir **Helpershain** passiert haben, geht es wieder bergauf. Wir kommen in ein Waldstück, in dem linker Hand der Berg Vogelsberg liegt. Nach einigem Bergab und wieder Bergauf erreichen wir einen Rastplatz und die **Dicken Steine**. Auch diese sind Zeuge einer wilden Zeit. Nun geht es über die Schlossruine von Ulrichstein zurück nach **Ulrichstein (1)**.

Totenköppel bei Meiches.

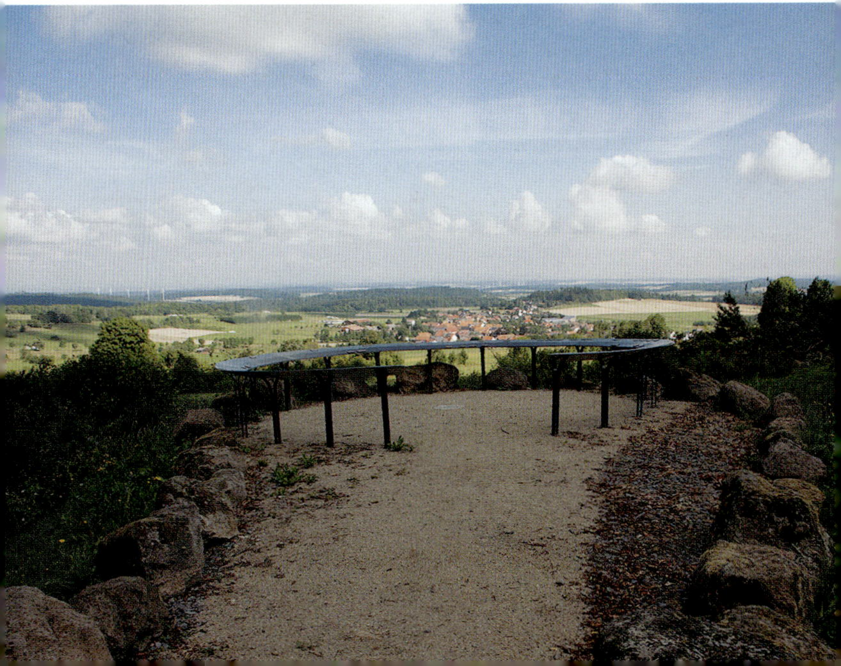

TOP

36 Auf dem Judenpfad nach Storndorf

5.10 Std.

Auf abenteuerlichen Pfaden zum Bildsteinskopf

Der Judenpfad Vogelsberg besteht aus mehreren Teilstücken. Angefangen von Kirtorf bis Ulrichstein gibt es die Möglichkeit, die Geschichte am Wegesrand zu erwandern. Immer wieder weisen Infotafeln auf prägnante Punkte aus dem Leben und der Geschichte der Juden hin. Um den Bildsteinskopf rankt sich eine Sage, die auf der Infotafel nachzulesen ist. Nach dem beschwerlichen Aufstieg durch die Bildsteins-Schneise kann man von der hochgelegenen Sitzgruppe den Blick ins nahe Feldatal, Windhausen und Kestrich genießen.

Ausgangspunkt: Ehemalige Synagoge, 330 m (Navi: Am Erlenbach, 36325 Kestrich).
Höhenunterschied: 395 m.
Variante: Statt die Bildsteins-Schneise zu benutzen, führt der Pfad geradeaus weiter direkt auf den Judenpfad zurück, dem wir rechts folgen. Nach ca. 400 m kommen wir an die Abzweigung Bildsteinskopf (2), die uns auf einer weniger abenteuerlichen Route zu der Sitzgruppe (8) leitet.

Anforderungen: Wald-, Wiesen- und einige Teerwege.
Markierung: Judenpfad.
Einkehr: Bäckerei Karl, Storndorf (Tel. 06630/331).
Tipp: Der jüdische Friedhof in Kestrich, der an einem anderen Teil des Judenpfads (Teilstrecke Ulrichstein – Kestrich) liegt. Der Judenpfad ist eine gut 40 km lange Route (Infos: www.juedische-geschichte-vogelsberg.de).

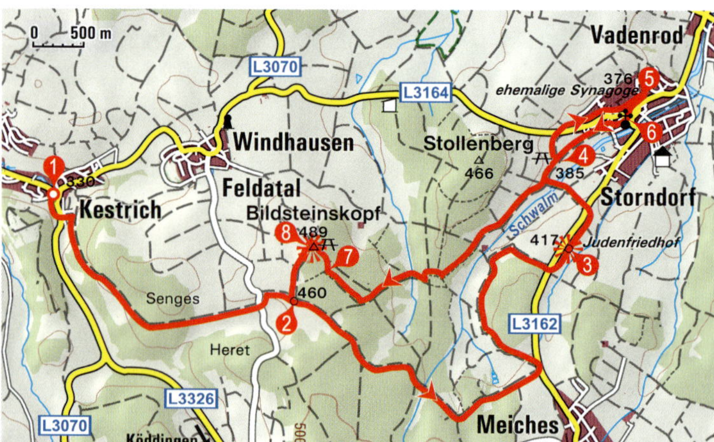

Von der ehemaligen **Synagoge (1)** in **Kestrich** führt der *Judenpfad* durch die Straße *Am Erlenbach* in den nahen Wald. Wir passieren die **Abzweigung Bildsteinskopf (2)**. Bis zur L 3162 kurz vor Meiches folgen wir der *Judenpfad*-Markierung. Dort führt uns ein scharfer Linksknick direkt auf ein Wäldchen zu. Am Waldrand geht es um das Gehölz herum; teils auch ein kurzes Stück über einen Feldweg, der wieder rechts zum Waldrand führt. Hier, am Benderahl, kann man die Aussicht über Storndorf und auf den nahen **Judenfriedhof (3)** genießen. Diesen erreichen wir nach 250 m links über die Landstraße. Von hier geht es weitere 350 m in Richtung Storndorf am Wasserhochbehälter vorbei. Links führt ein Weg zur Ruhebank »Am Schoppen« und weiter über die Schwalm. Dann den nächsten Weg rechts. Hier finden wir die Markierung wieder, der wir bis zur **blauen Bank (4)** folgen. Dort geht es links weiter auf dem Rosenfeldweg bis zur *Windhäuser Straße*. Diese führt uns ins Dorf hinein. Haus-Nummer 6 beherbergt eine ehemalige jüdische Schule

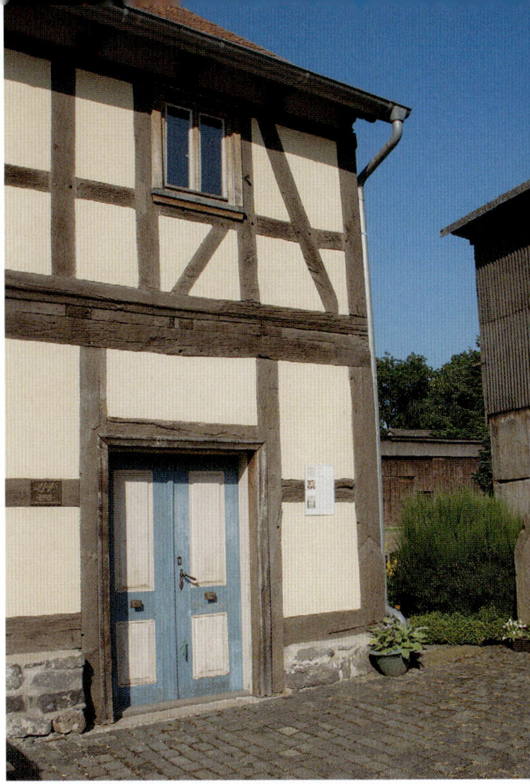

Ehemalige Synagoge in Kestrich.

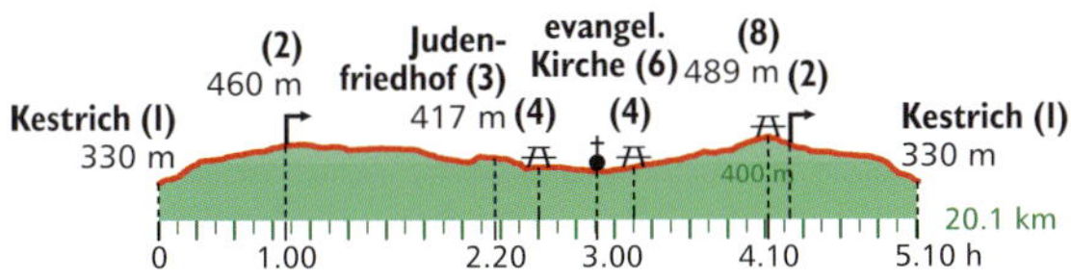

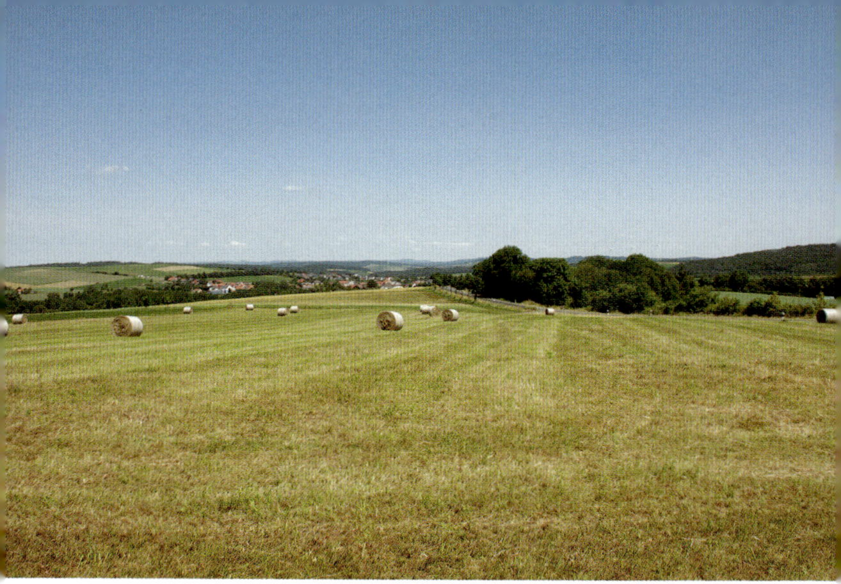

Blick vom Benderahl.

und im *Alten Alsfelder Weg*, der nicht weit entfernt links abbiegt, ist die ehemalige **Synagoge (5)** (Hausnr. 2) zu finden. Die **evangelische Kirche (6)** finden wir in der *Kirchgasse*. Von dort geht es durch die Straße Am Forstamt wieder aus dem Dörfchen hinaus. Im *Müllersgässchen* halten wir uns rechts, um gleich darauf links in die Schwalmquellen einzubiegen. Wir kommen an der **Bank (4)** heraus und folgen nun dem *Rosenfeldweg* an der Schwalm entlang. Wir biegen nicht ab, sondern bleiben auf dieser Seite des Flüsschens, parallel zu unserer vorherigen Route. Im Wald führt der Pfad irgendwann auf das Feld hinaus. Wir bleiben geradeaus auf dem Weg.
Am Hochsitz macht der Pfad einen Rechtsknick. Nach ca. 150 m kommen wir auf der *Landgrafenschneise* heraus, hier geht es nun für 70 m links weiter, danach rechts abbiegen. Wir überqueren die Antrift. Nach ca. 600 m zweigt rechts die *Bildsteins-Schneise* ab. Bis zum **Hochsitz (7)** ist der Pfad gut zu sehen, danach wird es abenteuerlich. Wir halten uns geradeaus, manchmal leicht links. Nach einem weiteren Hochsitz kommen wir am Bildsteinskopf an. Von hier sind es ca. 50 m zum Waldrand Richtung Westen. Als Belohnung winken hier eine traumhafte Aussicht und eine **Sitzgruppe (8)**. Von hier geht es links auf dem Wüstungsweg am Waldrand entlang auf die **Abzweigung Bildsteinskopf (2)** zu. Von hier aus führt uns die bekannte Strecke zur ehemaligen **Synagoge (1)** von **Kestrich** zurück.

4.15 Std.

Hügelgräber und ein Schloss in Romrod

37

Hügelgräber, Siegfriedeiche und Schloss Romrod

Neun Hügelgräber liegen entlang dieser Wanderroute im Wald. Sie stammen aus der Bronzezeit, etwa 1600–800 v. Chr. Über den sogenannten Heidenpfad, einen lauschigen Waldpfad, erreicht man am Waldrand ein Steindenkmal. Den krönenden Abschluss bildet der Besuch von Schloss Romrod. Hier sollte man ausreichend Zeit einplanen, um die beeindruckende Anlage zu besichtigen und sich kulinarisch verwöhnen zu lassen. Wunderliche Eckchen finden sich im großzügigen Schlosspark, den man für eine Ruhepause nutzen sollte.

Ausgangspunkt: Romrod, Parkplatz Schloss, 313 m (Navi: Schlossallee, 36329 Romrod).
Höhenunterschied: 295 m.
Anforderungen: Größtenteils naturbelassene Pfade, zahlreiche Wiesenwege, wenige Asphaltwege.
Markierung: Rot-weißer Doppelbalken, rotes Andreaskreuz, Rundweg Romrod 1.
Einkehr: Keine.

Den **Parkplatz Schloss (1)** verlassen wir in Richtung Friedhof, passieren diesen und das Schild Rabenstrut rechts und befinden uns auf dem Radweg R4. Am Waldrand finden wir den Rettungspunkt VB-142 und biegen rechts auf den Wanderweg rot-weißer Doppelbalken, dem wir bis zur Landstraße folgen. Dort geht es linker Hand knapp 400 m entlang, bis wir den zweiten Feldweg nach links nehmen. Kurz vor dem nächsten Feldweg befindet sich links das **erste Hügelgrab**. Der Pfad führt uns auf den Romröder Rundweg 1; hier geht es links und die nächste Abzweigung rechts. An der Bank folgen wir dem Schild nach **Oberrod**. Die Liederbach überqueren wir bei der zweiten Abbiegung und finden am Weg aufwärts links eine Steinbank. An der Kreuzung sehen wir ein Schild Heidenpfad. Hier befinden sich auch die **Hügelgräber 2–4 (2)**. Für uns führt der Rundweg 1 rechts weiter. Bevor wir an die Krebs-Bach kommen, ist rechts eine malerische Grube zu sehen. Auf dem Wirtschaftsweg wandern wir nun links weiter. Am Rettungspunkt VB-154 führt uns ein Weg bergan zu **Hügelgrab 5 (3)**. Zurück zum Hauptweg begleiten wir das plätschernde Wasser bis **Liederbach (4)** und passieren die Einmündung des Heidenpfads. Wir sehen die ersten Häuser und biegen links ab. An der Bank im Ort entdecken wir den rot-weißen Doppelbalken, dem wir nun Richtung Romrod folgen. Durch die Raabgasse geht es, dann überqueren wir die Liederbach. Wenn die *Oberroder Straße* eine Linkskurve macht, wandern wir

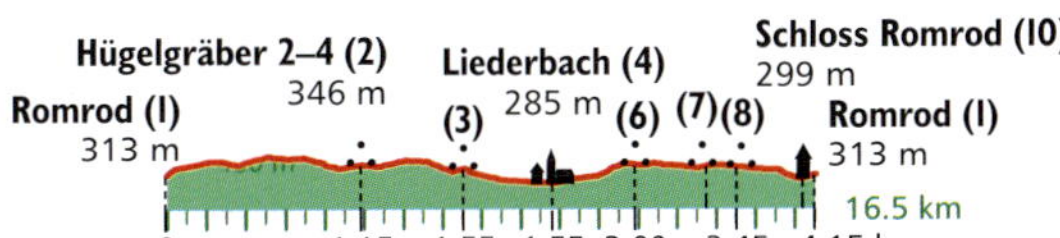

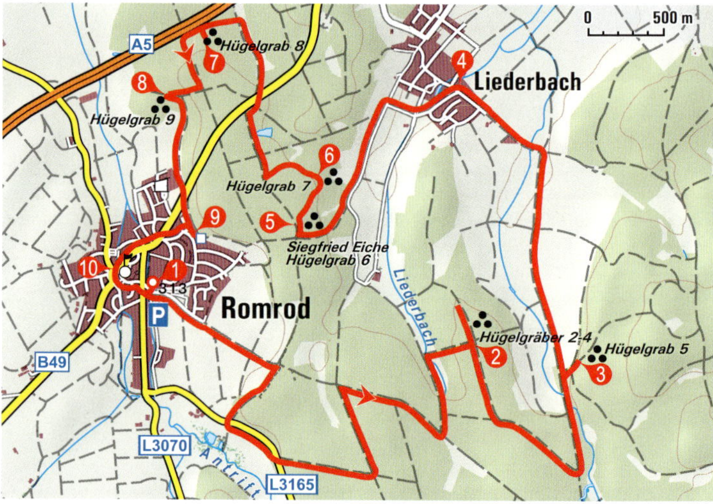

auf dem Waldweg geradeaus bergauf. Auf dem Plateau rechts ab zur **Siegfried Eiche (5)**. Ihr gegenüber liegt **Hügelgrab Nummer 6**.

Ein Waldweg geht nach wenigen Metern rechts ab. Kurz vor dem Hochsitz ist links **Hügelgrab 7 (6)** zu sehen. Auf dem moosigen Pfad links gelangen wir zurück auf den Wirtschaftsweg. Dort rechts weiter, am Bergsee vorbei, erreichen wir die B49. Rechts nach 50 m stoßen wir erneut auf den *Rundweg 1*. Hier überqueren wir die schnell befahrene Bundesstraße. Ungefähr 100 m vor der Autobahn verlassen wir den Wiesenweg und biegen links in den Wald. Nach knapp 300 m können wir links einen Hochsitz und **Hügelgrab 8 (7)** sehen. Wir umrunden die Wiese auf *Rundweg 1*, dann biegen wir rechts. An der Bank geradeaus entdecken wir nach 100 m **Hügelgrab 9 (8)**.

Zurück geht es auf den Rundweg. An der Wiese entlang haben wir einen schönen Blick über Romrod. Zahlreiche Bänke bieten Gelegenheit zur Rast. Nach dem Überqueren der B49 biegen wir bei dem **Wasser-Reservoir (9)** rechts ab. Mit Blick auf das nahe Schloss geht es in das Städtchen hinunter. Über die *Alsfelder Straße* erreichen wir die Kirche in der Ortsmitte und das malerische **Schloss Romrod (10)**. Wenn wir von hier aus der Beschilderung **Parkplatz Schloss (1)** folgen, kommen wir an den Ausgangspunkt zurück.

Die Wasserburg wandelte sich im Lauf der Zeit vom Jagdschloss zur landgräflichen Residenz Schloss Romrod.

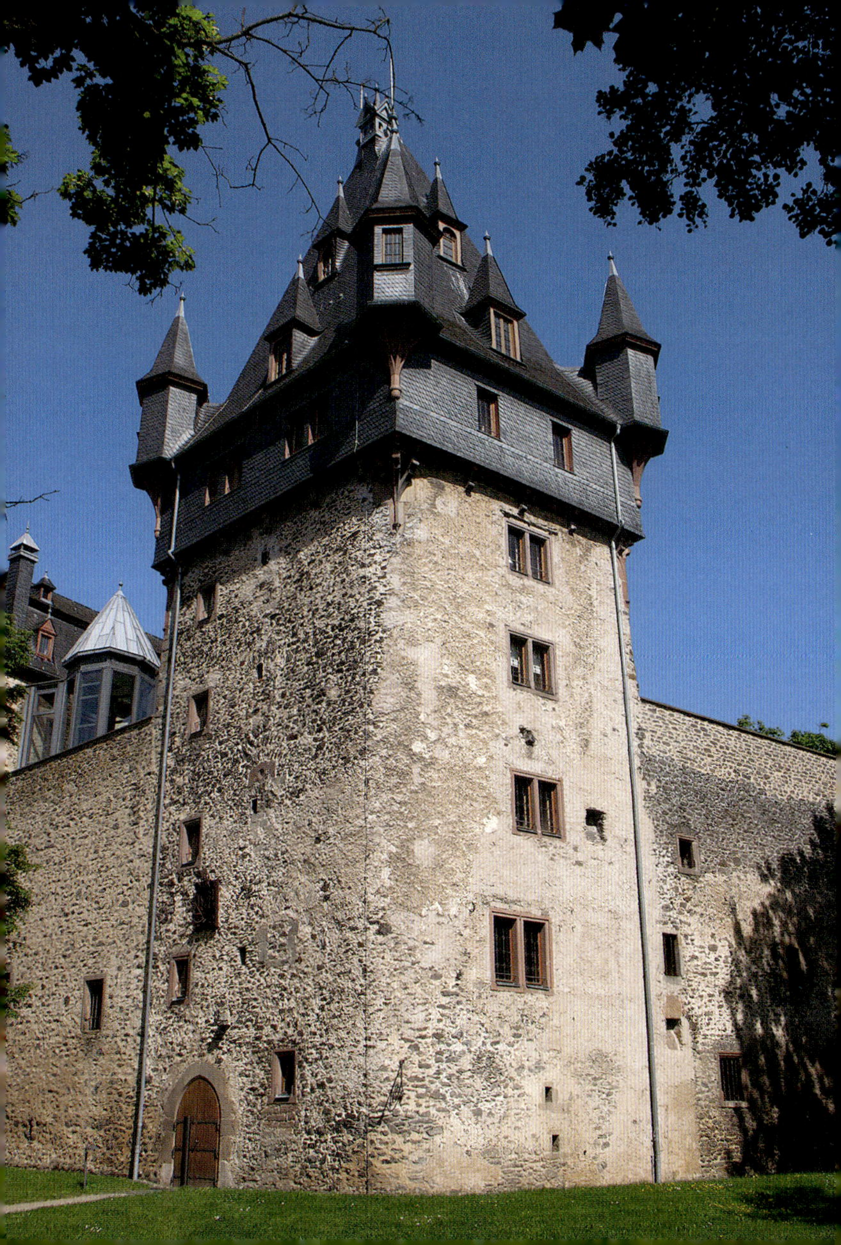

38 Von Alsfeld nach Liederbach und Altenburg

3.00 Std.

Zwischen Erlenbach, Liederbach, Krebsbach und Schwalm

Gegenüber dem Friedhof am Stadtausgang steht der hübsche Völsingtempel. Diese schmucke Hütte ist dem ehemaligen Bürgermeister und Vogelsberger-Höhen-Club-Vorsitzenden zu Ehren errichtet worden. Von hier hat man einen sehr schönen Blick über das Alsfelder Becken. An der Strecke entlang der Vogelsbergbahn kann man den wunderbaren Ausblick bis Vockenrod, Reibertenrod sowie Leusel und Münchenberg genießen. Der Erlenpark in Alsfeld bietet Erholung für Groß und Klein. Neben der Erlenspielwiese liegen der Erlenteich sowie Frei- und Erlenbad.

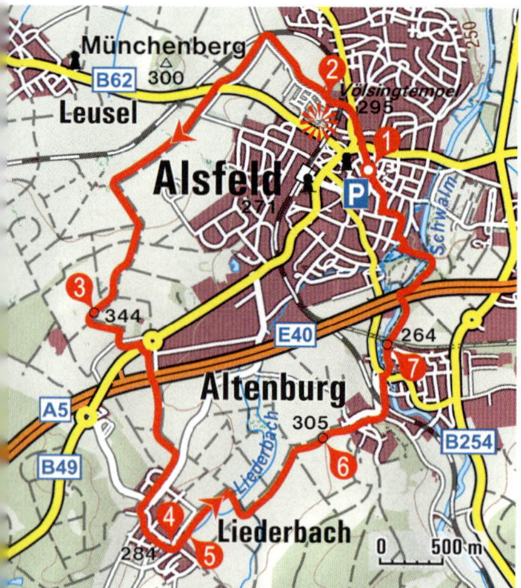

Ausgangspunkt: Rathaus Alsfeld, 271 m (Navi: Markt 12, 36304 Alsfeld).
Höhenunterschied: 180 m.
Anforderungen: Überwiegend Teerwege, im Erlenpark Kieswege und Sitzmöglichkeiten.
Markierung: Rotes Andreaskreuz, rotweißer Doppelbalken, R3, R1, R2, R4, A6.
Einkehr: Keine.
Variante: Anstatt nach Liederbach abzubiegen, den Teerweg geradeaus weitergehen, am Galgen vorbei, der weithin zu sehen ist. Wir bleiben auf dem Weg, der über Liederbach und Krebsbach führt.
Tipp: Eine Stadt- oder Erlebnisführung durch die Europastadt Alsfeld, Alsfelder Märchenhaus, Hexenrundgang, Nachtwächterrundgang, Brauereibesichtigung. Rundfahrten Vogelsberg oder Schwalm-Knüll können mit Verpflegung gebucht werden (Tel. 06631/182165), www.alsfeld.de/Tourismus.

Vom **Rathaus Alsfeld (1)** führt uns die *Obergasse* an der Post vorbei in die *Schwabenröder Straße* und links in den *Reibertenröder Weg*. Am Friedhof vorbei können wir rechts den **Völsingtempel (2)** sehen und auf einem kleinen Pfad erreichen. Kurz vor dem Bahnübergang biegen wir links ab auf das *rote Andreaskreuz*. In Sichtweite der Vogelsbergbahn geht es zwischen den Anlagen des Segelfluggeländes weiter. Wir verlassen die Wandermarkierungen und wandern geradeaus weiter. Dann überqueren wir die stillgelegte B62 und halten uns erneut geradeaus auf dem Teerweg, dann biegen wir links ab, auf eine malerische Baumgruppe zu. Vom **Kreisch (3)** lohnt ein

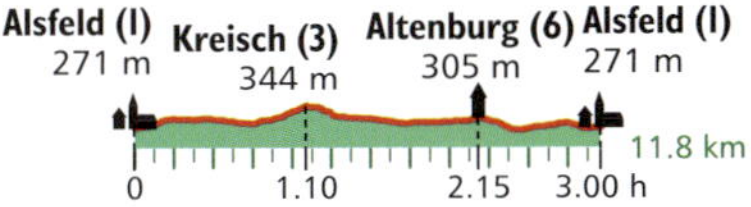

Rundumblick. Vor dem Gebüsch führt uns der Weg links. *A6* und *R2* leiten zum Kreisel. Diesen queren wir und gehen am Gewerbegebiet Dirsröder Feld vorbei durch das Viadukt. Wir folgen dem *roten Andreaskreuz* bis zur Landstraße, die uns nach **Liederbach** bringt. Durch *Oberroder Straße* und *Merschröder Straße* kommen wir am **Feuerwehrtürmchen (4)** vorbei und biegen links in die *Talstraße*. Wir passieren das Gelände des **Vogelliebhabervereins (5)** Alsfeld, biegen rechts ab und überqueren Liederbach und Krebsbach. Dann links weiter. Auf dem Teerweg erreichen wir **Altenburg (6)**. *Am Schloßberg* und *Schloßbergstraße* bringen uns zur *Lauterbacher Straße.* Diese überqueren wir und biegen nach der Bushaltestelle links ab in den Erlenpark. Wir durchschreiten entlang der Schwalm eine alte **Eisenbahnbrücke (7)**. Nach der Jungfernbrücke, die nur noch in Fragmenten erahnbar ist, biegen wir links auf den *R2/4* ab. Anschließend wieder links über die Schwalmbrücke und geradeaus. Wir kommen am Erlenspielplatz, dem bezaubernden Erlenteich, Freibad und Erlenbad vorbei. Danach links auf den *Walkmühlenweg* und rechts auf den *Hofwiesenweg*. Links führt uns der *Junkergarten* zum *Hofacker*, dem wir bis zur *Steinborngasse* folgen, über die wir links zum **Rathaus (1)** gelangen.

Feuerwehrtürmchen in Liederbach.

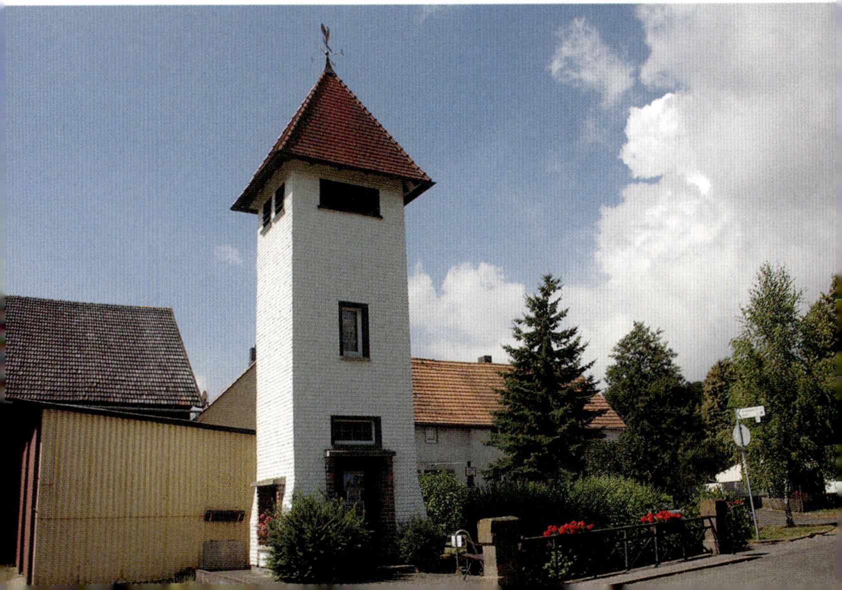

TOP 39

Von Rainrod zur Eifaquelle und zur Hardtmühle

4.20 Std.

Geführt von hölzernen Waldschildern zum Auerberg und Köllenberg

Das erste Highlight ist der Auerberg. Eine Sitzbank lädt zum Verweilen ein und zum Bewundern der zahlreichen hölzernen Waldschilder, die hier weitflächig angebracht sind. Hier münden zahlreiche Pfade, die durch das naheliegende Naturschutzgebiet führen. Der zweite Höhepunkt ist der ehemalige Basaltsteinbruch Köllenberg. Steinige Geröllpfade führen uns durch das wunderschöne renaturierte Gelände. Man kann in die engen Schluchten hinuntersehen und an den Rändern die zahlreichen Erdschichten erkennen.

Ausgangspunkt: Parkplatz Gasthof, 368 m (Navi: Hintergasse 8, 36318 Rainrod). Im Hofwiesenweg 36 ist das DGH, von dem aus man auch starten kann.
Höhenunterschied: 365 m.
Variante: Statt zu Beginn die Teichstraße links zu verlassen, rechts weitergehen (wird zum Schöffenweg). Nach knapp 1 km führt rechts ein Weg zu einem weiteren Basaltsteinbruch mit einem kleinen See. Dann auf dem Schöffenweg rechts direkt zum Auerbergkreuz (4).
Anforderungen: Wald-, Wiesen- und wenige Teerwege.
Markierung: Keine. Viele Holzschilder.
Einkehr: Rainrod Gasthof Graulich (Dienstag Ruhetag); Hardtmühle (Montag und Donnerstag Ruhetag).

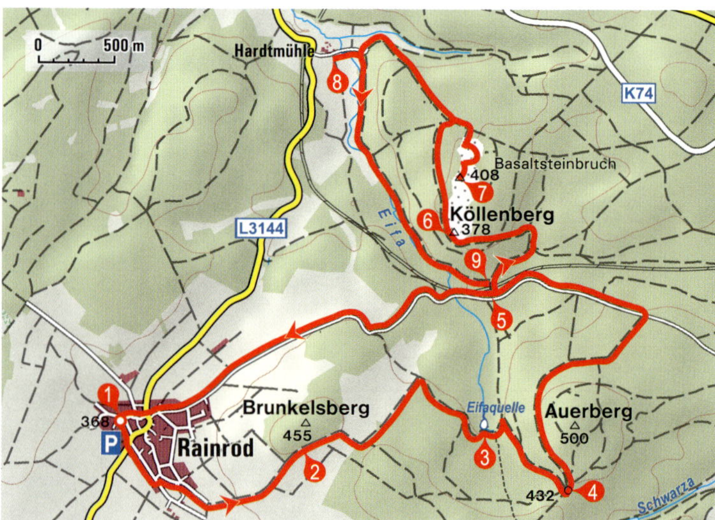

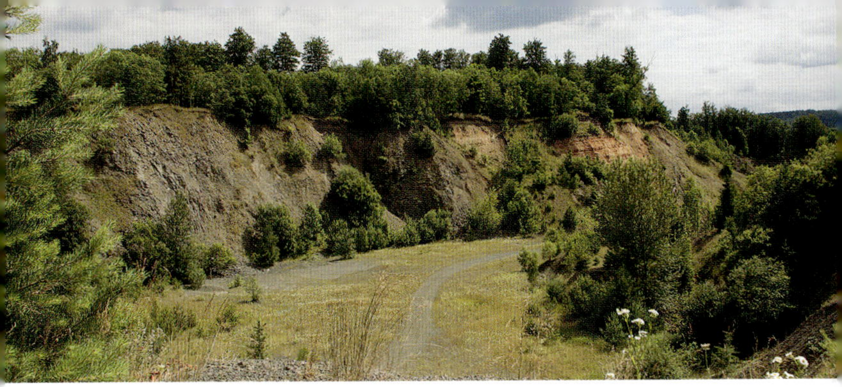

Ehemaliger Basaltsteinbruch Köllenberg.

Vom **Parkplatz Graulich (1)** führen *Hintergasse* und *Hofwiesenweg* zum Ortsrand. Wir biegen bei der nächsten Möglichkeit links ab und gleich wieder rechts. Hier steht das alte Schulhaus, ein rotes Backsteingebäude. Über die *Schulstraße* dann am Sportplatz entlang durch die *Teichstraße*. An der Gabelung links weiter auf dem Teerweg. Am **Brunkelsberg (2)** genießen wir den Blick auf das Schwalmtal. Wir folgen dem Wegverlauf und biegen rechts ab, dann am Waldrand links bergab. Bald stoßen wir auf die *Auerbachstraße*, die uns rechts weiterführt. So gelangen wir zur **Eifaquelle (3)** im Poschgrund. Die *Auerbachstraße* mündet auf die *Haberkornstraße*, die uns nun bis zum **Auerbergkreuz (4)** leitet. Weiter auf dem *Referendarweg* an der Flanke des Bergs entlang. Der Name ändert sich in *Rehschneise*. Wir biegen auf die *Rainröder Straße* links und an der **Haltestelle (5)** rechts auf die *Reimenröder Straße*. Am *Ziegengrabenweg* schließlich links ab und gleich wieder links auf den unbenannten Waldweg, der zum **Köllenberg (6)**, einem stillgelegten Basaltsteinbruch, führt. An dessen Flanke geht es entlang, bis wir dreimal rechts abbiegen und auf dem *Laubenweg* den **Basaltsteinbruch (7)** betreten.
Nach dem Aufenthalt nehmen wir die *Hartmüllerstraße* links bergab zur **Hardtmühle (8)**. Von hier führt unsere Route ein kurzes Stück zurück, um in die *Kastanienallee* rechts einzubiegen. Der *Reimenröder Straße* folgen wir rechts in Richtung **Haltestelle (5)**. Auf halber Strecke können wir rechts einen kleinen Fußpfad ausmachen, der uns zum alten **Haltestellenhäuschen (9)** führt. An der **Haltestelle (5)** vorbei geht es anschließend rechts auf die *Rainröder Straße*, die uns nach **Rainrod** bringt. Durch *Schwarzer Straße* und *Backhausweg* geht es zurück zum **Parkplatz (1)**.

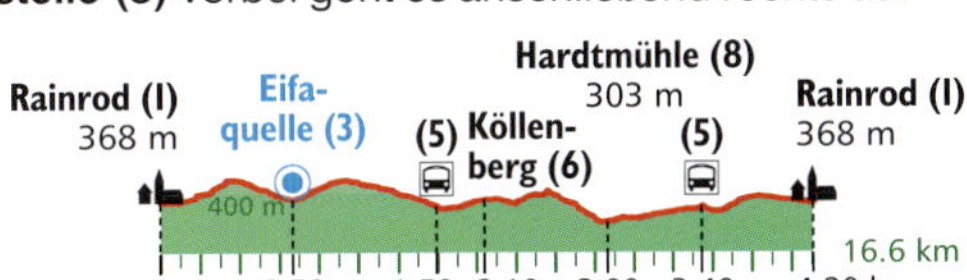

40 Auf dem Panoramaweg zur Quebst

3.00 Std.

An der Schlitz entlang und zur Schlitzer Kornbrennerei

Die berühmte Schlitzer Korn- und Edelobstbrennerei besteht seit 1585 und ist in einem Teil der ehemaligen Staatsdomäne Karlshof in der Stadt untergebracht. An einem eigenen Biokraftwerk des heutigen Besitzers der ehemaligen Staatsdomäne, heute privater Bauernhof, kommt man während der Wanderung vorbei. Den Aussichtspunkt auf der Quebst erreicht man über einen kleinen holzgesäumten Pfad. Auf der Spitze befindet sich ein kleiner Steintisch, auf dem eine Metallplatte angebracht ist, in der prägnante Punkte der Umgebung zu finden sind. Schloss Hallenburg beheimatet die Landesmusikakademie. Das chinesische Tapetenzimmer im Schloss stellt schon allein wegen seiner Größe eine Rarität dar.

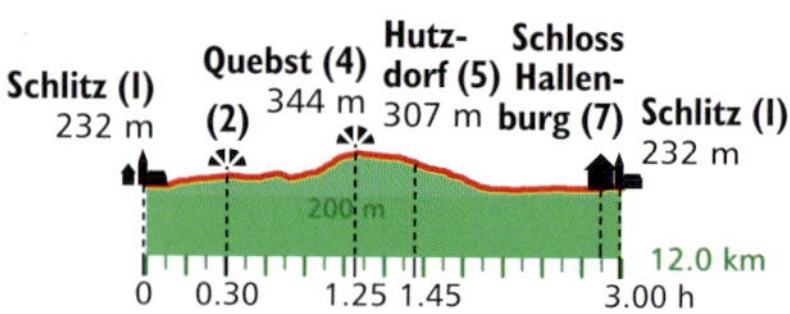

Ausgangspunkt: Parkplatz am Reitplatz, 232 m (Navi: Damenweg 7, 36110 Schlitz).
Höhenunterschied: 185 m.
Anforderungen: Wald-, Schotter- und Teerwege; einige Sitzgelegenheiten.
Markierung: S1.
Einkehr: Biergarten Schloss Hallenburg, Di Ruhetag, Mo–Fr ab 14 Uhr, Sa+So ab 11 Uhr geöffnet.
Variante: In der Jahnstraße nicht den S1 verlassen, sondern durch das Ziegeleiwäldchen zu Sport- und Parkplatz zurück.
Tipp: Betriebsbesichtigung mit Verkostung bei der Schlitzer Destillerie (Tel. 06642/5267).

Neben dem **Parkplatz am Reitplatz (1)** ist das Wanderzeichen *S1* am *Damenweg* zu finden. Links folgen wir dem Zeichen und bleiben auf ihm fast die ganze Strecke. Vorbei an VHC-Wanderheim und See geht der *Damenweg* in den *Mühlenweg* über, dann folgt der *Kreuzweg*, und *An der Berleburg* führt uns aus dem Städtchen hinaus. Hier können wir schon nach wenigen Metern den **Blick (2)** auf den Kreuzersgrund und das Schlitztal genießen. 300 m weiter gibt es einen **Baumkletterpfad**. Wir kommen am **Karlshof (3)** vorbei und gehen durch die zweite Verschönerung. Vor dem höchsten Punkt biegt der Wanderweg *S1* vor dem Ring-Hochwasserbehälter links ab. Wir gehen aber noch 90 m weiter und kommen zur **Quebst (4)**, einem künstlich errichteten Aussichtshügel. Weiter auf dem *S1* sehen wir weit im Hintergrund die Eisenbahnbrücke über das Rombachtal sowie die Rhön mit der Milseburg. Nach kurzer Strecke haben wir an einem **Linksknick** einen ersten **Blick auf Hutzdorf (5)**.
An der nächsten **Sitzmöglichkeit (6)** können wir über Schlitz mit seinen hohen schönen Türmen von Vorderburg und Hinterburg sowie den Kirchturm

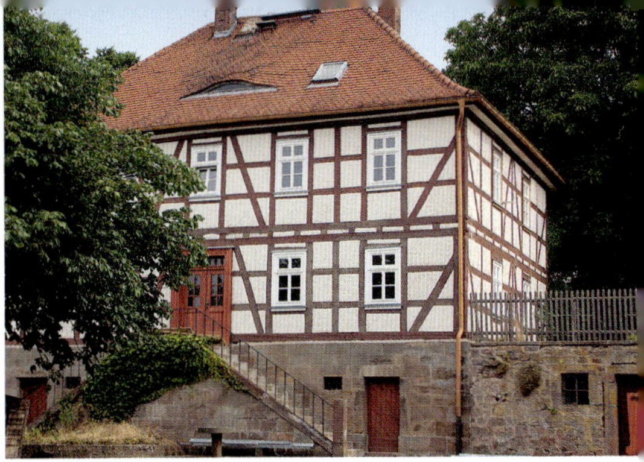

Das Herrenhaus des Karlshofs, der Schlitzer Destillerie.

sehen. Auch die Schachtenburg und die Ottoburg sind von hier auszumachen. Im Hintergrund fällt unser Blick zu Tempelberg, Wendberg und Sängersberg. Hinter **Hutzdorf** überqueren wir das Flüsschen und biegen rechts ab (die Markierung könnte nach links zeigen: das ist verkehrt). Bei einem Bauernhof verlassen wir den *Wanderweg S1* und gehen über die Schlitzbrücke in Richtung Bürgerhaus. Vor dem Bürgerhaus biegen wir links ab und gleich wieder rechts ab auf den Teerweg. Wir wandern auf Eisenbahn- und Straßenbrücke zu. Nach den sehenswerten Brücken wenden wir uns rechts in Richtung Kindergarten. Vor dem Kindergarten biegen wir links ab und gehen bis zu einem Holztor. Durch dieses betreten wir den **Schlosspark** und erreichen geradeaus das **Schloss Hallenburg (7)**, in dem die Hessische Landesmusikakademie untergebracht ist. Den Schlossgarten verlassen wir im Süden und kommen an Campingplatz und Sportgelände zum Parkplatz am **Reitplatz (1)** zurück.

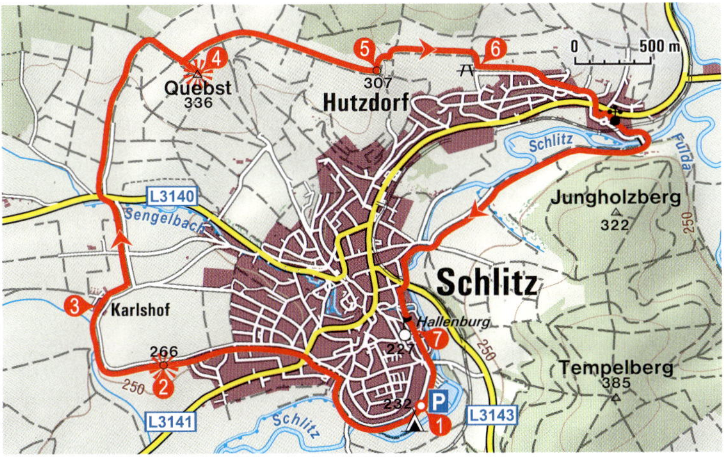

41 Von Schlitz zum Tempelberg

4.40 Std.

Bauernhaus »Buisch ahl Huss« in Fraurombach

Der Tempelberg als Zwischenstation fordert schon ein wenig Kondition. Aber es lohnt sich auf jeden Fall, denn oben angekommen, locken zahlreiche, auch geschützte, Sitzgelegenheiten und das Gipfelkreuz mit -buch zum Verweilen. In Fraurombach sollte man auf jeden Fall im Buisch ahl Huss Station machen. Dieses alte Bauernhaus bietet in 12 Zimmern Einblicke in das Leben unserer Vorfahren. Schlitz empfiehlt sich besonders zur Weihnachtszeit; bunt geschmückt präsentieren sich Marktplatz, Stadtkirche und Vorderburg. Von der Wanderroute abweichend, kann man die Innenstadt an der Landsmusikakademie vorbei erreichen.

Ausgangspunkt: Am Waldrand beim Rettungspunkt VB-316, 321 m – man erreicht den Wald durch die Forsthausstraße, Strausweg und Willina. (Navi: Forsthausstr., 36110 Schlitz-Bernshausen).
Höhenunterschied: 475 m.
Anforderungen: Schotter-, Wald- und Wiesenwege, Asphaltwege.

Markierung: Blaues Kreuz, blauer Hirsch, schwarzer Pfeil, rotes F.
Einkehr: Keine.
Tipp: Buisch ahl Huss in Fraurombach, Besichtigung auf Anfrage (H. Feick, Tel. 06642/5110). Altstadt von Schlitz, das Schlitzerländer Trachtenfest am zweiten Juliwochenende in ungeraden Jahren.

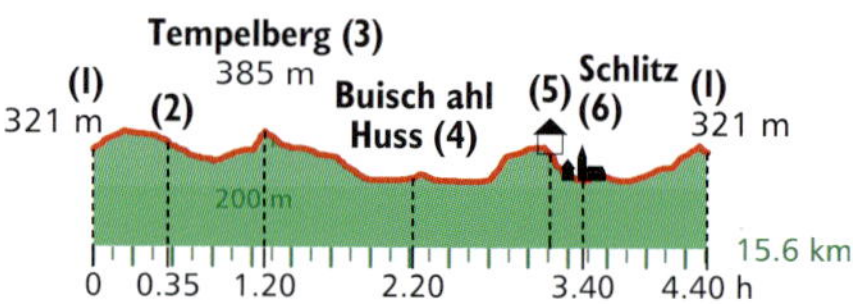

Vom **Waldrand (1)** aus starten wir unsere Tour den Weg bergan und geradeaus. Das *blaue Kreuz* geht rechts ab. Wir bleiben auf dem Hauptweg und kreuzen die Markierung. Vor dem Wendberg biegen links zwei Pfade ab, unser Hauptweg führt rechts weiter. Leicht bergab erreichen wir einen alten **Bunker (2)**. Auf dem Teerweg biegen wir links ab, erreichen die Straße und überqueren sie. Wir finden den Wanderparkplatz Tempelberg und einige Hinweistafeln. Nun folgen wir der Beschilderung *blauer Hirsch* und gehen den stetig ansteigenden Weg hoch. Im Scheitelpunkt einer Linkskurve geht rechts ein ziemlich steiler Pfad zum **Tempelberg (3)**, 385 m, hinauf. Der *schwarze Pfeil* führt uns an der Hütte rechts entlang wieder bergab bis zur nächsten Kreuzung. Dort geht es links weiter. Auf diesem, manchmal recht abenteuerlichen Pfad gehen wir ca. 450 m. Dann geht es rechts hoch. Am Waldrand stoßen wir auf den »*roten Fuchs*«, der uns nun links leitet. Der Weg macht nun einen großen Bogen nach links. Im Scheitelpunkt einer

Blick auf die Schlitzer Altstadt.

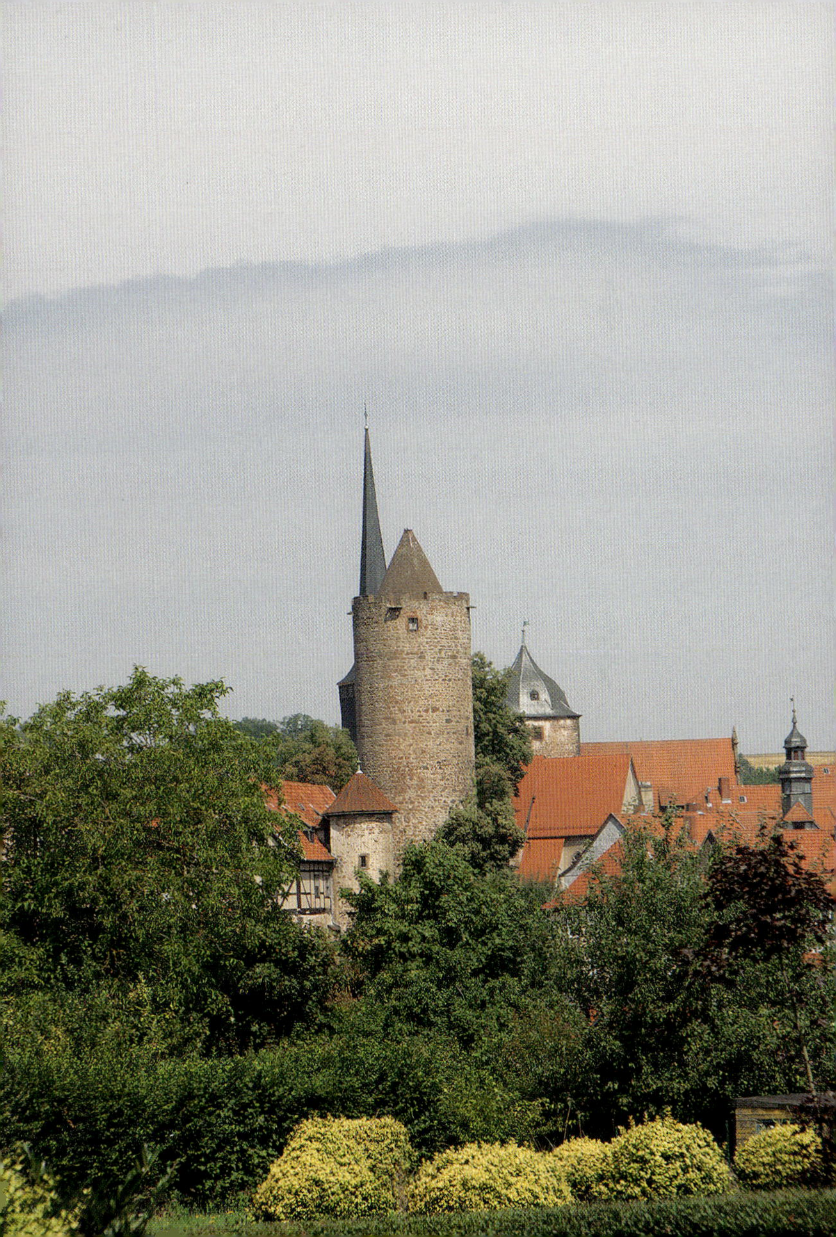

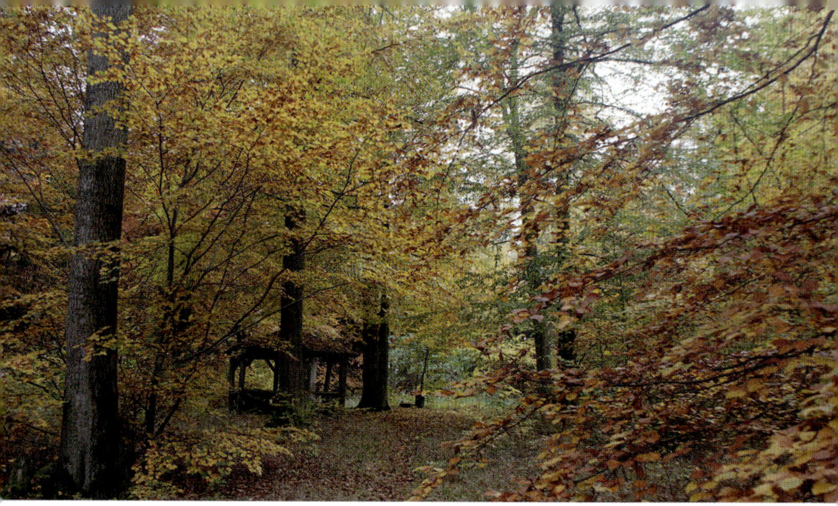

Tempelberg bei Schlitz im Herbst.

Rechtskurve verlassen wir den »Fuchs« und folgen dem *roten F* bergab. Vom Waldrand aus können wir die Fulda sehen und überqueren diese über die

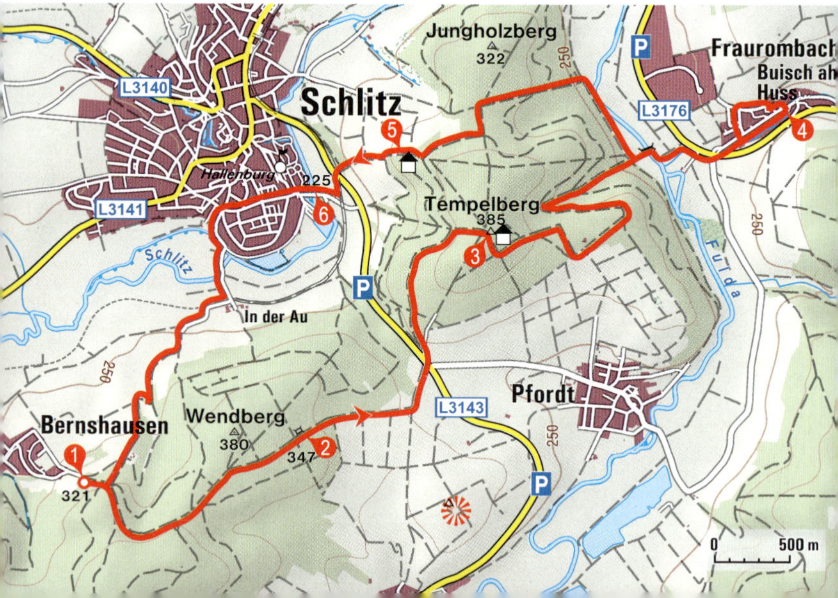

Holzbrücke. An der Straße halten wir uns rechts, unterqueren die Straße und erreichen die *Sandlofser Straße* in **Fraurombach**, der wir nun bis zum Lindenplatz und dem gegenüberliegenden **Dorfmuseum Buisch ahl Huss (4)** folgen. In Sichtweite ist die Kirche Fraurombach zu sehen. Hier geht es weiter und dann hinter dem Gebäude die Straße *Hinter den Linden* links hoch bis zum *Schulweg*. Diesem folgen wir zurück auf die *Sandlofser Straße*. Bis zum Waldrand bleiben wir auf dem uns bekannten Wegverlauf. Am Waldrand führt uns der Fulda-Radweg in Richtung Schlitz entlang der Fulda.
An der nächsten Abzweigung geht es an der Hütte vorbei wieder bergauf. Am gelben Pfosten wenden wir uns nach links und an der ersten Abzweigung rechts finden wir wieder den *blauen Hirsch*. Mit diesem wandern wir durch den Wald und dann am Wiesenrand mit traumhaftem Blick auf Schlitz bergab.
An der **Hütte (5)** vorbei, durch einen Tunnel, erreichen wir **Schlitz (6)**. Wir bleiben »Auf der Hall«, bis wir im *Mühlenweg* das *blaue Kreuz* entdecken, dem wir nun wieder zu unserem Ausgangspunkt folgen. Wir passieren das alte Forsthaus in der Willina, das mit einem feinen Glockenspiel zu jeder vollen Stunde aufwartet. Unsere Wandermarkierung verlassen wir wieder, um zum **Waldrand (1)** zu gelangen.

Buisch ahl Huss in Fraurombach.

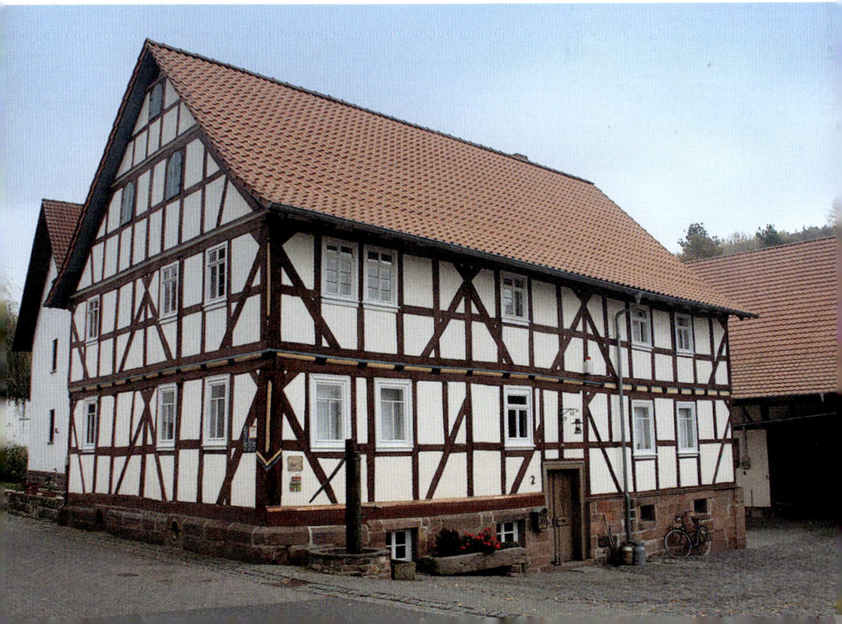

42 Von Allmenrod zum Magistersteg

3.45 Std.

Wüstung Hetzelshausen, Magistersteg und die Thorkuppe

Auf einer romantischen, kleinen Wiese mit Tümpel und markanter Felsformationen ist der Magistersteg zu finden. Dieser Steig aus Basaltblöcken und -platten dient als Brücke über den Wannbach. Der Sage nach soll ein Meicheser Pfarrer, der den Akademikergrad Magister führte, diesen Steg und den Allmenröder Pfad benutzt haben, um zur Kirche nach Allmenrod zu gelangen. Keine 400 m weiter liegt die Wüstung Hetzelshausen. Heute eine Wiese mitten im Wald, war hier einst ein Ort, der bis ca. Ende des 15. Jh. existierte. Zwischen Siedlung und Steig sind Schlackenhalden zu finden.

Ausgangspunkt: Dorfgemeinschaftshaus Allmenrod, 356 m (Navi: Talstraße, 36341 Allmenrod).
Höhenunterschied: 290 m.
Anforderungen: Feld- und Waldwege, kaum Teerwege; wenig Sitzmöglichkeiten.
Markierung: Gelbes Kreuz, Judenpfad.
Einkehr: Keine.
Variante: Um die Tour etwas auszudehnen, kann man ca. 500 m nach der Thorkuppe das gelbe Kreuz verlassen und geradeaus nach Osten gehen. Nach 1,5 km kommt man nach Sickendorf, zum Sommerfeld Golf. Direkt am Beginn des Golffeldes führt der Dirkelsberg rechts am Friedhof vorbei, nach Allmenrod zum Dorfgemeinschafthaus.
Tipp: Antik- und Spezialmarkt, Sickendorf; April bis Oktober jeden 1. Sonntag im Monat (Tel. 06647/960969).

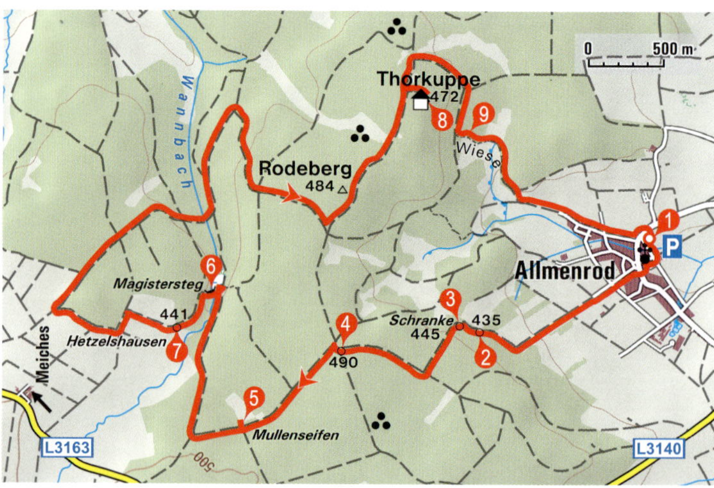

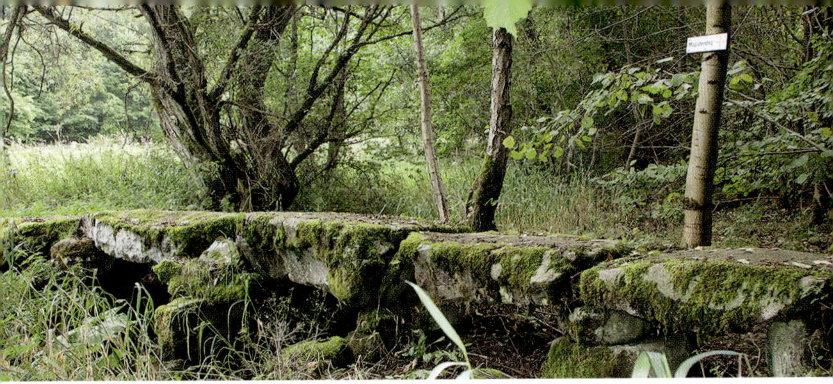

Der Magistersteg.

Vom **DGH Allmenrod (1)** geht es wenige Meter nach links über die *Talstraße* und dann durch die kleine Ortsstraße über den Bach. Dann wenden wir uns rechts, an der *Talstraße* wieder links und rechts in den *Steigersweg*. Bis zum Waldrand geradeaus, dort rechts entlang. Über einen **Bachlauf (2)** führt der Weg an zahlreichen Felsbrocken und einer malerischen **Schranke (3)** entlang. Der Waldweg macht einen 360°-Bogen, hier geradeaus auf den Grasweg. An der Kreuzung nehmen wir den rechten Weg und an der **Krippe (4)** erneut rechts. Gleich darauf links. An der Waldlichtung **Mullenseifen (5)** öffnet sich eine lichte, helle Wiese. An der nächsten Kreuzung wird der rechte Weg genommen und wir wandern durch das lichte Gehölz bis zum Waldrand. Dort nach links, nun mit dem *gelben Kreuz,* zum **Magistersteg (6)** und über den Wannbach. Die Wandermarkierung führt weiter zur Wüstung **Hetzelshausen (7)** und am Waldrand entlang. Das *gelbe Kreuz* verlassen wir an einer Waldecke, dort geht es im spitzen Winkel rechts. An der nächsten Wegeinmündung stößt der *Judenpfad* zu uns, der uns kurz vor dem Wannbach links wieder verlässt. Nach der Brücke laufen wir links und an einer Lichtung dann rechts bergan. Das *gelbe Kreuz* stößt von rechts zu uns, diesem folgen wir nun geradeaus bis zur **Thorkuppe (8)**, 472 m. Das Hüttlein ist verschlossen, aber der schöne Platz entschädigt. Wir folgen weiter der Wandermarkierung. Links führt ein Schotterweg Richtung Osten zum Golfplatz. Wir kommen auf einem Waldpfad zu einer **Wiese (9)**. Im Neubaugebiet verlassen wir das *gelbe Kreuz* in Sichtweite des Feuerwehrtürmchens und gelangen geradeaus durch die *Bürgermeister-Karl-Zinn-Straße* zum **DGH (1)**.

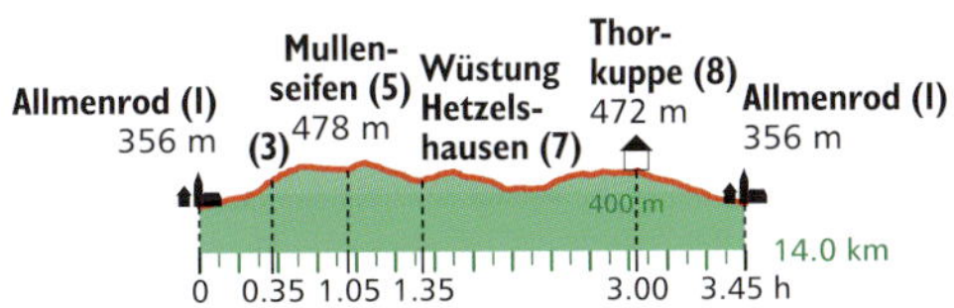

43 Von Rudingshain zur Horstburg

1.50 Std.

Rund um die sagenhafte Horstburg

Bei dem Anstieg über den Steinpfad können wir rechter Hand das malerische Rudingshain sehen. Rechts vor uns zieht der Fernsehturm des Hoherodskopfs den Blick auf sich. Nach der braunen Bank liegt die Feldkrücker Höhe jenseits des Streitbachtals zum Greifen nah vor uns. Die Horstburg wurde vermutlich als Wallburg während der Hallstatt-Zeit (ca. 700–500 v. Chr.) gebaut. Sie diente in späterer Zeit dazu, den Oberlauf der Nidda und der alten Niddastraße zu schützen. Ein weiter Blick über das Tal nach Schotten und den Niddastausee bis zu den Höhen des Taunus wird auf dem Rückweg geboten. Einer Hinweistafel ist zu entnehmen, dass die Nidda ein tiefes Kerbtal in das Basaltmassiv des Vogelsbergs gegraben und dieses geöffnet hat. Eine Besonderheit hat der Streitbach, der in hier in die Nidda mündet, zu bieten: Aus einer Quelle entstehen zwei Flüsschen. Eines fließt durch Feldkrücken und eines hier durch Rudingshain.

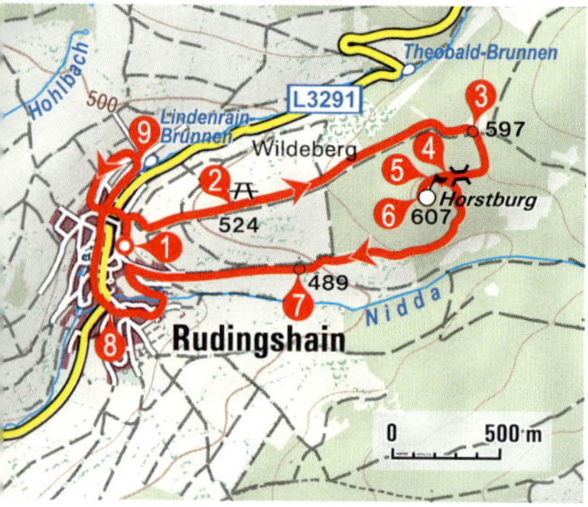

Ausgangspunkt: Dorfgemeinschaftshaus, 438 m (Navi: Brückenweg, 63679 Schotten-Rudingshain).
Höhenunterschied: 205 m.
Anforderungen: Wald-, Wiesen- und Teerwege, in Rudingshain Asphalt.
Markierung: Rotes Kreuz, gelbes Band.
Einkehr: Keine.
Variante: Von der Horstburg bis zum Pfeil Horst (3) zurückgehen, dort dann rechts weiter und an der Abbiegung erneut rechts, bis wir an den Eckenwiesen auf den Nidda-Radweg stoßen. Auch hier geht es rechts weiter und nach einem scharfen Rechtsknick führen uns der Radweg und etwas später auch das gelbe Band ebenfalls zur weißen Bank (7V).

Vom **DGH (1)** in **Rudingshain** wenden wir uns dem eckigen Turm zu, der einige Meter entfernt zu sehen ist. Ihn passieren wir auf der rechten Seite und folgen dem steinigen Wirtschaftspfad und dem *roten Kreuz* bergan. Bei der **Sitzgruppe (2)** haben wir schon fast 80 Höhenmeter hinter uns gebracht. An der braunen Bank geht es auf dem Teerweg weiter, links am Wald entlang. Wir verlassen das Wanderzeichen an dem **Pfeil Horst (3)** und folgen diesem auf einem Grasweg. Etwa 30 m nach dem **Hochsitz (4)** führt links ein Trampelpfad in den Wald hinein. Dieser führt uns stetig bergan an einem **Grenzstein (5)** vorbei zur **Horstburg (6)**, 607 m.

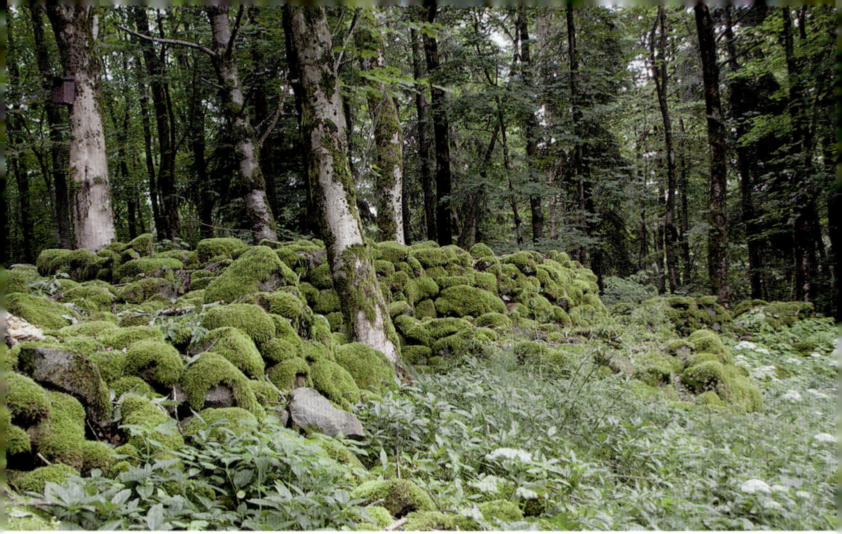

Die Restmauern der Horstburg.

Wir verlassen die im Volksmund »Horsteruin« genannte Burg auf dem gleichen Weg bis zum **Grenzstein (5)**. Dort führt ein weiterer Trampelpfad rechts bergab. Wer es nicht so abenteuerlich mag, sollte die Variante wählen. Diejenigen, die sich für den Waldpfad entscheiden, laufen direkt durch den Wald auf einen Zaun zu, an dem es rechts vorbeigeht, dann weiterhin bergab. Der Trampelpfad könnte sich hier etwas verlieren, aber man landet auf jeden Fall auf einem Waldweg. Diesen dann rechts entlanggehen.
An einer Abzweigung halten wir uns links und passieren einige Hütten und Häuschen. An der **weißen Bank (7)** geht es entlang bis nach Rudingshain. Auf der *Diefenbachstraße* biegen wir links ab und dann wieder rechts auf den Wildsautrail. Wir überqueren die Nidda, dann rechts auf der Bergstr. weiter, bis zum **Backhaus (8)**. Hier kann man zwischen den beiden Gebäuden noch einmal die Nidda sehen, die mit Getöse über Steinstufen zu Tal eilt.
Von hier aus wandern wir nun rechts weiter auf der *Vogelsbergstr*. bis zum Ortsausgang. Dort ist auf der rechten Seite der **Lindenrain-Brunnen (9)**, der sein Wasser auf die Steintrassen vor ihm spuckt. Zum DGH geht es zurück Richtung Dorfmitte, erste Straße rechts über den Streitbach. Die nächste Möglichkeit links und auf die Brücke zu, die wir überqueren und nach der wir rechts dem *Brückenweg* bis zu unserem Ausgangspunkt **DGH (1)** folgen.

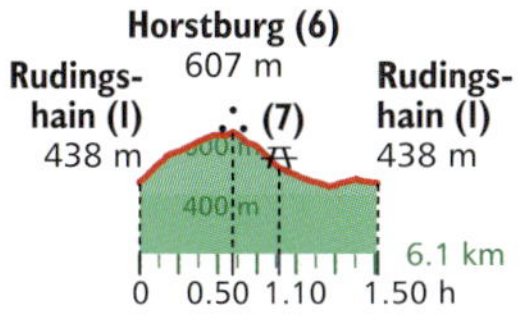

44 Auf dem Höhenweg des Hoherodskopfs, 763 m

2.10 Std.

Zum Geiselstein, zur Niddaquelle und auf dem Sinnespfad

Bereits nach der Abzweigung zum Taufstein (der bei der 6-Gipfel-Tour Hoherodskopf, Tour 25, beschrieben ist) genießen wir das Wechselvolle dieser Region. Rechts vom Weg ragen mal schroffe, dann wieder sanfte Felsen auf, die zum Teil mit grünem, saftigem Moos überzogen sind. Am Hochmoor, das zweimal passiert wird, wächst eindrückliche Wiesenflora. An der Ernst-Ludwig-Fischer-Buche ist ein sehr gelungener Platz, um Tiere zu beobachten. Nach dem Geiselstein kommen wir an der Goldwiese vorbei, die im Frühling ein Meer aus Blüten ist. Dieses Nassgebiet ist eine Naturschutzfläche, die man vom Rande beobachten kann. Nach dem Kletterparcours erwarten uns am Waldrand Ohrenschmaus und Waldmusik, gefolgt von einem überdimensionalen Stuhl: Sehen und Wahrnehmen. Im Nadelwald steht ein Schuhregal, weiterhin erwarten uns Stationen wie Gehfühler, Entschleuniger, Denkstopper, Fühlfüßler und Sehschließer.

Ausgangspunkt: Kletterwald Hoherodskopf, 753 m (Navi: Am Hoherodskopf 5, 63679 Schotten-Hoherodskopf).

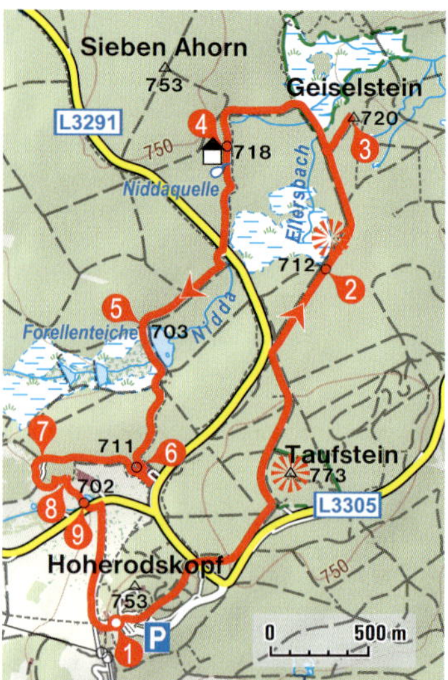

Höhenunterschied: 145 m.

Anforderungen: Wald-, Feld- und Wiesenwege; zahlreiche Sitzgelegenheiten.

Markierung: Grünes H für Höhenrundweg, hellblauer Punkt mit dünnem Kreis für den Sinnespfad.

Einkehr: Berggasthof Zum Steira (Tel. 06044/8222), geöffnet von 11–21 Uhr, So 11–18 Uhr, Mo und Di Ruhetag; Hoherodskopfklause (Tel. 06044/8181), Sa–Mo 10–18 Uhr, Di–Do 11–18 Uhr, Fr Ruhetag; Taufsteinhütte (Tel. 06044/2381), Mi–So 11.30–23.30 Uhr, Gruppen auch an Ruhetagen möglich.

Variante: Naturspur (3/4 Std.) oder der längere Geopfad (2 1/2 Std.), der in Ilbeshausen endet.

Tipp: Minigolfanlage, Informationszentrum Hoherodskopf mit Naturerlebnisausstellung.

Vor dem **Kletterwald (1)** steht ein Wegweiser. An diesem beginnen wir unsere Wanderung. Wir folgen dem Höhenrundweg nach rechts und weiter, bis wir an der Taufstein-

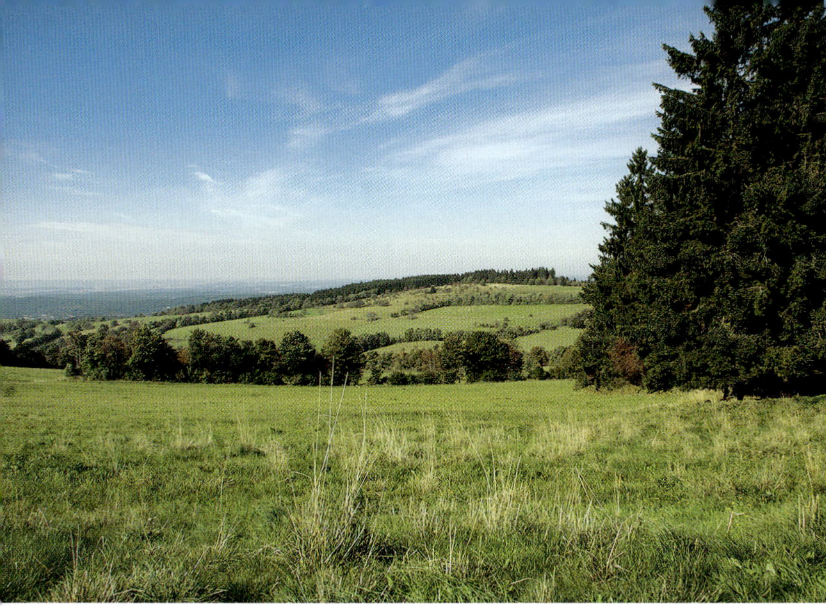

Blick auf den Gackerstein.

hütte auf das Zeichen des Sinnespfads stoßen. Am **Hochmoor (2)** überrascht uns eine ganz eigene Landschaft. An der Abzweigung zum **Geiselstein (3)** folgen wir dem Pfad nach rechts und können nach 250 m diesen typischen Vogelsberggipfel erklimmen. Nach dem Landgrafenborn erreichen wir die **Niddaquelle (4)**, 718 m, mit Schutzhütte. Erneut am Hochmoor vorbei geht es über die Straße und zu den **Forellenteichen (5)**. Keine 50 m nach der Taufsteinhütte verlassen wir das grüne H. Hier geht der Sinnespfad rechts ab. Schon von hier aus können wir einen **Kletterparcours (6)** entdecken, der zum Erklettern und Balancieren einlädt.

Die **Sinnesliege (7)** lädt zum Genießen ein und am Seil kann man mit geschlossenen Augen den Wald wahrnehmen. Am **Schuhregal (8)** vorbei geht es dann aus dem Wald auf die Wiese. Dort ist ein kleiner **Tümpel 9)** für ein Fußbad. An der Straße verlassen wir die Wandermarkierung und gehen auf dem Wiesenweg, der an der Bushaltestelle abgeht, direkt auf den Sendeturm zu. Über die schöne Heidelandschaft mit Blick auf Schotten, den Gackerstein und den Bilstein erreichen wir wieder den **Kletterwald (1)**.

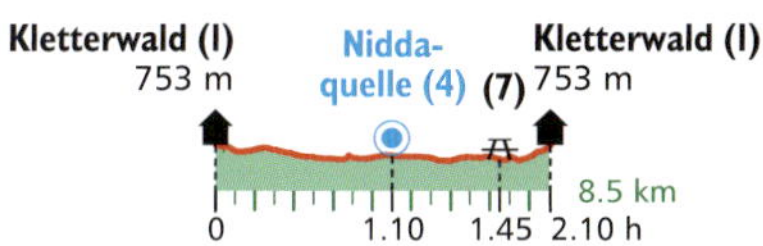

45 Von Ilbeshausen nach Lanzenhain zum Diebstein

5.15 Std.

Von Dieben, Hexen und Teufeln

Das Waldstück Burgfrieden, in dem sich der Hexenstein befindet, ist gespickt mit Felsen in allen Größen und Formen. Ein Felsenmeer, das mit bizarren Formen und moosüberwucherten Steinen die Phantasie herausfordert, eine Geschichte zu erfinden. Wenn man den Blick vom Hexenstein über den gespickten Waldboden schweifen lässt, kann man sich die wilde Vulkanvergangenheit vergegenwärtigen. Zu Basalt erstarrte Lava und geschichtsträchtige Grenzsteine wechseln sich ab und bieten dem Wanderer ein einmaliges Bild. Im Naturschutzgebiet Wannersbruch kann man die unzähligen Bachläufe sehen, die hier im Vogelsberg entspringen. Nach Überquerung des Schwarzen Flusses erreichen wir die 588 m hohe Burg, ein zum Erklettern ermunterndes Felsgebilde. Ein weiteres, höchst beeindruckendes Naturdenkmal sind die Uhuklippen, die wir nach Teufelskanzel und Teufelstisch passieren.

Ausgangspunkt: Wanderportal am Kurpark, 465 m (Navi: Hindenburgstraße, 36355 Ilbeshausen-Hochwaldhausen).
Höhenunterschied: 455 m.
Anforderungen: Größtenteils naturbelassene Pfade; Wald-, Feld- und Wiesenwege und in Lanzenhain Asphalt.
Markierung: Rotes Kreuz, blaues Andreaskreuz, weißer Kreis, rot-grünes Doppel-V für den Vulkanring, rot-grüner Vulkan für die Felsentour.
Einkehr: Keine.
Tipp: Besuch der Teufelsmühle, eines der schönsten Fachwerkgebäude des Vogelsbergs. 1530 erstmals erwähnt und 1691 von Baumeister Muth neu erbaut.

Vom **Wanderportal (1)** führt uns das *rote Kreuz* ein Stück die Straße hinauf, Richtung Lanzenhain. In der *Waldstraße* stößt die Markierung des *Vulkanrings* dazu, der wir bis zum Hexenstein folgen werden. Wir überqueren Haselbach und Schuhmannswiesen und finden im Waldstück Burgfrieden das Zeichen der *Felsentour*, das uns bis zum Diebstein führen wird. Hier können wir durch die lichten Bäume rechter Hand den **Burgfrieden (2)** genießen, der sich unter uns entlangzieht. Auf dem Wanderweg geht es weiter, durch den Wald bergab. Jetzt führt uns die Markierung *Felsentour* durch **Lanzenhain** zur Sinnesliege am **Diebstein (3)**. Ab hier geht es für uns geradeaus auf dem Wiesenweg weiter. Über den Teerweg und die Brücke und weiterhin

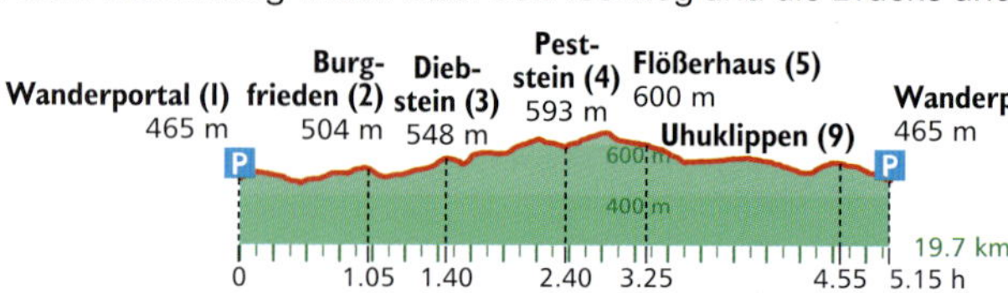

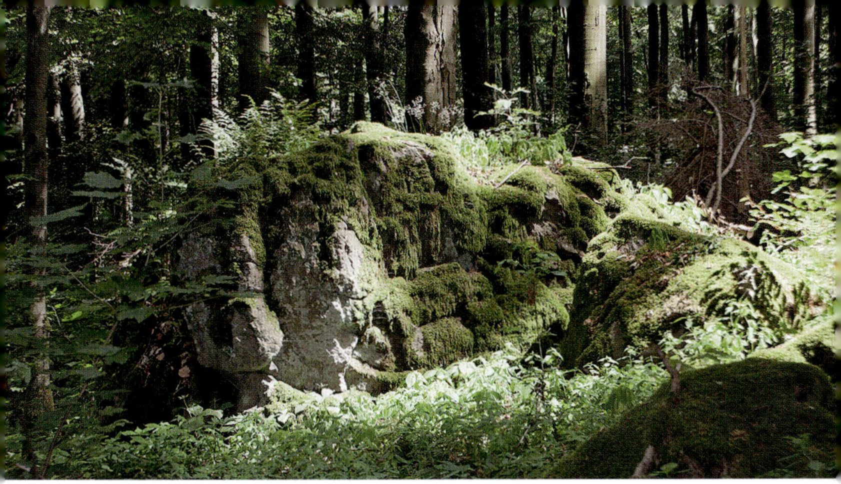

Geheimnisvoller Stein nahe der Teufelskanzel.

dem Hauptweg folgen. An der Schonung vorbei geht es bergan und nach der Lichtung in dem Baumstück geht ein Pfad links durch die Nadelhölzer bergab. Wir kommen in den Ellersbruch, halten uns rechts, überqueren den

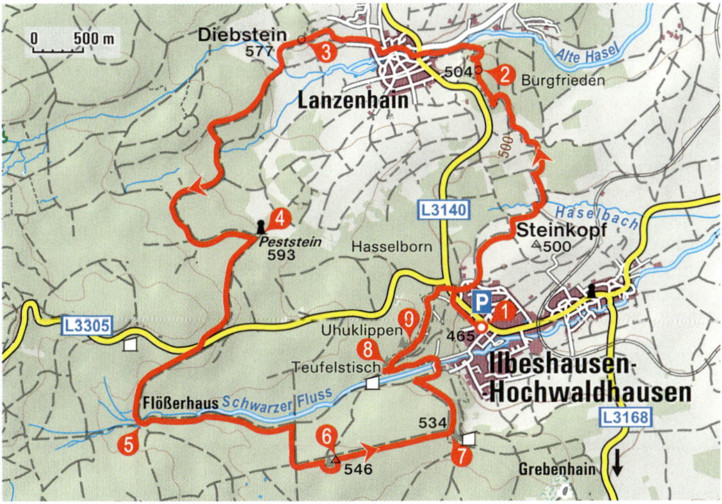

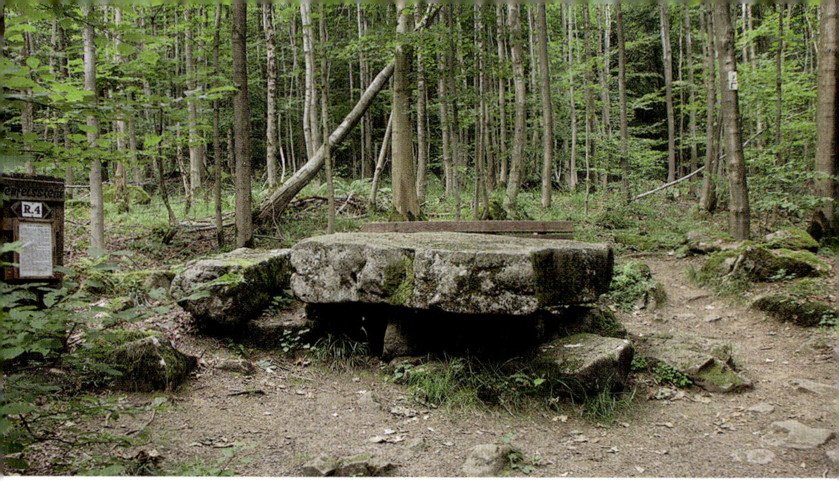

Der Teufelsstein oder Teufelstisch bei Ilbeshausen-Hochwaldhausen.

Ellersbach und befinden uns jetzt am Rande des NSG Wannersbruch. An der nächsten Kreuzung biegen wir links ab und überqueren das Scheerwasser. Wir stoßen auf das *blaue Andreaskreuz*. Bevor wir nach rechts abbiegen, gehen wir 50 m nach links, um den **Peststein (4)** zu besichtigen. Dann geht es auf der Wandermarkierung weiter. Wir überqueren die Landstraße und kommen schließlich zum **Flößerhaus (5)**, 600 m. Hier biegen wir links ab und folgen dem Schwarzen Fluss. An der Sitz- und Felsengruppe geht es rechts nach oben. An der nächsten kerzengeraden Kreuzung biegen wir links ab. Wir sind jetzt auf dem *weißen Kreis*. Nach ca. 300 m können wir rechts das Felsgebilde **Burg (6)**, 546 m, sehen. Weiter die Burgschneise entlang erreichen wir den Felsen **Spitzer Stein (7)**, an dem wir links abbiegen. Bergab kommen wir an den Naturdenkmälern Teufelskanzel und Nonnenstein vorbei. Am **Schwarzen Fluss** stoßen wir auf einen Wirtschaftsweg, dem wir rechts folgen, um nach ca. 500 m auf den Wasserweg links abzubiegen. Wir überqueren den Fluss erneut und richten uns nach dem *Vulkanring*, der uns nach links führt. Am Schotterweg geht es rechts und nach 100 m links in den Wald hinein. Dort finden wir nach wenigen Schritten den beeindruckenden **Findling Teufelstisch (8)**. Nach weiteren 300 m kommen wir an die Ausläufer der **Uhuklippen (9)**, eines weiteren beeindruckenden Naturdenkmals, das links über dem Wanderer emporragt. Es geht am Pflanzgartenhaus links vorbei und kurz vor der Straße rechts. Wir überqueren die Landstraße und folgen weiter dem Wanderzeichen. Dabei stoßen wir auf die *Waldstraße*, die wir zu Beginn der Tour kennengelernt haben. Auf dem gleichen Weg gelangen wir nun zurück zu Parkplatz und **Wanderportal (1)**.

3.30 Std.

Über Schalksbachteiche und Seife zur Felsenruhe, 450 m

46

Wasser und Felsen

Hessens höchste Heilquelle lockt nicht nur mit Gesundheit aus über 1000 m tiefem Gestein, sondern auch mit seinem über 32°C warmen Calcium-Natrium-Sulfat-Heilwasser, das bei äußerlichen und innerlichen Kuren zur Anwendung kommt. Ganz in der Nähe des Thermalbades steht die 150 Jahre alte Kreuzkapelle, deren Giebel eine Statue des hl. Bonifatius ziert. Die vielen seltenen und geschützten Pflanzen an den Schalksbachteichen bieten zahlreichen Vogelarten – so etwa dem Haubentaucher –, Libellen, Schmetterlingen, Insekten und Lurchen ideale Bedingungen zum Nisten und für die Brutpflege. An der Felsenruhe, einer Formation aus Basaltgestein, erschließt sich dem Wanderer der vulkanische Ursprung des Vogelsbergs sehr deutlich.

Ausgangspunkt: Herbstein, Parkplatz der Vulkantherme, 410 m (Navi: Zum Thermalbad 1, 36358 Herbstein).
Höhenunterschied: 270 m.
Anforderungen: Größtenteils naturbelassene Pfade, wenige asphaltierte Wirtschaftswege.
Markierung: Rot-grünes Doppel-V für Vulkanring, grün-roter Vulkan für Felsentour, weißes Kreuz.
Einkehr: Keine.

Variante: Die komplette Felsentour ist als Extratour eine abwechslungsreiche Wanderung von 19 km / 5 Stunden und führt bis Lanzenhain zum Diebstein, Hexenstein und der Basaltformation Burgfrieden.
Tipp: Führung durch das Burggewölbe und die geheimnisvollen Gänge unterhalb der Stadt Herbstein (Anmeldung: Kurbetriebsgesellschaft Herbstein GmbH, Tel. 06643/799839).

Der **Parkplatz Vulkantherme** in **Herbstein (1)** ist unser Startpunkt. Gegenüber der »Straße der Ehe« beginnt der Zubringerweg zur *Felsentour*. Wir erreichen die **Kreuzkapelle (2)**. Ab hier finden wir die Markierungen *Vulkanring, Felsentour* und *weißes Kreuz*. Den letzten beiden werden wir hauptsächlich folgen. Vor der Kapelle geht es 10 m links, gleich darauf rechts. Diesen Teerweg verlassen wir nach ebenfalls 10 m wieder, um geradeaus dem Waldpfad und dem *weißen Kreuz* bergab zu folgen. Wir erreichen das **NSG Schalksbachteiche (3)**, das uns gleich zu Beginn der Wanderung zum Verweilen und Rasten einlädt. An der **Brücke (4)** nordöstlich des Teichs stoßen wir auf die Beschilderung der Felsentour, die uns jetzt links am See entlangführt. Nach Durchquerung der Seife können wir bei der nächsten **Sitzgarnitur** Nistkästen und **Insektenhotel (5)** bewundern, die zahlreiche Erklärungen zu ihren Bewohnern

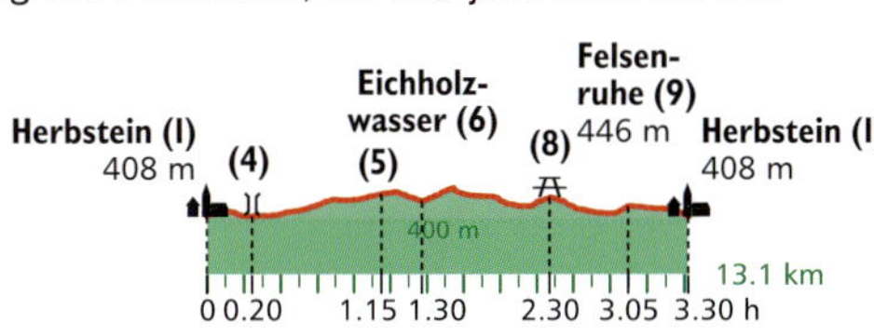

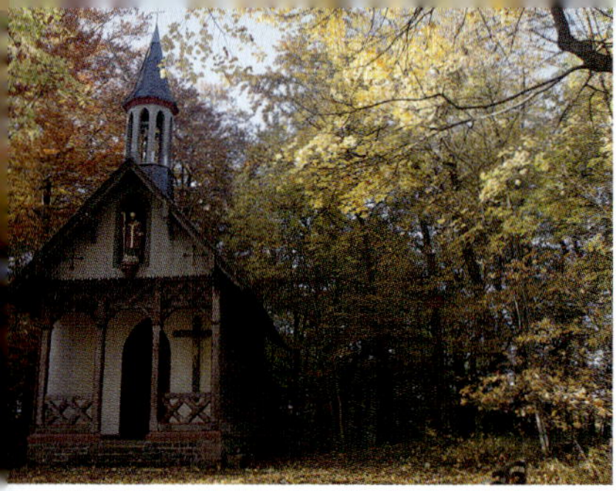

Bild oben: Kreuzkapelle.
Bild rechts: Schalksbachteiche.

bereithalten. Über das **Eichholzwasser (6)** geht es weiter. An der Möglichkeit, sich für die **lange oder kurze Route (7)** zu entscheiden, gehen wir geradeaus, auf der kleineren Strecke weiter. Nach nur 500 Metern stoßen wir wieder auf die Original-Tour, der wir links auf einen bequemen Wiesenpfad folgen. Hier können wir den Blick über das schöne Bergstädtchen Herbstein schweifen lassen.

Nach dem Tümpel und der Treppe kommen wir auf einen Traum von Wiesenweg. Nur 500 m werden wir unter den schattigen Bäumen der Lindenallee wandern, dann biegen wir links ab. An einer **Sinnesliege (8)** vorbei geht es durch den Aspertzer Grund und durch den Wald erreichen wir die **Felsenruhe (9)**. Unterhalb der malerischen Steinformationen geht es bis zum Feriendorf. Immer geradeaus kommen wir wieder zur Kapelle und gehen auf dem bekannten Weg zurück zum **Parkplatz Vulkantherme** in **Herbstein (1)**.

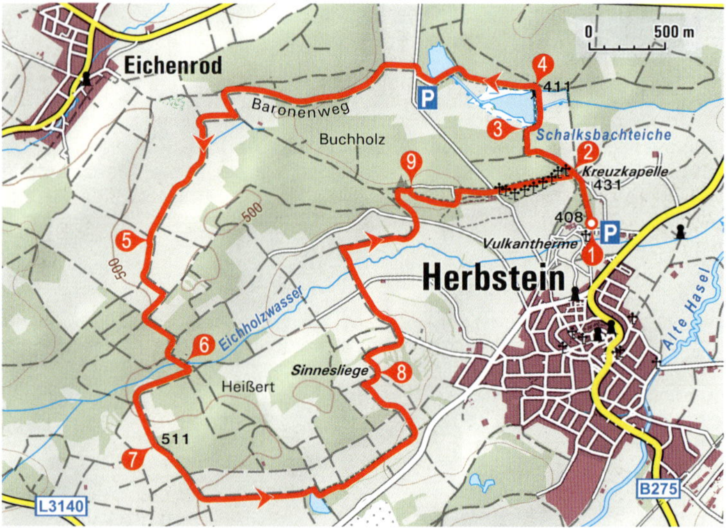

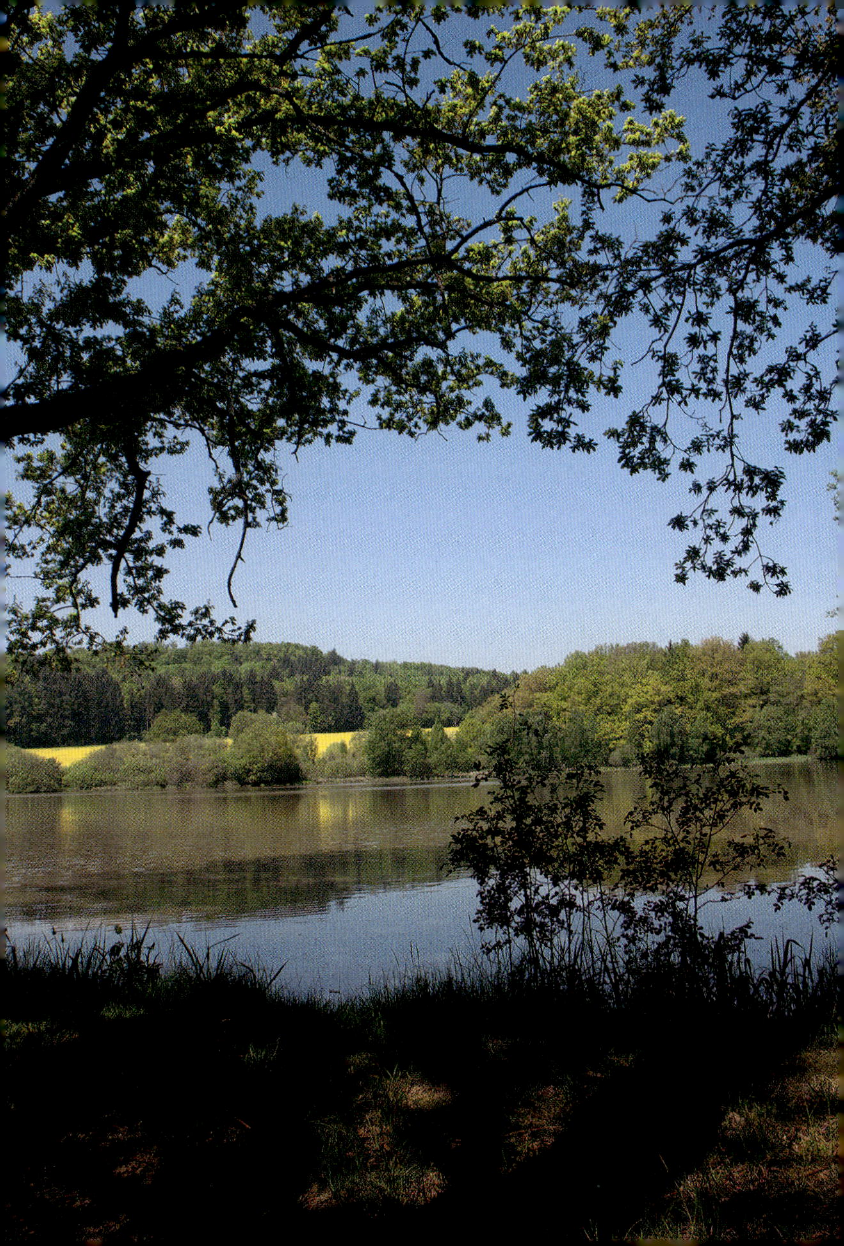

47 Von Schloss Stockhausen nach Schadges

2.00 Std.

Vom Buntsandstein zum Basalt

Die Kuppelerrichtung des schönen Weidengebildes fand am 24.03.2012 statt. Schon jetzt kann man erahnen, wie sich die Pflanzen entwickeln werden und wie das Ganze einmal aussehen wird. Immer wieder werden die Triebe geschnitten und beigebunden. Wenn wir den barocken Schlosspark erreichen können wir linker Hand das Borkenhäuschen, ein putziges Gebilde, das mit Borken verkleidet ist, sehen. Ein See, die Obstanlagen und der Brunnen runden das friedliche Bild ab. Das heutige Schloss steht auf der alten Befestigung Hermannsburg, von der nur noch die Kellergewölbe erhalten sind.

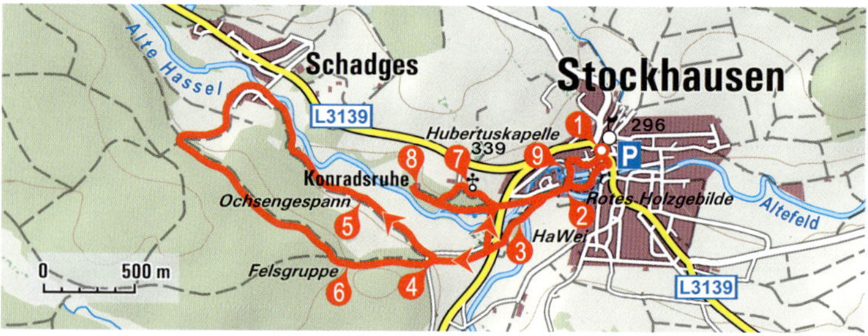

Ausgangspunkt: Parkplatz am Schloss, 296 m (Navi: Müser Straße 1, 36358 Herbstein-Stockhausen).
Höhenunterschied: 191 m.
Anforderungen: Feldwege und Teerwege, einige Sitzgelegenheiten.
Markierung: Schilder weisen auf die Weidenkuppel hin und in der Zukunft ist eine eigene Beschilderung der Tour geplant; blaues Andreaskreuz, Jakobsmuschel.
Einkehr: Kaffee und Kuchen im »Lädchen für Alles« in Stockhausen (Mo–Sa bis 18 Uhr).
Tipp: Eine Führung durch die Weberei und eine Einführung in die Gedanken der anthroposophischen Lebensweise kann unter Tel. 06647/9606675 vereinbart werden.

Vom **Parkplatz** am **Schloss Stockhausen (1)** geht es durch die *Müser Straße* Richtung Dorfmitte. Vor der Brücke dann rechts ab – hier beginnt der eigentliche Sandstein-Basaltweg. Linker Hand durch die *Welzgasse* geht es über die Brücke und an der Altefeld entlang bis zum **Roten Holzgebilde (2)**. An Barfußpfad, Schaukel und Pumpbrunnen vorbei nun am Gewässer entlang. Wir überqueren die schöne Brücke über die Alte Hasel und stehen vor **HaWei (3)**; der Weidenkuppel, benannt nach Hasel und Weide. Der Feldweg führt uns jetzt über die Straße auf einen Teerweg. An der **Metallskulptur am**

Jakobsweg (4) gelangt man rechts zu einem Mühlstein, der einen Blick auf die Konradsruhe ermöglicht, wenn kein Laub an den Bäumen ist. Das **Ochsengespann (5)** steht als Nächstes am Wegesrand. An dem plätschernden Bach entlang, den wir im Wald weit unter uns sehen, wandern wir nach **Schadges**. Wir bleiben auf dem Teerweg, der uns am Rande des Örtchens gleich wieder in Richtung Wald führt. Kurz nach dem Waldrand geht es links weiter. Wir stoßen auf den Jakobsweg und das blaue Andreaskreuz, denen wir links folgen. Rechter Hand ist eine **Felsgruppe (6)** zu sehen, die im Verlauf des Weges wie ein Wall wirkt. An der **Metallskulptur (4)** stoßen wir auf den bekannten Weg, dem wir bis zur Straße folgen. Diese gehen wir links hoch. Nach 150 m passieren wir die **Schlagmühle**. Dort führt ein Pfad rechts an der Mühle vorbei.

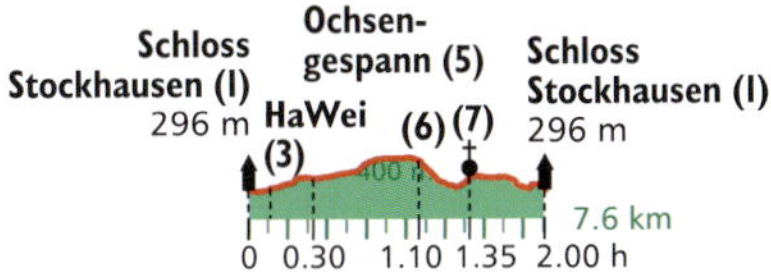

Im Wald wenden wir uns ebenfalls rechts und gelangen zur **Hubertuskapelle (7)**. Von dort weiter und am Schlagbaum links. Eine herrliche Lindenallee öffnet sich vor uns und wir erreichen die **Konradsruhe (8)**.

Zurück geht es ein Stück auf demselben Weg. Die nächste Abzweigung rechts führt uns zur Schlagmühle zurück. Jetzt weitere 50 m links die Straße hinauf bis zur Rastgarnitur. Hier geht es rechts bis zum **Roten Holzgebilde (2)**. Dann geradeaus weiter in den Schlosspark. Im Park können wir linker Hand das **Borkenhaus (9)** sehen, das der Überwinterung von einigen Pflanzen dient.

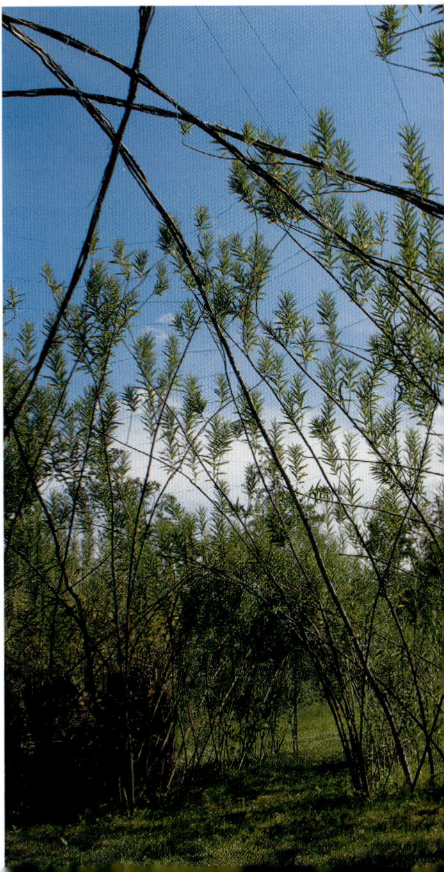

Weidenkuppel HaWei.

TOP

48 Vom Himmelsberg zur Zwickmühle

3.45 Std.

Drei-Mühlen-Tour unter dem Himmelsberg

Zwei wundervolle Täler hat diese Tour zu bieten, das Rabental und das Tal der Kalten Lüder mit den einladenden Teichen der Hessenmühle. Sehr schön ist der Blick über die Teiche ins Tal hinab von der Wallfahrtskirche Kleinheiligkreuz. Hier können Wanderer die Füße in einem Tretbecken kühlen. Das Naturschutzgebiet Himmelsberg kann entlang eines Rundwegs in 1.30 Std. teils am Rande entlang, teils durch Wald, erkundet werden. An der Zwickmühle klappert ein Wasserrad.

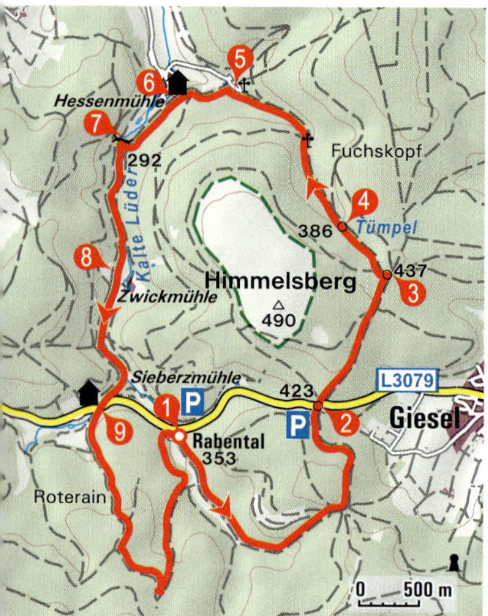

Ausgangspunkt: Parkplatz Rabental, 353 m (an L 3079 zwischen Hosenfeld und Giesel) Rettungspunkt FD 544. Weitere Parkplätze gibt es an Sieberzmühle, Hessenmühle und Landgasthof Jagdhof.
Höhenunterschied: 275 m.
Anforderungen: Überwiegend Waldwege, wenige asphaltierte Wirtschaftswege.
Markierung: Wanderweg Gieseler Forst 1, 2 und 4, rotes »m« für Mühlentour.
Einkehr: Sieberzmühle (Tel. 06650/96060), Mo Ruhetag (Spezialität: Fleisch von schottischen Rindern); Hessenmühle (Tel. 06650/9880) und Landgasthaus Jagdhof, Klein-Heilig-Kreuz (Tel. 06650/96000).
Variante: Rundweg 1 um den Himmelsberg zuzüglich 5,5 km.
Tipp: Die 18 km lange Mühlentour, die als Extratour ausgewiesen ist.

Der *Rundweg 2* beginnt gegenüber der Standort-Tafel des **Parkplatzes Rabental (1)**. Diesem Wanderweg folgen wir fast die ganze Strecke. Erstes Zwischenziel ist der **Parkplatz Sieberzheiligen (2)**. Auf der anderen Straßenseite findet sich der Bildstock des Heiligen Wendelinus. Hier könnte man die Rundtour 1 um den Himmelsberg herum wählen. Unser Weg führt uns direkt zur **Herrgottseiche (3)** und an ein paar **Tümpeln (4)** vorbei, weiter zur **Wallfahrtskirche Kleinheiligkreuz (5)** und dem Landgasthaus Jagdhof. *Jakobusweg*, *Bonifatiusroute*, *Mühlentour* und *Rundweg 4* führen uns nun gegenüber der Kirche weiter in das Tal der Kalten Lüder hinein. Wir passieren die Seen der **Hessenmühle (6)**, die friedlich unter uns liegen. Nach der Brücke über die **Lüder (7)** zweigt der

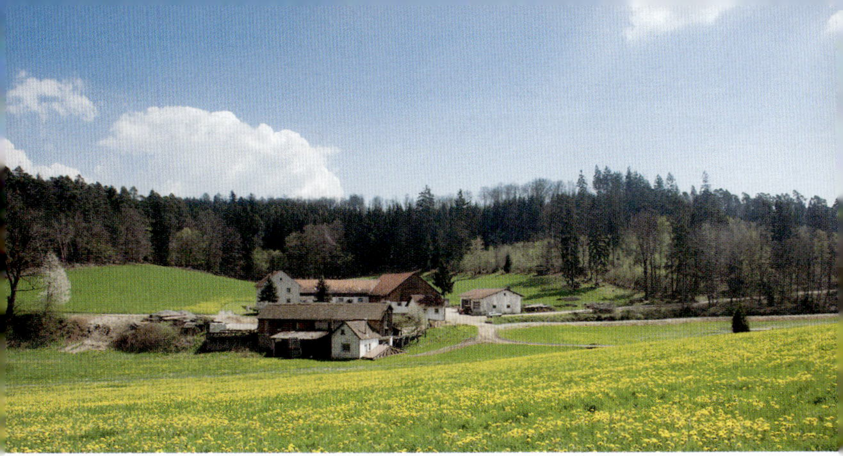

Zwickmühle.

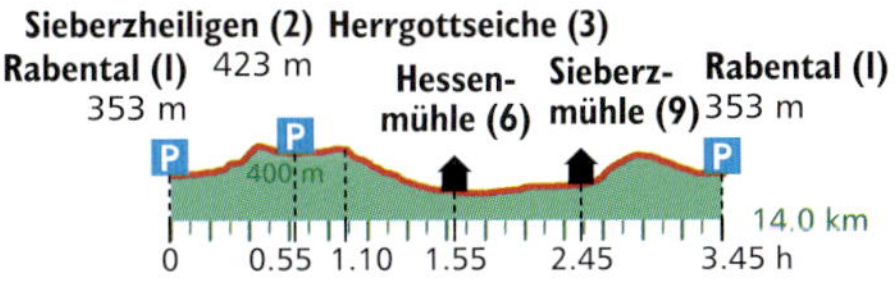

Weg links ab. Jetzt führt uns *Weg Nummer 2* durch das Tal der Kalten Lüder. Wir kommen an der **Zwickmühle (8)** vorbei und erreichen an der Landstraße die **Sieberzmühle (9)**. Der lauschige Pfad über den Bach leitet uns durch den Forst in Richtung Rabental. Im Tal angekommen, können wir gegenüberliegend den anfänglich beschrittenen Weg erkennen.

Hier gibt es zwei Möglichkeiten: das Tal durchqueren und auf dem ursprünglichen Pfad zum Parkplatz zurückkehren oder geradeaus durch den Wald, etwas oberhalb des Tals entlang, um den **Parkplatz Rabental (1)** zu erreichen.

Kleinheiligkreuz.

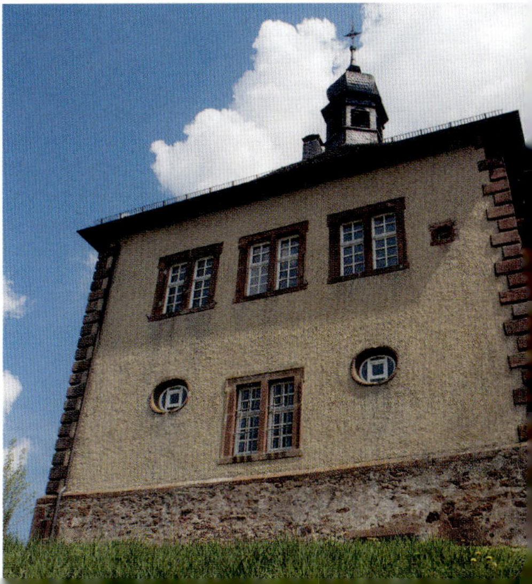

49 Von Lauterbach über Eisenbach nach Frischborn, 360 m

4.00 Std.

Auf der Bachtour zu drei Sinnesliegen

Gleich drei Sinnesliegen laden Wanderer zum Verweilen ein. In entspannter Haltung kann man den fernen Hoherodskopf und die Rhön sehen oder aber den Blick auf die nahegelegenen Wiesen, Hügel und Wälder richten, die man soeben durchstreift hat. Nach der ersten Sinnesliege steht im Wald eine Sitzgondel, die auch bei nasser Witterung Schutz bietet. Durch üppiges Grün kommen wir auf einem Wiesenpfad ein weiteres Mal an die Lauter. Zum Überqueren dienen diesmal die Trittsteine. Am Silberberg führen verträumte Wiesengässchen durch hohe Heckengebilde. Genial angelegt sind die natürlichen Pfade, die auf einen Teerweg zulaufen, ihn überqueren und dahinter wieder auf Gras weiterführen.

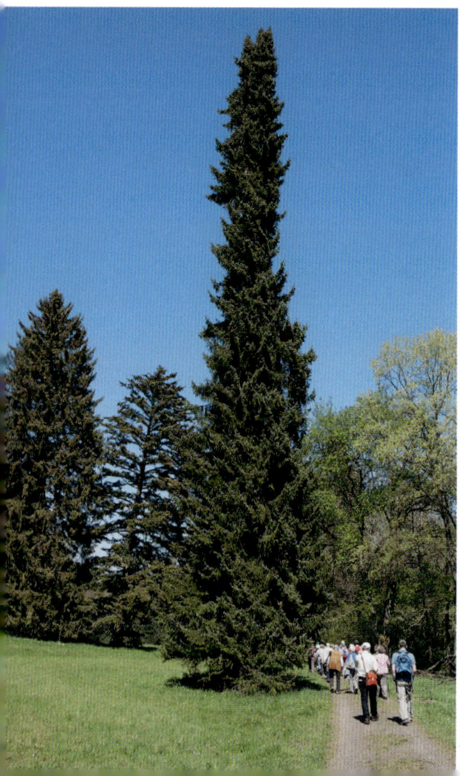

Ausgangspunkt: Parkplatz »Die Welle«, 286 m (Navi: Am Sportfeld 9, 36341 Lauterbach). Ein Einstieg in die Tour ist auch ab Schloss Eisenbach (dort ist ein Parkplatz) möglich.
Höhenunterschied: 290 m.
Anforderungen: Schotter-, Wald- und Wiesenwege, wenige Teerwege.
Markierung: Grün-roter Vulkan für die Bachtour Lauterbach.
Einkehr: Schloss Eisenbach, Lauterbach (Tel. 06641/644150), Mo–Fr ab 12 Uhr, Sa ab 11 Uhr, So ab 10 Uhr, Nov. bis März Öffnungszeiten erfragen.
Tipp: Das imposante Schloss Eisenbach mit Parkanlage, durch die der Eisenbach fließt.

Vom **Parkplatz** wenden wir uns dem Hauptgebäude des Lauterbacher **Erlebnisbads Die Welle (1)** zu. Deutliche Schilder weisen uns gleich den Weg durch eine kleine Unterführung zur *Bachtour*, einem Premium-Wanderweg der Vogelsberger Extratouren. Dieser Markierung

Garten von Schloss Eisenbach.

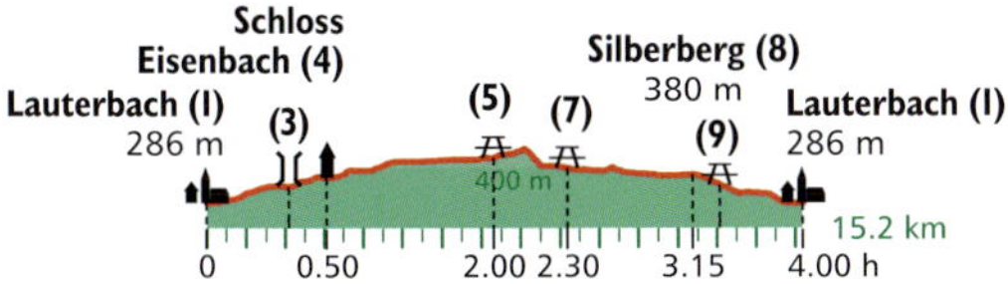

werden wir ausschließlich folgen. Nach Überquerung der Lauter finden wir die Beschilderung, die uns links weiterführt. Sanft, aber stetig ansteigend windet sich der Pfad an dem plätschernden Bach entlang. Weit unter uns verbreitert sich der Bach zu einem kleinen **Tümpel (2)**. Von der **dritten Brücke (3)** aus kann man dem gurgelnden Bach zusehen, der seinen Weg durch eine Unterführung findet. Von hier an haben wir den Eisenbach an unserer linken Seite. Kaum aus dem Wald heraus, führt uns der Weg auf freies

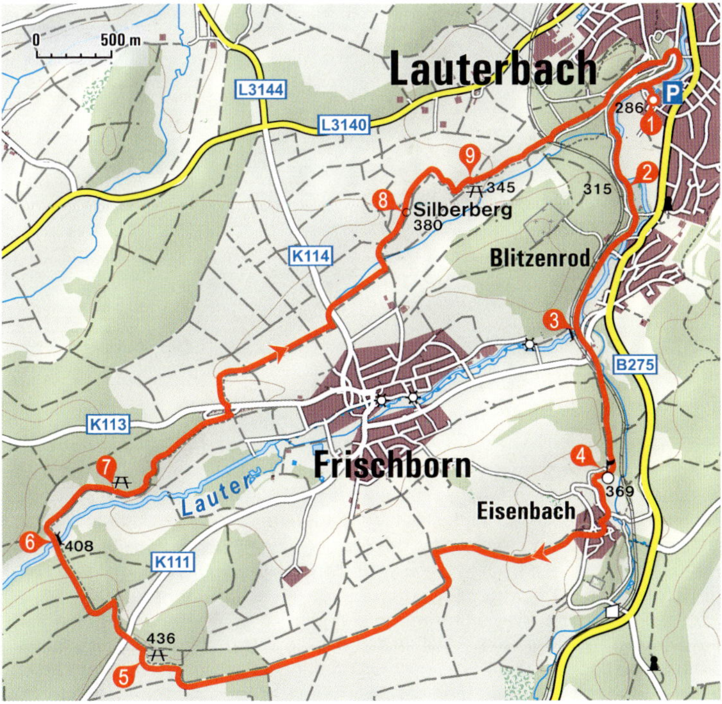

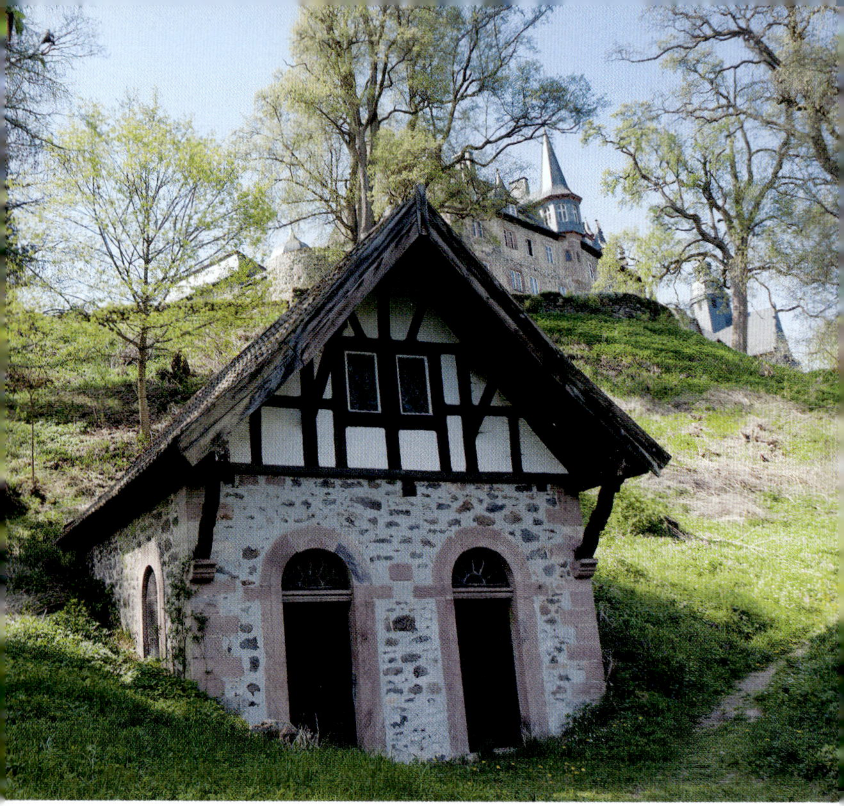

Pumpenhäuschen unterhalb von Schloss Eisenbach.

Feld. Majestätisch erhebt sich **Schloss Eisenbach (4)** vor uns. An der Schlossmauer beschreiten wir einen halb versteckt liegenden Schleichweg, der uns zwischen den Mauern hoch zum Schloss führt. Über den Parkplatz kommen wir über einen Wirtschaftsweg auf eine Ebene, die uns phänomenale Blicke bis zum Hoherodskopf und vor allem zurück zum Schloss gewährt. Am Rothackerkopf lädt die erste **Sinnesliege (5)** zum Verweilen ein. Die **Trittsteine (6)** sind uns bei der Überquerung der Lauter behilflich. Am Waldrand steht die zweite **Sinnesliege (7)**.
Am **Silberberg (8)**, 380 m, fällt unser Blick auf das nahe Lauterbach. Die dritte **Sinnesliege (9)** will uns ebenfalls gefangen nehmen. Wir streben wieder der Stadt zu und vollenden die Runde an unserem **Ausgangspunkt (1)**.

5.30 Std.

Von Lauterbach zum Hainig

50

Teuflische Spuren auf dem Sattelstein

Die Sandsteinplatte des Sattelsteins hat teuflisches Werk zu bieten. Hufeiseneinschläge im Fels sollen vom Gehörnten selbst dort hinterlassen worden sein. Ein weiteres Highlight der Tour ist die Stauferburg im »Lauterbacher Graben«. Der Hainigturm, in seiner heutigen Form 1907 fertiggestellt, rundet die Wanderung ab. Umgeben von fast 1000-jährigen Eichen und Hügelgräbern thront er über Lauterbach. Von hier kann man die beeindruckende Kulisse der Rhön genießen. Die alte Hainigallee führt direkt vom Hainig in die Stadt. Sie wurde einst mit 182 Bäumen bepflanzt; 127 Eschen, 45 Linden und 10 Ahornbäumen.

Ausgangspunkt: Wohnmobilparkplatz »Bleiche«, 278 m (Navi: Bleichstraße, 36341 Lauterbach).
Höhenunterschied: 495 m.
Anforderungen: Schotter-, Wald- und Wiesenwege, Asphaltwege.
Markierung: Blauer Kreis, weißes W, weißes Band, blaues Kreuz.

Einkehr: Bei Jerje, Angersbach (Tel. 06641/2602), Di–Sa ab 17 Uhr, So ab 16 Uhr, Mo Ruhetag; Wirtshaus Am Eisfeld, Angersbach (Tel. 06641/6466844).
Tipp: Schloss Eisenbach mit Parkanlage, durch die der Eisenbach fließt und die malerische Altstadt, die man über die Treppe am Ankerturm erreicht.

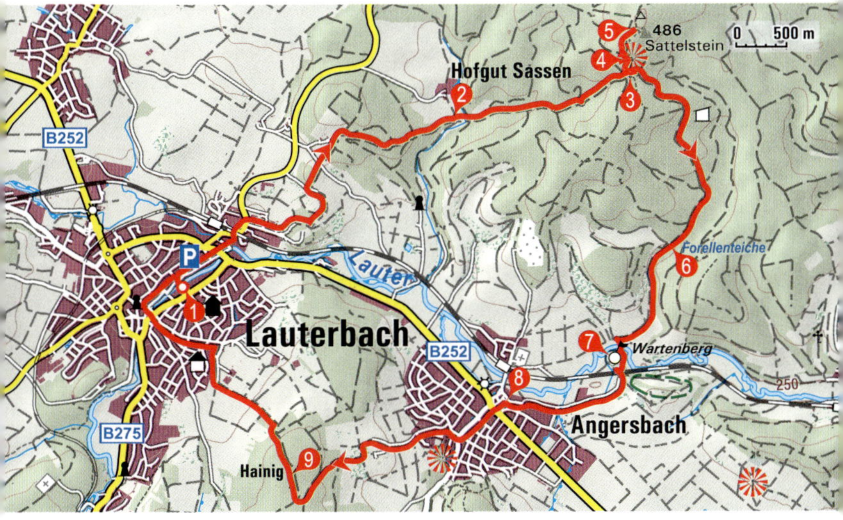

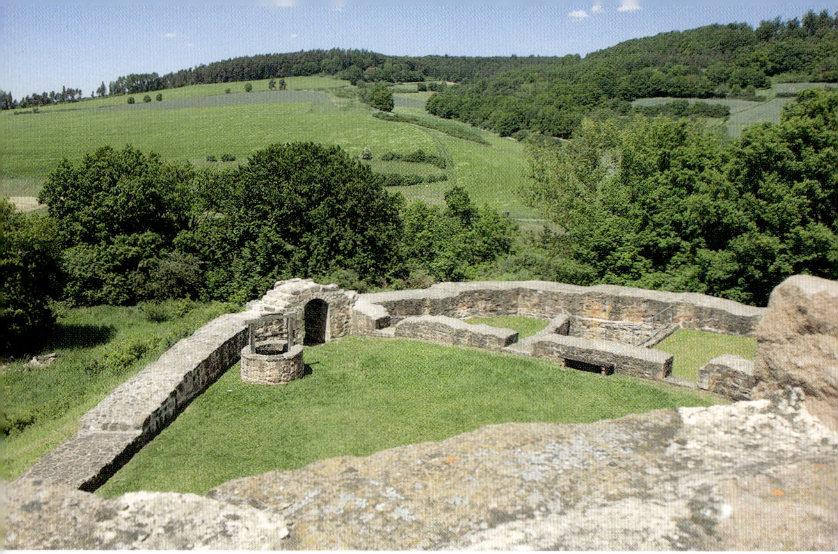

Burgruine Wartenberg.

Vom **Wohnmobilstellplatz Bleiche (1)** wird über die *Bleichstraße* direkt die Lauter überquert. Rechts in der *Lauterstraße* finden wir den *blauen Kreis*, dem wir fortan bis zum Sattelstein folgen. Noch im Stadtbereich überqueren wir Brennerwasser und Bahngleise, dann geht es durch die *Vaitsbergstraße* in die Natur. Weiter an Kirsch- und Kugelberg vorbei, über Höhen und Mulden. Hinter den Hochspannungsleitungen kreuzt ein Feldweg. Als Abkürzung kann hier rechts talwärts nach Angersbach gewandert werden. Gleichzeitig kann man von hier den Blick auf das kleine Örtchen und bewaldete Höhen genießen. Unsere Route führt stetig durch Wald und Wiesen. Im Tal, kurz vor der Bachquerung, kreuzt ein Weg von Angersbach nach **Hof Sassen (2)**.
Auf dem ständig ansteigenden Weg kommen wir an einer Sitzbank vorbei zum **Sattelstein (5)**, 486 m, unserem ersten Ziel. Zurück geht es auf dem-

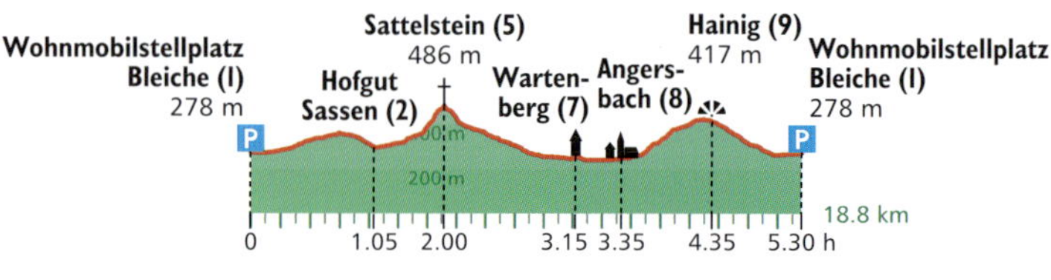

selben Pfad ca. 200 m hinunter. Auf halber Strecke hat man dank einer baumfreien Zone einen wundervollen **Panoramablick (4)**. An der **Gabelung (3)** zum Steinberg finden wir das *weiße W*, das uns nun zum Dietzelsgrund führt. Zahlreiche **Forellenteiche (6)** begleiten uns nun linker Hand zur Ruine Wartenberg.

An einem Solitär finden wir die Wegführung direkt durch die Wiese und erneut über die Lauter. Die **Burgruine Wartenberg (7)** lädt zum Rasten ein. An den Holzhütten vorbei verlassen wir die Burg auf *Weg 4* in Richtung Angersbach. Unter den Bahngleisen durch erreichen wir einen kleinen Parkplatz. Von hier ist nun das *weiße Band* für unsere Wegführung zuständig. Durch Industriegebiet und *Pfarrgasse* kommen wir zur evangelischen Kirche in **Angersbach (8)**. Wir gehen durch die malerische Altstadt mit beeindruckenden Häusern und überqueren die Hauptstraße. Die *Rudloser Straße* verlassen wir auf dem *Hainigweg*, der uns aus dem Örtchen herausführt.

Erneut geht es bergan. Wir passieren eine Grillhütte und im Wald biegen wir zweimal rechts ab, um zum zweiten Ausflugsziel, dem **Hainig (9)**, 417 m, zu kommen. Von hier haben wir nun das *blaue Kreuz*, das uns durch die alte Hainigallee nach **Lauterbach** begleitet. In der Stadt folgen wir der *Hainigstraße* bis zum Ankerturm. Wer nun einen Abstecher in die schöne Altstadt machen will, kann dies von hier aus tun.

Um die Tour abzuschließen, geht es jetzt rechts durch den Graben. Über die zweite Brücke haben wir unseren Ausgangspunkt, den **Wohnmobilstellplatz Bleiche (1)** wieder erreicht.

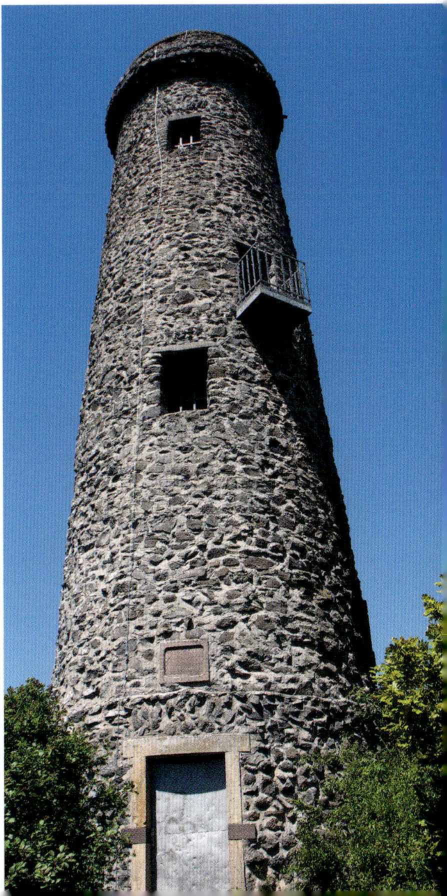

Am Hainigturm.

Stichwortverzeichnis

Umschlagbild:
Blick vom Schlossbergturm Ulrichstein weit nach Westen
(ins Gießener Land).

Bild im Innentitel:
Burgruine Wartenberg.

Alle 95 Fotos von der Autorin.

Kartografie:
50 Wanderkärtchen im Maßstab 1:50.000, 1:75.000,
1:100.000 und 1:150.000,
Geodaten © OpenStreetMap und Mitwirkende,
kartografisches Design: Freytag & Berndt Prag, www.freytagberndt.cz;
zwei Übersichtskarten im Maßstab 1:500.000 und 1:850.000
© Freytag & Berndt, Wien

3., aktualisierte Auflage 2021

ISBN 978-3-7633-4454-3

FSC www.fsc.org
MIX
Papier aus verantwortungsvollen Quellen
FSC® C021956

Wir freuen uns über jeden Korrekturhinweis zu diesem Wanderführer!
Bitte per E-Mail an: leserzuschrift@rother.de

ROTHER BERGVERLAG · München
D-82041 Oberhaching · Keltenring 17 · Tel. +49 89 608669-0 · www.rother.de